피노키오의 철학

3

언어와 차이로 만든 세계

3 언어와 차이로 만든 세계

양운덕 지음

Humanist

일찍이 칸트는 '철학'을 가르칠 수는 있지만 '철학함'을 가르칠 수는 없을 것이라고 충고했습니다. 그래서 많은 입문서들은 독자들에게 사고 과정보다는 완성된 철학을 정리하고 요약해서 전달합니다. "헤겔의 정신 변증법은……" "플라톤이 추구한 정의란……" "니체는 원한에 바탕을 둔 노예도덕을 비판하면서……" 하는 식으로 성대하게 차려진 '그들을 위한' 철학 잔치에 초대받은 독자들은 그리 흥겨워하지도, 배불리 먹지도 않습니다.

스스로 철학 잔치를 열면서 입맛에 맞는 음식들을 마련하고 정신의 양식을 함께 즐기는 길은 없을까요? 철학은 '사고의 천재'들의 전유물일까요? 평범한 철학 마을 주민들이 철학함의 주인공이 되는 길은 없을까요? '철학함'에 무슨 특별한 능력 같은 것이 필요할까요?

우리는 일상에서 흔히 볼 수 있는 문제들을 소재로 철학 무대를 꾸미고자 합니다. 이 무대는 개념과 사고의 도움으로 주인공들이 어지러운 현실을 해석하고 지혜의 빛을 모아서 난제들의 미로에서 빠져나오는 과정을 제시하고자 합니다.

한 주인공이 개념들로 뒤얽힌 매듭을 시원스레 풀어내고 환호하며 달려가는군요. "유레카(찾았다)!" 다른 친구는 지혜의 여신 소피아를 찾아 헤맵니다. 사랑에 빠졌나 봅니다. 과연 온갖 노력을 쏟고 수많은 고비를 넘어서 그녀의 사랑을 얻을 수 있을까요? 그렇게 많은 철학자들이 근엄하고 진지한 모습으로 하소연하고 인식의 보물단지를 바쳐도 모른 체하던 그녀를 말입니다. 그 친구가 눈을 뜨건 감건 그 모습을 생생하게 그릴 소피아는 어떤 자태일까요? 아름다움 자체를 구현한 자태? 날카로운 지성미를 지닌 모습? '어여쁘고 착하고 참한' 용모? 아니면 그저 그런 평범한 모습? 그보다도 이 친구는 어떻게 그토록 까다롭다는 그녀의 마음을 얻었을까요?

이 책은 새로운 지식을 더 많이 전달하려고 애쓰지 않습니다. 여러분이 소중하게 쌓아 둔 지식들을 돌아보면서 이미 알고 있는 것들을 다르게 생각하고 새로운 질문을 던지고자 합니다. 그래서 생각들의 길을 새로 만들고 그 길들이 어떻게 서로 통하는지, 지식들의 질서가 어떤 것을 밝히면서도 다른 것들을 숨기고 배제하는지, 철학적 사고가 삶에 도움이 되는지 아니면 도리어 해롭거나 위험한지를 다시 물어보고자 합니다.

진리에 목마른 이들은 철학에서 결정적이고 최종적인 답을 기대합니다. 그러면 인간과 세계를 완전하게 해명할 '현자의 돌' 앞에서 무릎 꿇고 경배하면서 지식의 연금술로 모든 것을 황금빛 찬란한 지식으로 바꿔 놓아야 할까요?

철학은 질문에서 시작합니다. 철학의 역사는 질문과 질문이 서로 다투거나 손을 잡는 질문들의 장입니다. 그래서 앞선 질문과 답에 대해서 다르게 질문하고 새롭게 묻습니다. 질문은 사고가 나아갈 방향을 지시하고, 사고할 만한 것을 찾고 일정한 사고의 범위를 윤곽 짓습니다. 좋거나 나쁜 답들은 질문이 구성하는 공간에 거주하는 주민들입니다. 그리고 독자가 질문에 답하는 자가 될지, 아니면 새로운 질문을 던지는 자가 될지는 스스로 결정해야 합니다.

철학이 질문과 함께 시작한다면 그 끝에는 무엇이 있을까요? 다른 모든 답을 물리칠 신성한 '하나의 답'이 있을까요? 그런 답이 새로운 질문들을 가로막는 철학적 전제군주가 되는 것은 아닐까요?

흔히 생각하는 것과 달리, 우리는 세계를 항상 일정한 관점에 따라서 해석합니다. 우리가 보는 눈, 보는 능력에 따라서 세계는 다양한 모습으로 나타납니다. 이렇게 해석한 세계는 우리가 생각하고 행동하는 바탕입니다.

우리에게 어떤 눈이 필요할까요? 이 책은 여러분이 사용할 수 있을 만한 몇 개의 '철학 안경'을 제시합니다. 안경에 따라서 세계는 다르게 보이고 다른 삶의 길이 열릴 겁니다. 어떤 안경이 여러분에게 알맞을까요? 어떤 안경이 더 객관적이고 보편적인 관점을 제공하고 어떤 안경이 구체적이고 흥미롭고 풍성한 관점을 선물할까요? (마음에 드는 게 없다면 새 안경을 만들어 보세요.)

좋은 안경을 골라서 '잘 먹고 잘 살기!' 그런데 기쁨과 능력을 주는 철학이 있는가 하면 슬픔과 무기력을 조장하는 철학도 있습니다. 삶을 긍정하는 것이 있는가 하면 삶을 견디기 어렵게 하는 철학도 있습니다. 값싼 희망과 행복으로 치장하거나 손쉬운 치유를 권하는 철학적 상술이 있는가 하면 고통과 허무를 감당하는 건강한 철학도 있습니다. 어떤 철학이 기쁨을 자아내고 삶의 고통을 껴안으면서 잘 사는 권리와 능력을 얻는 데 도움을 줄까요?

저는 피노키오가 '놀이에 전념하듯이' 《피노키오의 철학》이 철학적 사고와 개념 들을 자유롭게 활용하는 놀이판이 되고, 즐거운 철학 놀이를 위한 장난감이 되기를 바랍니다. 놀이하는 주인공은 놀면서 자못 진지하게 온 힘을 집중하고 일정한 규칙에 따르며 일상과 다른 세계를 창조합니다. 우리는 그저 쉽고 재미있다고 즐거워하지는 않습니다. 이런 철학 놀이가 새로운 사고와 관점을 낳고 새로운 질서를 마련했으면 합니다.

그리고 피노키오가 어엿한 인간으로 '성장하는' 것처럼 《피노키오의 철학》의 독자들도 자신과 세계를 사랑하며 지혜롭게 사는 능력을 키울 수 있기를 바랍니다. 우리가 먹기 위해서 사는 것도 아니고 살기 위해서 먹는 것도 아니라면, 먹거리 자체를 누리고 즐길 수 있을 겁니다. 성공하거나 유식해지기 위해서 철학공부를 하거나 철학적 진리를 위해서 삶을 희생하는 것이 아니라, 생각하고 논의하면서 즐거움을 만끽하고, 자기 힘으로 철학의 출발점을 새로 세우고, 스스로 사고의 수레를 이끌고, 삶과 고통을 힘차게 긍정하는 어린이처럼 철학의 바닷가 모래사장에서 영원히 놀 수 있는 존재가 되기를 바랍니다.

철학이 모든 문제의 답을 줄 수는 없겠지요. 시의적절한 연애 상담을 하거나 실연에 빠진 친구를 단번에 위로하지도, 주식시장의 흐름을 정확하게 예측하지도, 죽음을 마치 경험이라도 한 듯이 해명하지도, 모차르트의 곡처럼 놀랄 만큼 아름다운 피아노 소나타를 작곡하는 데 도움을 주지도, 병마에 시달리는 이의 육체적 고통을 조금이나마 덜어 주지도 못할 것입니다. 하지만 철학이 삶과 세계의 문제들 앞에서 불확실성과 모순, 역설과 우연 들을 마주해서 혼란스러운 현상들에 질서를 부여할 뿐만 아니라 그 질서의 부작용과 위험을 살피고 새로운 사고를 모색한다면 좋은 친구이자 스승, 나아가 연인이 될 수 있지 않을까요?

이 책에서 다루는 주제들을 소개하겠습니다. 전체가 네 권인데 각 주제들은 독립된 것이어서 특별한 순서가 없으므로 꼭 차례대로 읽지 않아도 됩니다.

1권에서는 먼저 《어린 왕자》의 모자 그림을 '어떻게 자기 나름대로 볼 수 있을까?'를 질문하죠. 이어서 이 시리즈를 대표하는 피노키오의 예를 통해서 피노키오가 사람인지를 질문합니다. 그리고 이 질문에 답하기 위해서 인간에 관한 다양한 논의를 검토합니다. 이어서 다양성을 포괄하는 '하나', 시간과 공간을 뛰어넘어서 변치 않는 '참된 것'을 찾기 위해서 플라톤의 아테네 학당을 찾아갑니다. 또한 현대 과학철학의 주제 가운데 하나인 귀납법을 정당화하는 문제를 살피면서 비판적 사고를 강조합니다.

2권에서는 수리한 희망호가 원래의 배와 같은지를 살피면서 변하는 세계에서 변하지 않는 동일성에 관해 질문합니다. 또한 시간이 흐르면서 일어나는 변화에서 동일성을 찾을 수 있는지도 살핍니다. 아울러 성장한 피노키오가 진리의 스승(데카르트)을 찾아가서 가장 확실한 진리를 찾는 방법을 배웁니다. 그리고 이런 근대 철학의 바탕을 발전시킨 칸트의 비판철학을 소개합니다. 칸트의 진리 재판정에서 인간이 무엇을, 어디까지 알 수 있는 권리가 있는지를 검토합니다. 이어서 참된 도덕의 원리를 세울 수 있는지도 살핍니다.

3권에서는 먼저 현대 철학의 주요한 주제인 언어의 문제를 다룹니다. 여기에서는 언어의 의미가 그것이 가리키는 대상에 있다는 관점을 부정하는 데에 초점을 맞추었습니다. 현대 구조주의 혁명을 일으킨 소쉬르가 '말 자치시'를 건설하려는 이론을 세운다고 보았고, 비트겐슈타인은 말놀이로 일상 언어를 새롭게 탐구하고 말에 대한 오해를 풀고자 합니다. 이어서 포스트모던의 문제의식을 소개하기 위해 미인대회를 구경하면서 아름다움의 척도로 모든 여성의 아름다움을 평가하는 경우에 어떤 무서운 일이 일어나는지를 봅니다. 보편적 진리의 위험성을 간접적으로 살피는 것이죠. 이어서 이성과 진리를 앞세우는 '모던'의 틀에 대해서 (리오타르가 대변하는) '포스트모던' 철학이 무엇을 다르게 생각하는지를 살핍니다.

4권에서는 먼저 니체의 글 한 편을 꼼꼼하게 같이 읽습니다. 서구 철학에 대한 강력한 비판자인 니체를 통해서 지금까지 공부한 진리 찾기가 어떤 전략에서 나온 것이며 어떤 점을 숨기고 있는지를 살핍니다. 그는 진리 없이 사고하는 새로운 가능성을 모색합니다. 현대 철학에 큰 영향을 미치고 있는 니체의 도발적인 논의는 포스트모던, 포스트구조주의의 논의와 관련해서도 중요하지만 무엇보다도 진리의 바닥에 숨겨진 허무주의를 어떻게 극복할 것인가 하는 절박한 질문을 던집니다. 이어서 서구 사고와 과학을 이끈 주요 원리인 결정론을 다루기 위해서 라플라스의 악마를 불러 옵니다. 결정론 패러다임을 대변하는 이 악마의 주장이 얼마나 다양한 영역을 주도하고 있고 어떻게 변형되는지를 살핍니다. 모든 것을 알 수 있다는 자만심에 빠진 예측의 대가인 악마가 놓친 점을 보기 위해서 카오스 이론, 복잡성 이론을 참조합니다. 나비의 날갯짓은 악마에게 위협적입니다.

이어서 결정론의 눈으로 인간 역사를 보는 악마를 따르는 역사법칙론을 보고 우연, 새로움이라는 난처한 문제도 살피면서 결정론 없이 사고할 가능성을 모색합니다. 과연 결정론이 주장하듯이 여러분이 《피노키오의 철학》을 읽도록 '하늘의 두루마리'에 미리 기록되어 있을까요?

이번에 새로 개정판을 내는 이유는 기존 내용을 수정하기 위한 것이라기보다는 독자들의 눈높이를 조금 올리기 위한 것입니다.

《피노키오의 철학》이 첫인사를 한 지 10년이나 지났습니다. 그동안 분에 넘치는 사랑을 받은 덕분에 장난꾸러기는 어엿한 청년으로 성장했습니다. 그런데 귀엽고 익숙한 이름 때문인지 중학생은 물론이고 초등학생들까지 이 책을 찾아서 예상치 않은 결과들이 생기기도 했습니다. 철학 영재들이 데카르트와 칸트, 심지어 소쉬르와 니체, 라플라스의 악마들과 한데 어울려 지혜를 겨루는 기이한 일들이 벌어지곤 했습니다.

《피노키오의 철학》은 철학과 처음 만나는 이들에게 철학마을을 대표하는 철학자들의 사고방식을 상큼하고 귀엽게, 하지만 너무 가볍지는 않게 소개하는 책입니다. 이 책은 모두를 위한 책이라기보다는 사고의 즐거운 놀이에 동참하려는 이들을 위한 책이었으면 합니다. 고등학생이 《순수이성 비판》이나 《정신 현상학》《신학대전》을 읽지 못한다고 절망할 필요가 없는 것처럼, 《피노키오의 철학》에 때때로 등장하는 까다로운 주제나 논증 때문에 철학을 회피하거나 미워할 필요는 없을 겁니다.

마지막으로 이 책의 새로운 탄생을 도와주신 분들께 감사드립니다. 《피노키오의 철학》이 두 번째 세상 구경을 할 수 있도록 어려운 결정을 내린 휴머니스트 출판사와 개정판을 위해서 수고를 아끼지 않은 편집부의 노력이 없었더라면 이 책은 아직도 가능성의 세계를 벗어나지 못했을 것입니다.

'필로소피아'를 아끼고 보살피는 철학 지킴이들께도 아낌없는 감사를 바칩니다. 그리고 《피노키오의 철학》의 새로운 친구와 연인 들에게 다함이 없는 사랑을 전하고 싶습니다.

2013년 3월
서초동 연구실에서
양운덕

강아지 아닌 /강아지/와
꽃을 가리키지 않는 /꽃/

포스트모던 마을의 작은 이야기들

여덟 번째 강의

강아지 아닌 /강아지/와 꽃을 가리키지 않는 /꽃/

말들의 자치 운동

우리가 다룰 주제는 '말'입니다. 우리는 인간을 '말하는 인간(homo loquens)'이라고도 하죠. 우리는 말로 생각을 표현하고, 의사를 전달하여 문화를 건설합니다. 만약 우리 삶에서 말을 뺀다면 어떻게 될까요? 아마 인간답게 살기 어렵겠죠. 지금까지 우리는 말을 편리한 수단으로 삼아서 잘 사용해 왔죠. 그런데 만약 수단인 말이 좀 쉬고 싶다고 하면 어떻게 될까요? 지금까지 우리는 말이 우리와 대상을 이어주는 매체라고 생각했죠. 만약 말이 우리와 대상을 갈라놓는다면 어떻게 될까요? 지금까지 철학은 말에 별로 주목하지 않았습니다. 말은 우리의 사고를 그대로 표현하고, 대상을 투명하게 비춘다고 생각했기 때문입니다. 과연 그럴까요?

'말하는' 요술 거울

《백설공주》에 나오는 요술 거울을 떠올려 보세요. 거울은 "이 세상에서 누가 가장 아름다운가?"라는 질문에, 가장 아름다운 여성의 얼굴을 보여 주면서 "왕비님, 왕비님이 세상에서 가장 아름답습니다"라고 하거나 "왕비님도 아름답지만, 이제는 백설공주님이 가장 아름답습니다"라고 말하는 장면이 있습니다. 물론 거울이 아름다운 여성의 얼굴을 보여 주기만 해도 충분하지만, 이처럼 '말'을 덧붙이는 점에 주목해 봅시다. 말하는 거울은 요술 거울이죠.

만약 거울이 말을 하지 않는다면 어떻게 될까요? 왕비가 거울을 보면서 누가 가장 아름답냐고 물을 때, 거울에는 왕비의 얼굴이 비칩니다. 왕비가 거울 앞에 설 때 왕비 얼굴이 비치는 것은 당연한 일이 아닐까요? 왕비의 "거울아, 거울아……"는 그저 재미로 중얼거리는 것이거나 자기 암시로 본들 문제될 게 없죠. 왕비는 나르키소스를 흉내 내고 있는지도 모르죠. 이때 거울이 (누군가의 얼굴을 보여 주면서) 말한다는 점에서 요술 거울인 거죠.

문제는 다음 장면이죠. 왕비가 거울 앞에 섰는데도 불구하고 백설 공주의 얼굴이 거울에 나타날 때입니다. 만약 이 거울이 말 없는 거울이었다면 왕비는 이 사태를 해석하는 데 혼란을 겪거나 다른 거울로 바꾸겠죠. 하지만 이 거울이 말을 하기 때문에 문제는 다르죠. "나는 진실만을 보여 주는 '말하는' 거울입니다. 그런데 왕비님보다 백설공주가 더 아름답군요."

거울까지도 자기의 남다른 능력을 보여 주기 위해서 말하는 점을 보면 말이 중요한 것 같기는 하죠? 여러분은 말 없는 거울에 자기 모습이 비칠 때 어떤 생각을 하나요?

인어공주의 비극

안데르센 동화 《인어공주》에서 말을 포기하는 바람에 결국 사랑을 잃고 목숨까지 버려야 했던 안타까운 예를 볼까요? 열다섯 살이 된 인어공주는 난생처음으로 바다 위 세계를 구경하다가 배에서 생일 파티를 벌이고 있는 인간 왕자에게 반하죠. 마침 거센 풍랑에 배가 침몰하자 인어공주는 어렵게 왕자를 구합니다. 인어공주가 사람이었다면 이 정도 노력으로 사랑을 이룰 수 있었겠지만 안타깝게도 현실은 그렇지 않죠. 인어공주는 바닷가 모래밭에 왕자를 안전하게 구해 놓고 예쁜 목소리로 사랑의 노래를 부르면서 밤새 왕자를 돌봅니다. 아침이 되자 이웃 나라 공주가 산책길에 왕자를 발견하고 그를 구한 공을 독차지하지만 인어공주는 그저 멀리서 지켜볼 수밖에 없습니다. 안타까움은 왕자에 대한 사랑의 불길을 더하죠.

왕자를 너무 사랑한 공주는 마녀의 도움을 받아서라도 사람이 되고 싶어 합니다. 마녀는 공주를 사람으로 만드는 조건으로 '목소리'를 달라고 하죠. (또한 걸을 때마다 고통을 느껴야 한다는 조건도 덧붙이죠.) 사랑에 눈먼 공주에게 목소리 같은 것은 대수롭지 않을지도 모르겠군요. 목소리를 주고 말을 하지 못하는 대가로 사람이 된 인어공주. 이제 사랑에 부푼 인어공주는 바다를 떠나 뭍에 사는 왕자 곁으로 갑니다. 하지만 철없는 인어공주는 마녀가 제시한 조건이 얼마나 치명적인지 모르죠.

우리가 사람의 특성을 '말하는 인간'으로 보았는데, '말을 못하는 인간'을 만들어 주겠다면 이거 너무 심한 것 아닌가요? 마녀나 공주나 모두 이번 강의를 좀 들어야겠군요. 언뜻 보기에 보통 사람의 특성에서 두 가지만 뺀 것으로 보이지만, 사실은 그렇지 않죠. 특히 말하는 것이 인간의 본질이라면, 즉 언어를 통해서만 사람이 사람다워진다면, 말을 빼앗긴다는 것은 인간다움을 빼앗기는 거죠. 그렇다면 인어공주는 본질 없는 겉모습만 있는 셈이죠.

게다가 조건이 또 있죠. 정해진 날까지 왕자와 결혼하지 못하면 거품이 되고 만다는 것이죠. 이것은 죽음을 무릅쓴 사랑, 자기의 모든 것을 버리는 사랑의 예일지도 모르죠. 사실 사랑은 자기를 온전하게 보존하기보다는 사랑의 불길에 태워 버리는 것인지도 모르죠. 그래서 사랑의 재로 바뀌는 것, 자기를 완전하게 희생하는 것인지도 모릅니다.

어쨌든 이런저런 사정으로 왕자의 궁궐에 같이 있게 된 인어공주는 왕자의 안타까움과 답답함에도 불구하고 한마디 말도 못하죠. 왕자가 말을 하면 고개를 끄덕이거나 예쁘게 몸짓으로 답할 뿐이죠. 또 공주가 춤출 때마다 느껴지는 고통을 참으면서 겉으로 내색하지 않으려는 아픔을 왕자는 알 길이 없죠. 과연 이런 '말 없는 사랑'이 가능할까요? 왕자에게 말 너머의 사랑을 알아차리라고 요구할 수 있을까요?

인어공주는 바로 '사랑'을 이루기 위해 '사람'만 되면 된다고 생각했죠. 하지만 말없는 사람이 된 까닭에 사랑의 말을 할 수 없고, 사랑의 열매를 맺게 할 길을 잃어버립니다. 흥행에 민감한 작가라면 어린이들에게 잘 보이려고 적당한 우연을 만들어서 사랑의 꽃을 피울 겁니다. 하지만 안데르센은 디즈니 왕국의 애니메이션 작가들처럼 상업적 목적으로 인어공주의 사랑을 이용하지 않습니다. (디즈니 애니메이션에서는 갑자기 인어공주가 말을 하게 되고 왕자가 마녀와 싸워 이김으로써 잘 먹고 잘사는 해피엔딩으로 끝납니다.)

정해진 날은 다가오는데 왕자는 자기를 구해 준 (물론 오해지만) 이웃 나라 공주와 결혼 계획을 잡습니다. 물거품이 될 수밖에 없는 인어공주에게 마지막 기회가 주어집니다. 동생을 안타까워하던 언니 인어들이 왕자를 찌를 칼을 전해 주죠. "이 칼로 오늘 밤 왕자를 찌르면 너는 다시 인어가 될 수 있대."

마지못해 한밤중에 왕자의 침실에 몰래 들어간 인어공주. 촛불로 비춘 왕자의 모습은 비록 이웃 나라 공주와 함께 자고 있지만 너무나 사랑스럽습니다. 여러분 같으면 멋지게 "사랑이냐, 삶이냐, 그것이 문제로다" 하면서 무슨 짓을 저지를지 모르지만, 참사랑을 지닌 인어공주는 다릅니다. '내가 살려고 저 사람을 죽일 순 없어. 내 사랑이 이루어지지는 않았지만 나는 내 목숨보다 왕자님을 사랑해'라는 말 없는 말을 남긴 채 방을 뛰쳐나오죠. 결국 거품이 되고 만 인어공주.

왕자는 갑자기 사라진 인어공주 생각에 가끔 밤바다를 바라볼 겁니다. 파도에 흔들리는 그 많은 거품 가운데 인어공주의 사랑을 담은 거품이 '말없이' 사랑의 노래를 부르고 있을지도 모르죠. 재미있고 잘 팔릴 수 있게 제작한다는 명분으로 인어공주의 사랑을 싼값에 팔아넘기는 일은 아마 수많은 슬픈 사랑, 이루지 못한 사랑, 삶 너머에 있는 소중한 세계를 헐값에 팔아넘기는 것이 아닐까요?

우리가 이 동화를 슬프게 읽는 까닭은 바로 인어공주가 말을 포기했기 때문이죠. 인간으로 잠깐 살았던 인어공주는 말을 포기한 까닭에 인간다움이 무엇인지를 잘 보여 줍니다.

악마가 "네가 가진 것 가운데 하나만 나에게 준다면 원하는 모든 것을 다 들어주겠다"라고 꾈 때 인어공주처럼 '말'을 준다면, "당신에게 말을 주겠다"라고 하는 말을 마지막으로 영영 말을 못하게 되겠죠. 그 사소한 것 빼고 다른 소중한 것들을 얻는다면 얼마나 좋을까요? 다만 좋다는 말을 하지 못하는 점이 답답하겠죠.

인간과 대상 사이에서 말은 무엇인가?

인간을 '말하는 인간(homo loquens)'이라는 특성으로 볼 때 과연 '말' 또는 '언어'를 어떻게 이해하면 좋을까요? 어떤 분은 이런 질문이 너무 쉽다고 여길지 모르지만 저는 이 문제 때문에 골치가 아픕니다. 왜 그럴까요? 지금까지 인간은 말을 하면서 '단순한 소리가 아니라 적절하게 분절된(articulé) 소리'를 아주 편리한 도구로 사용해 왔죠. 이를테면 비가 부슬부슬 내리고 내 가슴에 희뿌연 느낌이 들 때, 이것을 '비가 온다' '마음이 스산하다'라는 말로 대상이나 자신의 상태를 표현해 왔죠. 이런 '말'이야말로 훌륭한 표현 수단인 거죠.

그래서 비가 온 다음 날에도 우리는 '비가 왔다'라고 이야기하고, '마음이 서글펐다'라고 이야기하면서 비와 느낌을 표현할 수 있었습니다. 그리고 자기 생각을 표현할 때에도 말에 사고를 담아서 말을 의미 있는 것으로 만들어 편리하게 써 왔죠. 말은 단순한 '소리 그릇'이 아니라 우리의 사고와 세계관을 담는 귀한 그릇인 거죠. 또한 우리는 말로 다른 사람에게 자기 뜻을 전하고, 서로 말을 주고받으면서 합의하고 협력할 수 있습니다.

또한 말을 대수롭지 않게 여기는 사람도 "말은 아무것도 아니야. 그저 도구에 지나지 않지. 중요한 것은 말이 아니라 그 뜻이나 사고지. 달을 보면서 손가락을 보아서는 안 되지"라고 한참 말하는 것을 보면 우리는 미소 짓지 않을 수 없죠. "그렇지. 말이 아무것도 아니라는 말도 말은 말이지. 말은 역시 안 끼는 데가 없군." 이처럼 말 이전에 '말할 수 없는 것'이 있다고 하더라도, 말하지 않고는 그런 것의 귀중함을 알릴 길이 없죠.

이렇게 해서 인간의 역사는 인간이 주고받은 말의 역사와 동행한다고 할 정도로 이 관계는 돈독했죠. 그리고 말들도 우리가 요구한 역할에 충실했죠.

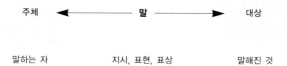

주체 ◄———— 말 ————► 대상

말하는 자   지시, 표현, 표상   말해진 것

　말은 말하는 주체와 마주한 대상 사이에 있죠. 주체는 말로 대상을 의미화하죠. 대상은 '말에 의해서' 자기 모습을 보여 줍니다. 이 사이에 있는 말은 둘을 이어 주는 역할을 합니다.

　만약 말이 없다면 어떻게 될까요? 인간은 불쌍한 인어공주 같은 신세가 될 것이고, 대상은 대상대로 영원히 침묵 속에 갇힐 수밖에 없겠죠.

　그런데 이들 '사이에 있는 것'이 과연 어떤 작용을 할까요? 주체도 아니고 대상도 아닌 제3의 것, 중립적인 것처럼 보이는 이것은 주체와 대상 사이에 있는 투명한 거울이거나 투과 장치일까요? 아니면 불투명한 막으로 양자를 갈라놓는 장해물일까요?

　보통 말하는 인간을 주인공으로 보고, 말을 마치 수단이나 소유물처럼 생각하죠. 말은 대상을 그대로 가져올 수 없으니까, 대상 대신에 말로 바뀐 대상 곧 '말해진 대상'을 대상으로 여깁니다. 그리고 말이 대상의 혼을 지니고 있다고 보죠.

　예를 들어서 /강아지/라는 말(글씨로 쓴 강아지가 아닙니다.)로 말 바깥에 있는 '강아지'를 가리킨다고 생각하죠. 그리고 /강아지/가 실제 강아지를 대표한다고 믿고 싶어 합니다. 하지만 분명한 것은 말은 대상이 아니라는 점입니다.

말은 대상을 비추는 거울인가?

그런데 이상한 생각이 드는군요. 앞에서 이야기한 것을 되새겨 보더라도 이상한 점이 한두 가지가 아닙니다. 먼저 우리는 말을 우리 마음대로 부릴 수 있다고 생각하죠. 과연 그럴까요?

그림에서 보았듯이 주체인 인간과 대상 사이에 말이 있죠. 말은 중간에서 양쪽을 연결시켜 주죠. 인간과 대상의 중개자라고나 할까요? 그러면 말은 어떻게 우리와 대상을 연결시킬까요?

전통적인 관점에서 말은 인간이 가리키는 사물이나 상태와 같은 것이라고 여깁니다. 그런데 이런 생각은 이상하죠. 즉 /꽃/이라는 말과 '꽃'은 똑같은 것일 수는 없죠. 우리는 '꽃'을 가리키기 위해서 일정한 음성 기호인 /꽃/이라는 말을 사용하죠. 그럼에도 불구하고 이런 소리가 그것이 가리키는 대상과 똑같거나 비슷하다고 생각하죠. 어떤 근거에서 그럴 수 있을까요? 과연 말은 대상을 투명하게 우리에게 재현할까요?

이제까지 우리는 말과 대상이 한가족인 것처럼 대해 왔고, 말이 대상을 대표한다고 생각했습니다. 이렇게 보는 경우에 말은 '무엇'이 되어야 할까요? 말이라는 수단은 신기하게도 그 자체가 아무것도 아니어서 조금이라도 보태거나 빼지 않고 대상을 투명하게 비춘다고 볼 수 있을까요? 곧 말이 투명한 거울이어서 대상을 그대로 반사한다고 보아도 좋을까요?

거울이라고 하더라도 대상을 있는 그대로 비추지는 않죠. 아무리 정확한 거울도 왼쪽, 오른쪽은 바꾸어서 반사하죠. 거울나라에 간 앨리스처럼 오른쪽으로 가고 싶으면 왼쪽으로, 앞으로 가고 싶으면 뒤로 가야 합니다.

　말이 우리와 대상 사이에서 매개자 역할을 한다고 했을 때, 아무 것도 더하거나 빼지 않고 투명하게 작용할 수 있을까요? 만약 말이 투명한 거울이 아니라면 어떻게 해야 할까요?

　우리는 지금까지 중개료 한 푼 내지 않고 말을 이용해 왔죠. 만약 말들이 일한 대가를 요구하면 어떻게 될까요? 우리는 어떤 값을 치러야 할까요?

　우리가 어떤 수단을 사용할 때 그것을 마음대로 부린다고 하더라도, 그 수단이 작용하는 방식과 원리에 따라서 그것을 사용해야 합니다. 마찬가지로 말도 말의 고유한 질서가 있고, 고유한 작용방식이 있을 겁니다. 우리는 말이 어떤 것인지, 그것을 사용하는 데 어떤 비용을 치러야 하는지, 그것은 어떤 방식으로 작용하는지, 그것 나름의 질서가 어떤 것인지 등을 적어도 한번은 살펴야 합니다.

　　질문
　　1. 말이 대상을 있는 그대로 비추는 거울이 될 수 있을까요? 말이 재현하는 것이 대상과 같을까요?
　　2. "나는 기쁘다"라고 말했을 때 이 말이 내 마음의 상태와 같을까요? 같다면 도대체 어떤 점에서 같을까요?

말이 우리와 대상을 갈라놓는다면?

현대철학은 '말'을 중시합니다. 심지어 현대철학이 '언어학적 전회 (轉回)'를 했다고 하는 이야기까지 있죠. 과연 말이 그저 순종한다면 말에 대해서 탐구할 필요가 있을까요? 아마 말 때문에 뭔가 달라진 것이 있나 봅니다.

우리는 말의 매개를 통해서만 대상에 가까이 갈 수 있고, 대상의 침묵을 깨뜨릴 수 있죠. 대상에게 말을 빌려 주어야 대상이 우리를 상대로 이야기를 할 수 있습니다. 그리고 우리도 말을 사용해야만 대상이 어떤 것인지, 나의 상태가 어떠한지, 내가 원하는 것이 무엇이고, 내가 전하고 싶은 생각이 무엇인지 등을 표현할 수 있습니다.

이렇듯 우리와 대상은 말을 통해서만 만날 수 있고, 말의 협조가 없다면 우리와 대상 사이의 틈을 좁힐 수 없는 것이 아닐까요? 아니면 우리와 대상이 모두 '말 안에' 살고 있는 것은 아닌지 살펴보아야 합니다.

말하는 인간 　　　**말**　　　 말해진 대상

그리고 말이 순종하는 하인이 아니어서 그 나름의 질서와 규칙을 가지고 우리에게 따르지 않을지도 모르고, 우리와 대상 사이에 다리를 놓아주지 않겠다고 버틸지도 모릅니다.

우리는 외국어를 배울 때 말의 질서, 규칙, 쓰임새를 몰라서 엉뚱한 일을 겪을 수 있죠. 그 말의 질서에 숙달되기 전에 말은 아주 까다로운 상전이고 우리의 사고와 행동을 하나하나 쥐고 흔드는 무서운 존재입니다. (말 못하는 서러움을 어찌 말로 다할 수 있겠습니까?) 우리는 말에 고개 숙이고 겸손한 자세로 말에 순종해야 합니다.

말 못하는 자의 말 없는 마음 기도. '말님, 제발 제 말 좀 들어주세요. 제가 마음속에 무엇인가를 그리면 얼른 와서 그것을 적절하게 말로 바꾸어 주세요. 제가 원하는 대로 말하게 도와주세요.'

"나에게 기도만 하지 말고, 말공부 좀 하세요. 낱말의 뜻이 무엇인지, 순서에 맞게 어떻게 말할 것인지, 어떤 쓰임새가 있는지를 하나하나 공부하다 보면 제가 당신의 손발같이 당신을 도울 겁니다."

꿈에서 깨어난 우리의 주인공. 말에 대한 열렬한 사랑으로 말과 말할 수 있는 밀회의 기회를 얻으려고 말공부를 하겠죠.

과연 우리가 말을 부릴까요, 아니면 말이 우리를 부릴까요? 우리는 자유로운 존재이기 때문에 마음먹은 대로 말할 수 있는 것일까요, 아니면 우리의 자유는 말의 질서에 따라서 말이 되도록 자유를 표현하는 것일까요?

/꽃/은 꽃을 가리키지 않는다

시인 말라르메(S. Mallarmé)는 다음과 같이 이야기하죠.

"나는 한 송이 꽃이라고 말한다! 그런데 나의 음성은 아무런 꽃의 윤곽도 나타내지 못하는 망각 밖에서, 꽃받침과 다른 어떤 것으로서, 꽃송이 없이 상쾌한 사상 자체가 음악상으로 떠오른다."

이것은 /꽃/이라는 말이 더 이상 감미로운 향기를 풍기고 아름다운 자태로 나를 유혹하는 '꽃'을 가리키지 않는 상황을 보여 줍니다. /꽃/이라는 말은 아무것도 가리키지 않고 다만 /꽃/이라는 말을 가리킬 뿐이죠. (말라르메의 지적은 여기에 그치지 않고, 말이 가리키는 대상이나 말하는 주체와 무관하게 독자적인 세계를 구축하는 점을 문제 삼죠.

그런데 우리는 아직 그런 이야기를 들을 준비가 안 되어 있으므로, 더 이상 "내가 그의 이름을 불렀을 때 그는 나에게로 와서 꽃이 되었다"라는 식으로 생각할 수 없다는 것만을 이해하고자 합니다.)

말이 대상을 지시한다고 보는 틀은 말의 질서와 대상의 질서가 동일하다고 봅니다. 하지만 말이 대상의 질서를 그대로 옮겨 놓는 것이 아니라면, 다시 말해 조금이라도 변형, 왜곡시킨다면 두 질서는 별개의 것이 되죠. 이런 경우에 말이 대상을 떠나서 어떤 길을 갈지 짐작하기 어렵죠. 이 길은 위험하고 불안정한 길입니다. (나중에 니체의 언어 비판에서 다시 다루기로 하죠.)

우리는 아직 사정이 어떠한지 모르므로 일단 말의 정체를 좀 더 살펴봅시다. 또 우리가 말을 바르게 쓰는지, 말에 지나친 기대를 하는 것은 아닌지를 살펴야 합니다. 우리의 기대와 달리 우리가 말을 함부로 부릴 수 없고 말의 질서에 순종해야 할지도 모르죠.

현대 이론가들 가운데 말에 대해서 진지하게 고민하고 '말의 창문'으로 인간과 세계를 봄으로써 새로운 관점을 보여 주는 두 사람을 불러올까 합니다.

한 사람은 현대철학에서 언어학적 전환을 대표하는 인물로 (이상적인 언어가 아니라) '일상 언어'를 가장 중요한 언어 활동으로 보는 비트겐슈타인(L. Wittgenstein)이고, 다른 한 사람은 구조주의 언어학의 창시자인 소쉬르(F. Saussure)입니다.

두 이론가를 참조해서 말의 '의미'가 그것이 지시하는 대상에 있다는 관점을 어떻게 부정하고, 말의 독자적 영역을 어떻게 설명하는지, 그들은 말의 어떤 측면에 주목하는지 보기로 하죠. 먼저 소쉬르의 틀부터 보기로 하죠.

소쉬르는 구조주의 언어학을 개척했습니다. 그의 언어학은 단순히 언어의 문제뿐만 아니라 기호일반과 문화현상 전반을 새롭게 보는 관점을 마련하여 '구조주의 혁명'이라는 이름을 얻을 정도로 인문학 전반에 커다란 영향을 미칩니다.

저는 소쉬르를 '말들의 자치시(自治市)'를 건설하려는 이론가로 보고자 합니다. 그동안 말들은 사물에 얽매어 그들의 눈치를 보고 살아왔죠. 말들이 소쉬르를 만나서 어떻게 그들만의 도시를 세울 수 있었는지 살펴봅시다. 그리고 이들 도시가 이후에 어떻게 주변의 다른 도시들에 필수 불가결한 존재로 바뀌는지를 보기로 합시다.

말은 대상과 일치하는가?

우리가 쓰는 말은 단순히 소리나 음향이 아니라 '의미'를 지니고 있습니다. 말은 사물과 달라서 소리의 형태로만 존재할 수 있기 때문에 말의 의미는 바로 말들의 '말다움'을 가능하게 하는 것이죠. 그러면 말이 지닌 의미를 어떻게 설명할 수 있을까요?

보통 우리는 말이 어떤 대상, 곧 그것이 '지시하는 대상(referent)'을 가리킨다고 보죠. /비/라는 말은 땅과 사람들의 마음을 적시고 대지를 촉촉하게 하는 '비'를, /사랑/이라는 말은 세상의 모든 것이 그 두 사람을 위해 멈추는 아름답고도 아픈 '사랑'을, /강아지/라는 말은 깡충깡충 뛰고 털이 나 있고 멍멍 짖으며 냄새를 잘 맡는 '강아지'를 가리킨다고 봅니다.

그런데 이상한 점이 있군요. 이 틀은 말이 대상이나 상태를 가리키고, 말과 사물은 서로 대응한다고 생각하죠. 그런데 말과 그것이 가리키는 사물들이 전혀 닮지 않았죠?

/강아지/라는 소리와 실제의 '강아지'가 같은 점이 하나라도 있나요? /강아지/라는 말에 털이 있나요, 깡충깡충 뛰기를 합니까, 냄새를 잘 맡나요, 꼬리를 흔드나요? /강아지/라는 말과 그것이 가리키는 지시대상인 '강아지' 사이에는 (우리가 믿는 것과는 달리) 아무런 공통점이 없죠. /종이/라는 말에 글을 쓸 수 없고, /불/이라는 말은 뜨겁지 않습니다.

전통적인 사고도 이런 난점을 생각했을지도 모르죠. 그럼에도 말로 대상을 가리킬 수 있다고 보았습니다. 곧 말을 통해서 실제 대상을 '재현(再現, representation)'할 수 있다고 믿었습니다.

다시 말하면, 말을 통한 재현은 실제의 대상을 말로 바꾸어서 '다시 표현'할 수 있다고 보죠. 그렇게 재현된 말은 대상과 같은 것이거나 한 발 물러서서 대상을 대표한다고 믿었습니다.

그래서 바른 말은 그것이 지시하는 대상과 일치 또는 상응한다고 보았죠. 비가 올 때면 /비가 온다/라고 하고, 슬플 때면 /나는 슬프다/라고 하면 두 경우가 일치하고 말이 사물이나 상태를 '참되게' 기술했다고 봅니다. 그런데 이때 말과 대상이 서로 다른데 어떻게 이것들이 일치하거나 상응한다고 믿을 수 있나요? 이런 일치나 상응에 대한 믿음은 어떤 근거가 있나요?

어떻게 보면 인간들은 탁월한 능력이 있나 봅니다. /강아지/라는 소리로 말 바깥에 있는 대상을 불러올 수 있으니까요. 다른 동물들은 이렇게 대상 세계를 기호나 말로 지시하지 못합니다. 과연 이것이 우리 인간만의 탁월함일까요, 아니면 우리끼리의 믿음일까요?

소쉬르는 이런 믿음과 달리 말은 그것 바깥에 있는 지시대상과 다르고, 말의 의미가 그런 지시대상에 있는 것도 아니라고 봅니다. 이 것이 사실이라면 엄청난 사건이죠. 왜냐고요? 말이 더 이상 대상들을 가리키지 않기 때문에, 말은 그 바깥의 대상과 아무런 관계가 없고, 말과 대상은 남남이 되기 때문이죠.

/강아지/는 뛰어놀지 않는다

자, 너무 급하게 나가지 말고 천천히 살펴보기로 하죠.

다시 /강아지/ 예를 봅시다. /강아지/라는 말은 어떤 의미를 갖습니다. 그런데 /강아지/가 저기 뛰어노는 '강아지'를 지시한다면, '강아지'의 어떤 점을 보고 그것을 /강아지/라고 부를 수 있을까요? 그 녀석의 털이나 코 위에 /강아지/라는 소리가 매달려 있거나 멍멍 짖는 소리에 /강아지/라는 분절음이 있나요? 아니면 /강아지/라는 말이 집을 지켜 주거나 재롱을 부리나요? 우리는 /강아지/를 기를 수도 없고, 또한 '강아지'를 말에 담을 수도 없습니다. 이처럼 '강아지'와 /강아지/가 서로 다른 것이라면 문제가 어려워집니다.

그러면 어떻게 /강아지/가 의미를 갖게 되는지 보기로 합시다.

먼저 /강아지/와 '강아지'를 같은 것으로 보는 관점은 어떻게 이야기할까요? "/강아지/의 의미가 '강아지'다" 또는 "/강아지/는 '강아지'이기 때문에 /강아지/다"라고 하겠죠. 이것을 글로 쓰면 구별이 되니까 실제 소리로, 말로 한번 읽어 보세요. 어느 것이 말-강아지인지 실제-강아지인지 분간이 안 되죠? 소리로만 들으면 같은 말을 두 번 반복하니까 하나마나한 이야기를 하는 것 같죠.

"아빠, /강아지/가 뭐죠?"

"응, /강아지/는 '강아지'야. 쉽지?"

"에이, 그게 뭐예요? 그럼 /낭만/은 '낭만'이고, /고통/은 '고통'이 겠네요. 앞으로 아빠한테 안 물어볼 거예요!"

이처럼 /강아지/의 의미가 그것이 가리키는 것('강아지')에 있다면, 아마 언어학자들은 할 일이 없을 겁니다. 왜냐고요? 그들이 /강아지/의 의미를 찾으려면 말 동네를 떠나서 실제의 강아지들이 있는 곳으로 가야 하고, 그 강아지들에 대해서는 동물학자에게 물어봐야 겠죠.

"이것을 왜 /강아지/라고 하나요?"

"별로 복잡할 게 없어요. 바로 이 녀석이 '강아지'이기 때문입니다. 그런데 그게 뭐가 궁금하죠?"

"아니, 저도 그 정도는 알죠. 그러니까 제 이야기는 이 녀석을 왜 /멍멍이/나 /귀염둥이/라고 하지 않고 하필 /강아지/라고 하냐 이거죠."

"그걸 누가 알겠습니까? 강아지니까 강아지겠죠. 언어학자들은 이상한 데에 관심이 많군요."

그러면 /꽃/이라는 말의 의미를 찾기 위해서는 꽃밭이나 식물학자에게 달려가야 합니다. 그나마 겨울철에 꽃들이 다 시들면 /꽃/이라는 말은 아무것도 가리키지 못하니까 다시 봄이 될 때까지 기다려야 그 '의미-실체'를 찾을 수 있겠군요. 식물도감에 나오는 꽃도 그려진 것이니까요. /사랑/이라는 말의 의미를 사전에 싣고 싶으면 사랑하는 남녀를 귀찮게 따라다니면서 '사랑'의 의미를 찾거나 카메라에 담아서 보여 주어야 하나요?

이렇게 말의 의미를 찾으러 산으로 들로 데이트 장소로 뛰어다녀

야만 한다면, 이런 노력은 별다른 성과를 얻기 어려울 겁니다.

그러면 방향을 바꾸어서 '말 안에서' 말의 의미를 찾을 수 없는지 생각해 봅시다. 이것은 말의 의미를 말 바깥에서 찾으려는 시도와 결별하거나 말이 그 지시대상과 일치한다는 믿음을 버릴 것을 요구합니다.

말들을 독립시키자!

소쉬르는 젊은 나이에 말들이 지시대상의 지배에 신음하는 기이한 현상을 보고 말들을 독립시켜 그들만의 독립된 도시에서 살게 해야 한다고 생각했습니다.

소쉬르는 말이 대상이 아니라 (소리) 기호라고 봅니다. 그렇죠. 말은 분절된 소리니까요. 이런 기호들이 기호 나름대로 의미를 만들 수 있지 않을까요? 그래서 소쉬르는 언어를 대상에서 독립된, 자족적인 기호 체계로 보는 쪽으로 방향을 바꿉니다. 그래서 말-기호들이 그들만의 체계를 이룰 수 있는지를 보려는 것이죠.

이런 '자치운동'이 순조롭게 진행된다면 말들은 소리-기호로 이루어진 그들만의 살 곳을 마련할 겁니다. 여기에서 말들은 더 이상 지시대상에 의존하지 않고 나름의 세계를 추구할 수 있는 거죠.

물론 말의 자치시가 주변의 대상 세계나 인간으로부터 독립한다고 해서 이런 세계를 완전히 무시하는 절대적 독립을 추구한다고 볼 필요는 없습니다. 하지만 이런 자치운동 때문에 말과 대상, 인간의 관계가 근본적으로 달라질 것은 분명하죠.

그래서 이 말의 도시를 세울 청년 언어학자는 새로운 원리를 창안

합니다. 이를 위해서 종래의 지시이론이나 실재론을 버립니다. (이 관점은 말이 대상을 지시한다고 보거나, 말이 대상의 존재를 그대로 보여주거나 대표한다고 보죠.) 바로 그런 이론들이 말의 독립성을 인정하지 않고 말을 대상에 예속시키기 때문입니다.

이제 /강아지/는 '강아지'가 아닙니다. 미안하지만 /강아지/에는 '강아지'가 없습니다. 그래서 /강아지/는 '강아지 없음'을 보여 주죠. /강아지/에서 '강아지'는 쫓겨납니다. /강아지/는 '강아지'가 아니기 때문에 /강아지/일 수 있습니다. 마찬가지로 이제 /사랑/은 '사랑'에게 사랑 고백을 할 필요가 없습니다. /물/은 흐를 필요가 없고, /보석/은 아름답게 빛나거나 비쌀 필요가 없습니다.

그런데 말들이 이런 자치시를 세우는 운동을 하는 과정에서 어려운 문제가 생깁니다. 그것은 바로 말의 의미가 무엇인지를 설명해야 하는 점이죠. 말이 의미가 없다면 그저 소리나 외침에 지나지 않겠죠. 의미를 갖지 않은 말들이 자치권을 얻는 것은 아무런 의미가 없겠죠.

그래서 말의 의미를 말들이 모여 사는 동네 안에서 찾아보기로 합니다. 어떻게 의미를 만들 수 있을까요? 어떻게 하면 말 자치시의 시민들(즉 말들) 각자에게 시민권을 줄 수 있을까요?

지금까지 말들은 사물(지시대상) 곁에 살면서 그것을 그리워하고 그것을 따라다니면서 자기의 소리로 흉내 내려고 애를 썼죠. 간혹 사물들이 수업시간에 출석하지 않을 때면 자기가 대신 나와서 씩씩하게 대답하곤 했죠. 선생님은 그 소리를 듣고 사물이 출석한 것으로 여겼습니다.

그러나 이제 말들은 대상들을 따라다니며 그들이 없는 자리를 대신 지키는 의무에서 벗어나고자 합니다.

사람들은 어떤 생각이나 느낌을 표현하고 싶거나 대화하고 싶을 때, 대상을 지시하고 싶을 때 '말'을 불러와야 합니다. 만약 말들이 아파서 올 수 없다면 손짓 발짓을 할 수밖에 없겠죠. 이처럼 말들은 인간의 어려운 처지를 돕고자 자신을 부를 때면 항상 웃는 얼굴로 달려 왔고, 아무리 많이 불러도 싫다는 적이 없었고, 부르지 않을 때면 제자리에서 조용히 기다렸습니다. 너무나 고맙고, 착하고, 순진하고, 꼭 필요한 친구였죠.

그런데 이제 말들이 이런 굴레를 벗어나서 스스로의 힘으로, 사물의 후견이나 보호 없이 나름의 존재 이유를 찾기 시작합니다. 말들은 사람의 편리한 도구이기를 거부하고 나름의 역할과 정체성을 찾으려 합니다. 그것이 무엇일까요? 말이 자신의 소리와 의미를 사람이나 대상에 빌려 주지 않는다면 '돌'은 그저 '말 없는 돌'로, '기쁨'은 그저 '말 없는 기쁨'인 채로 남아서 소리 없는 세계를 지키고 있겠죠.

이처럼 말이 도와주지 않으면 사람은 대상을 가리키거나 사고할 수 없고, (말 없는) 대상도 그것을 나타낼 길이 없습니다. 이제 말들은 자신의 막중한 사명과 역할에 눈뜨게 되었습니다. 자신들 때문에 사람과 사물이 이어지고 만남이 가능했으니까요.

이런 사명을 자각한 말들은 자신들의 도시를 건설할 필요를 느꼈고, 이 자치시의 기본 원리를 만들고자 합니다. 물론 소쉬르가 이 원리를 만드는 데 앞장서죠.

보통은 기호를 청각 이미지와 같은 것으로 보죠. /나무/ 기호가 '나무' 개념을 지니는 점을 보지 않죠. 그래서 부분이 전체라고 오해합니다. 이것을 의미작용의 관계로 설명하기 위해서 기표-기의의 쌍을 사용하면 기호를 이루는 부분들 간의 관계를 이해할 수 있습니다.

/강아지/의 의미는 어디에 있을까?

그러면 '의미'를 찾아봅시다. 그런데 '의미 찾기'라고 하면 의미가 어딘가에 숨어 있다고 생각할 수 있죠. 사실 /강아지/의 의미는 어디에도 숨어 있지 않습니다. 만약 의미가 어딘가에 숨어 있다면 열심히 찾으면 되겠지만 의미는 자연 안에는 없습니다. 왜냐하면 의미는 만들어지는 것이기 때문이죠.

말은 자연적 사실이 아니라 문화적 구성물입니다. 그래서 의미 (sens)라는 말 대신에 '의미작용(signification)'이라고 합시다.

이런 사정을 좀 더 객관적으로 정리해 봅시다. 청년 소쉬르는 말 자치시를 세울 새로운 말의 원리를 고안하죠. 그는 말이 기호로서 의미(작용)를 갖기 위해서는 '소리(분절음)'와 그 소리가 갖는 '개념'이라는 두 측면이 필요함을 알게 되죠.

소쉬르는 말 기호가 기표(記票)와 기의(記意)의 만남으로 이루어지고, 그들의 결합이 의미작용을 만든다고 봅니다. 이때 기표(시니피앙, signifiant)는 예를 들어서 /나무/라고 할 때 이것을 이루는 /na-mu/라는 소리 즉 청각 이미지이고, 이것과 짝을 이루는 기의(시니피에, signifié)는 그것에 상응하는 개념을 말합니다.

어떤 이론가는 이것을 다음과 같이 정식화합니다.

$$\text{의미작용(signification)} = \frac{\text{기표 (signifiant, 청각 이미지)}}{\text{기의 (signifié, 개념)}}$$

물론 이 정식은 원래의 기의와 기표 자리가 바뀌었죠. 이것은 기표의 중요성을 강조하기 위한 것입니다.

말 자치시를 건설하는 원칙들

소쉬르는 말 자치시를 건설하기 위한 두 가지 원칙을 제시하죠. 그 원칙 가운데 하나는 '자유로운 결합'의 원칙이라고 할 수 있습니다. 모든 말들이 모여서 자유롭게 자기의 기의(개념)를 나타내는 기표(소리)를 고르도록 합니다. 주의할 것은 일단 이렇게 기표와 기의의 관계가 정해진 뒤에는 그것을 바꿀 수 없도록 고정시킨다는 점이죠. 기표와 기의의 만남에 이별이란 없습니다.

　　다른 하나는 '차이'의 원칙이죠. 말 자치시의 모든 시민은 다른 시민과 같은 이름을 가져서는 안 되기 때문에 한 시민의 기표와 다른 시민의 기표는 서로 달라야 하고 혼동의 여지가 없어야 합니다. 말 시민들을 어울리게 할 때 차이를 앞세워야 합니다. 그래서 한 시민의 기표는 다른 시민의 기표와 다르고, 그런 차이에 의해서 각자의 기의를 결정할 수 있습니다. 여러분은 "우리는 서로 달라요" "서로 달라야 해요"라는 표현을 말 도시에서 흔히 볼 수 있을 겁니다.

　　이 두 원칙을 좀 더 설명해 봅시다.

1) 자유롭게 계약을 맺고 그것에 따르자

소쉬르는 기표와 기의의 결합이 '자의적(arbitraire)'이라고 봅니다. 이것은 '나무'라는 개념이 반드시 /나무/라는 소리와 결합할 필요는 없다는 거죠. /팔 높이 쳐든 것/ /나미/ /열매돌이/ /계절마다 바뀌는 변덕이/ /푸른 산소돌이/ 가운데 어느 것으로 부르든 별 상관이 없죠. '강아지'도 /멍멍이/ /가희/ /가돌이/ 가운데 어떻게 부르든 특별한 문제는 없죠.

그래서 기표와 기의 사이에는 아무런 연고가 없다(immotivé)고 할 수 있습니다. 즉 기표와 기의의 결합은 어떠한 자연적인 연결도 갖지 않습니다. 그래서 개념은 그것의 기표와 내적인 관계를 갖지 않습니다. 하나의 기표(일련의 소리들)를 임의의 다른 기표로 얼마든지 표시할 수 있죠.

이 점은 나라마다 같은 개념을 다른 기표로 나타내는 것을 보면 쉽게 알 수 있죠. 예를 들어서 '소'를 나타내기 위해서 프랑스의 말 도시에서는 /böf/(boeuf)라고 하고, 영국의 말 도시에서는 /oks/(ox)라고 하고, 한국의 말 도시에서는 /so/(소)라고 하듯이 서로 다른 기표를 사용할 수 있습니다. 한 도시에서 확정된 표현은 그 집단의 관습, 규약(convention)에 따릅니다.

> 모든 말에는 그것을 사용하는 말 공동체에 고유한 관념이나 세계상이 반영됩니다. 또한 말 공동체는 모든 종류의 소리가 아니라 그 공동체에서 습관화된 일정한 수의 소리만 사용합니다.
>
> 그래서 말 공동체는 나름의 말들을 체계화해서 '나름의 세계'를 만들어 냅니다. 소박한 실재론이 믿듯이 세계에는 다양한 대상들이 그 자체로 존재하지 않습니다. 말들에 의해서 대상이 명명되고 분류되고 질서가 생겨납니다.
>
> 간단한 예로 대상에 이름을 부여하는 것을 볼까요? 이누이트인들이 눈[雪]을 부르는 이름은 다른 언어 공동체에 비해서 다양하고 풍부하죠. 한국어에서 파란, 퍼런, 푸르스름한, 파르스름한, 푸르

딩딩한, 파르라니 등으로 표현하는 말들은 다양한 뉘앙스와 감정을 잘 살립니다. 프랑스어에서 mouton은 영어의 sheep(양)과 mutton(요리한 양고기) 모두에 사용하죠. 영어의 ox(소), beef(소고기)는 불어의 boeuf이고, pig(돼지)와 pork(돼지고기)는 porc에 해당합니다. 서로 식생활 습관이 다르기 때문에 말의 구별이나 쓰임도 다릅니다.

그런데 말 도시가 세워지기 전에는 이것을 상징(象徵, symbole)으로 설명해 왔죠. 원래 상징은 그리스에서 두 조각으로 된 막대기를 가리켰죠. 두 친구가 각각 하나씩 지니고 있다가 자식에게 그것을 전합니다. 그것을 가진 후손들이 서로 맞추어 보고 맞으면 두 사람은 부친들의 우정을 인정하고 그 관계를 유지합니다.

이렇듯 상징은 어떤 것을 대신하는 것이죠. 상징은 그것이 '상징하는 것'과 유사하죠. 그래서 상징은 임의적이지 않고, 다른 것으로 대체하기가 쉽지 않습니다.

상징은 기표와 기의 사이에 자연적인 연결을 만들죠. 즉 상징은 전적으로 자의적이지 않습니다. 예를 들어서 '저울'은 정의를 상징하고 정확함, 공정함을 연상시키죠. 그렇다고 이것을 '거울'이라고 임의로 대체할 수 없습니다. 즉 그런 상징에 의존한다면 계약에 의해서 자유롭게 기표와 기의의 짝을 고를 수 없습니다. '자의적'이라고 해서 말하는 사람이 기표를 자유롭게 선택한다고 여겨서는 곤란하죠.

말 도시의 규약이 만들어진 다음에는 함부로 바꿀 수 없죠. 그런데 어떤 사람이 "나는 /남/이 어감이 나빠서 나 혼자라도 /님/이라고 하겠다"라고 하면 어떻게 되나요? 이 경우가 바로 /남/이 되고 싶지 않은 /님/이 나타나는 상황입니다. "나는 말 도시의 규약을 무시하고 내 마음대로 쓰겠다. /책상/을 /의자/라고 하고, /의자/를 /돌/이라고 하고 /돌/을 /칼/이라고 하겠다." 이 친구와 다른 사람들이 서로 말이 통하지 않아서 어떤 일이 벌어질지 짐작이 가죠?

사회적 약속은 개인이 임의적으로 바꿀 수 없습니다. 그래서 말 도시에서 말들의 계약이 맺어져서 기표와 기의 간의 결합이 결정되면 모든 사람들은 이 계약에 따라 그 기의와 정해진 짝인 기표만을 사용하도록 배워야 합니다. 이런 기표 사용법을 제대로 배우지 않은 사람은 말로 의사소통을 할 생각을 해서는 안 되죠. 나중에 소쉬르의 제자 가운데 한 사람은 이런 흔한 오해 때문에 '자의적'이라는 말 대신 '필연적'이라는 말을 쓰자고 제안하기도 합니다.

말 도시에서 기표와 기의의 연애는 자유롭지만 결혼 이후에는 영원히 해로해야 합니다. 만약 이들이 이혼한다면 짝 잃은 기표와 기의가 정처 없이 떠돌 겁니다. 아니면 기표와 기의가 엉뚱하게 결합해서 혼란을 일으킬 겁니다. 그래서 영원한 동반자를 선택하는 엄숙한 결정의 순간에는 신중하고 진지하게 결정할 필요가 있습니다.

소쉬르는 기표와 기의의 결합을 한 장의 종이에 비유하면서 개념과 소리를 서로 뗄 수 없다고 보죠. 개념이 표면이고 소리가 이면(裏面)이라면, 어느 하나를 자르면 다른 면도 함께 잘라질 수밖에 없겠죠. 그래서 기표와 기의를 떼는 것은 추상작용에 의해서만 가능할 뿐이죠. 이러한 소리와 개념의 두 질서가 결합하여 실체(substance)가 아니라 형식(forme)을 이룬다고 지적하죠.

2) 말 시민들의 기표가 서로 달라야 자기다울 수 있다

말 도시에 사는 수많은 말 시민들 모두가 똑같은 기표로 자기를 표시하면 어떻게 될까요? 말 시민들 모두가 같은 이름을 쓰는 우매한 짓을 해서는 곤란하겠죠. 서로 구별할 수 없게 될 겁니다.

/희망/이라는 이름이 좋다고 /절망/도 /좌절/도 /고뇌/도 모두 '희망' 기표를 고집하면 /희망/이 넘쳐서 좋기만 할까요?

서로 다른 말 시민들이 같은 기표, 같은 소리를 사용하면 똑같아지고 말죠. 이것은 책상과 걸상을 모두 /책상/이라고 하는 것이나 마찬가지죠. 그래서 서로 다른 기표를 사용해야 합니다.

우리 이름을 봅시다. 어떤 집안에 아들이 9명 있다고 합시다. 그래서 외기 쉽게 /용일/ /용이/ /용삼/ …… /용팔/ /용구/로 부른다고 합시다. 막내가 자기를 왜 하필이면 /용구/라는 재미없는 이름으로 부르냐고 따질지도 모르겠군요. 하지만 /용삼/은 /용이/도 /용팔/이도 아니어서 /용삼/입니다. 이렇게 하면 이들을 서로 혼동할 염려 없이 각자의 개별성이 나타나 있죠.

국립묘지를 참배해 본 적이 있나요? 묘지를 샅샅이 훑어보면 자기와 같은 이름을 지녔던 고인의 묘지를 발견하는 경우도 있을 겁니다. 비단 이런 경우만 있는 것은 아니죠. 유명한 정치인이나 연예인과 같은 이름을 쓰는 경우에는 사소한 혼란을 일으키는 경우도 없지 않죠. 물론 사람들은 이름이 같더라도 나름의 정체성으로 구별되니까 문제가 없지만, 말 시민들은 이름만으로 자기를 표현하므로 이름이 같아서는 안 될 겁니다.

말 도시에 전화번호부가 있다면 어떨까요? 우리나라에서 발행한 인명 전화번호부를 보면 어쩐 일인지 같은 이름들이 줄줄이 늘어서 있는 경우를 볼 수 있습니다. 전화번호부만으로 자기가 찾고자 하는 사람을 찾으려면 운명의 여신에게 부탁을 해야 할 판입니다.

이와 달리 말 도시의 전화번호부에는 신기하게도 같은 이름은 하나도 없습니다. 이곳에서 같은 이름, 같은 기표를 쓰면 어떤 일이 생길지는 쉽게 알 수 있습니다. 이런 말 시민들의 전화번호부를 '사전(辭典)'이라고 부르죠.

인명 전화번호부	말 전화번호부(사전)
김철수: 123-4567	파랗다
김철수: 234-5678	파르스름하다
김철수: 345-9876	퍼렇다
김철수: 542-5543	푸르다
김철수: 486-2816	푸르뎅뎅하다
김철숙: 356-9872	푸르죽죽하다

이처럼 말 시민들은 각자의 기표(이름)가 서로 달라야만 구별할 수 있습니다. 그래서 기표상의 차이를 통해서 각 시민은 '자기다움'을 확인할 수 있습니다.

간단한 예를 들면, 말 도시에서는 /강아지/가 /송아지/ /망아지/ /바가지/라는 기표들과 다를 때에만 '강아지'가 되고, 그것의 개념(기의)을 마련할 수 있습니다.

이렇게 차이를 통해서 말 시민에게 시민권을 주는 방식이 어떤 점에서 새로울까요? 예전에는 한 낱말, 예를 들어 /사랑/이 있다면 그것이 다른 것과 비교할 필요 없이 원래 /사랑/이라는 식으로 설명했죠. 그래서 /사랑/은 원래 /사탕/과 다르다고 보았습니다. /사랑/이라는 말은 날 때부터 /사랑/이었으니까 /사랑/으로 부른다는 식이죠. 과연 그럴까요? 이런 동어반복이 무엇을 설명하고 있나요?

소쉬르가 제안한 원칙은 이와 다르죠. 그것은 한 낱말의 고유한 개념(기의)을 그 기표가 다른 기표들과 다른 점, 곧 차이(différence)에서 찾습니다. 즉 기의를 기표들의 '차이의 산물'로 보는 것이죠.

> 말 도시의 시민들이 소리로 자신을 구별한다는 점을 잊어서는 안 됩니다. 우리가 기표의 차이라고 하는 것은 소리의 차이를 말하죠. 몇 가지 예를 들어 봅시다. 프랑스어 말 도시에서 /tête/(머리) /bête/(동물) /fête/(축제)는 각각 /t/ /b/ /f/의 음가에 의해서 구별되죠. 우리나라 말 도시는 /r/과 /l/의 소리 차이를 구별하지 않죠. 이 때문에 두 소리는 차이에 관여적(關與的, pertinent)이지 않습니다. 곧 변별적 차이가 없습니다.

지금까지 논의한 내용을 정리해서 쉬운 설명서를 만들어 볼까요? '사랑이 무엇이냐'고 물으신다면 어떻게 답할까요? '눈물의 씨앗'이라고 하나요? 아니면 '행복이자 불행' '빛과 그림자'라고 변증법적으로 답하나요?

말 도시에 한 시민인 /사랑/은 어떤 성격을 지닐까요? 무엇보다도 /사랑/은 기표죠? 이 기표는 다른 기표인 /사탕/ /사장/ /사상/ /사탄/ /좋아함/ /미움/ /질투/ 사이에서 선택된 거죠. 우리가 알 수 있는 것은 /사랑/이 다른 기표와 다르기 때문에 자기의 기의(개념)를 가질 수 있다는 점이죠.

소쉬르는 낱말에서 중요한 것은 기표 자체가 아니라 그것을 다른 낱말과 구별하는 소리의 차이라고 봅니다. 바로 이 차이가 의미를 만듭니다. 그래서 "말에는 차이만 있다. 적극적인 항(positive terms)이 없는 차이만 있다"라고 하죠. 즉 말 시민은 그것이 다른 것이 아니어서 자기가 될 수 있죠. 자기는 타자가 아니어서 자기가 됩니다. /사랑/은 '/사랑/ 아닌 것'이 '아니므로' /사랑/이라 불리고, 그것의 개념(기의)을 갖죠. 그것은 차이를 통해서만 자기일 수 있습니다.

차이가 동일성을 만든다

이제 기표들의 차이가 기의를 결정한다는 것을 공식처럼 만들어 볼까요?

① 기표1 ≠ 기표2 ≠ 기표3 ≠ 기표4 ≠ 기표5······≠ 기표k······

② {기표1 ∋ ~기표2 + ~기표3 + ~기표4 + ~기표5······ + ~기표k······} ⇒ 기의1

여기에서 ①은 기표들이 서로 다르다는 것을 말합니다. 그리고 ②는 한 기표가 다른 모든 기표와 다르기 때문에, 즉 다른 기표들과의 다름, 차이를 통해서 자기만의 기의를 확정함을 말합니다.

굳이 말로 표현하자면 /강아지/는 /송아지/ 아님, /망아지/ 아님, /바가지/ 아님 등의 '아님'들이 모여서 /강아지/의 짝인 기의를 갖습니다.

이처럼 한 기호의 동일성은 기표들의 차이 관계에 의해서 만들어집니다. 따라서 말 시민들은 자신들의 고유한 의미를 이런 '차이의 놀이'에서 마련할 수 있습니다. 즉 /강아지/가 강아지 개념을 가질 수 있는 까닭은 그것이 실제로 존재하는 '강아지'를 가리키거나, 실제의 강아지처럼 뛰어다니고 꼬리를 흔들어서가 아닙니다. 그것이 다른 기표들과 다르기 때문입니다. 이제 말 시민들은 이런 차이의 놀이마당에서 자신들의 시민권을 확보할 수 있게 된 거죠. 말의 의미가 바로 이 놀이마당에서 마련됩니다.

그런데 우리가 '가'와 '나'가 다르다고 하려면 이런 차이에 앞서 '가'와 '나'가 먼저 있고 서로 관계 맺어야 할 겁니다. 이처럼 차이는 관계망을 필요로 하죠. 차이는 관계 안에서만 가능합니다. '좌'와 '우'가 서로 대립하려면 이들이 맞서는 공통의 관계망이 있어야만 합니다.

소쉬르는 말 시민들의 차이 놀이가 가능하려면 시민들이 먼저 관계 맺는 체계가 있어야 한다고 봅니다.

앞에서 보았듯이 강아지-기호가 값을 얻으려면 그것만으로는 부족하고 다른 기호들이 함께 있는 상태에서 그 차이를 찾아야 하죠. 그러니까 강아지-기호가 있는 곳에 다른 기호들인 /망아지/ /송아지/ /바가지/ 들이 있어야 합니다. 소쉬르는 이런 기호들이 서로 대립(opposition)한다고 봅니다.

이렇게 말 시민들이 차이의 놀이에 참여하는 것을 보면, 말 도시에서 많은 시민들이 서로 어울려 살면서 일정한 관계망을 이루고 있음을 알 수 있습니다. 소쉬르는 이런 점에 주목해서 말의 의미를 말들의 '체계(système)' 안에서 설명합니다.

실제로 소쉬르는 한 번도 구조라는 말을 쓴 적이 없고 체계라는 말만 사용했습니다. 그런데 그 제자들은 거의 구조라는 말을 쓰고, 소쉬르를 체계주의가 아니라 '구조주의의 아버지'라고 부릅니다.

/가/ /나/는 알겠는데 /차/ /하/는 아직 몰라

우리 집 꼬마가 한때 한글 공부를 한답시고 얼마 동안 글씨 연습(사실은 그림 연습이죠)을 힘들여 하더니, 하루는 '가, 나, 다…… 타, 파, 하'를 모아 놓은 글자판 앞에서 어처구니없는 말로 자기 실력을 자랑하더군요. "아빠, 이건 '가'고 이건 '나'야, 이건 '다'고. 그런데 저것들은 아직 몰라." 녀석이 가리키는 글자가 '라' '차' '파' 등이더군요. '가'는 아는데 '라'를 모른다고. '하기야 처음이니까 어지럽겠지. 아빠는 너만 한 나이엔 '가'도 몰랐단다. 초등학교 1학년에 가서야 글자를 깨쳤으니까. 아니지! '가'는 아는데 '라'를 모른다고?

이 이야기에 웃는 분은 자신이 새로운 외국어를 배우던 기억을 떠올려 보세요. 이를테면 러시아어, 히브리어, 그리스어, 산스크리트어 등을 처음 배운다면 얼마나 어지러울지 상상해 보시면 되죠.

소쉬르 선생은 우리 아이에게 어떤 이야기를 할까요?

"꼬마 아가씨, /가/가 /가/인 까닭이 뭘까요? 여기에서 /가/는 /나/와 다르고, /타/와도 다르죠. 그래서 각 글자마다 '자기 자리'가 있고 그 가운데 하나가 /가/죠. 그래서 이것들은 서로 어울리지만 또한 서로 다르죠. 그러니까 이 글자판에 있는 전체를 알지 않고는 /가/나 /하/가 무엇인지, 어떻게 다른 것과 다른지 알 수 없어요. 앞으로는 /가/는 아는데 /라/는 모른다고 해서는 안 되겠죠. 좀 더 공부하세요."

소쉬르 선생님의 이야기는 무슨 뜻일까요? 말 도시에서 각 시민들은 서로 연결된 체계 안에 있습니다. 그리고 체계는 한꺼번에 주어져 있습니다. 여기에서 각 시민은 다른 시민들과 서로 대립하기 때문에 자기 나름의 값(의미)을 갖습니다. 이처럼 한 시민은 그들이 공존하는 체계의 일부가 됨으로써 고유한 가치를 갖습니다.

말 시민의 두 얼굴, 랑그와 파롤

그러면 중요한 구별의 하나인 랑그(langue)와 파롤(parole)을 봅시다. 구체적인 발화(發話)인 파롤은 개인에 따라서 달라지기 때문에 가변적이지만, 랑그는 그런 파롤의 변화에 영향을 받지 않은 구조적이고 사회적인 수준의 것입니다. 그래서 랑그를 사회제도이자 가치체계라고 합니다.

조금 더 볼까요? 파롤은 말하는 각 화자(話者)에 따라서 달라집니다. 예를 들어서 /가다/라는 말을 할 때, 잠에서 방금 깨어났을 때, 보통 때, 기분 나쁠 때나 좋을 때, 소리칠 때나 속삭일 때에 /가다/라는 소리는 달라지죠. 음성의 파장이나 진동수를 분석해 보면 알 수 있습니다. 그러면 이처럼 화자의 상태에 따라서 조금씩 다른 것 가운데 어떤 것을 진짜 /가다/로 보아야 할까요? 그리고 내가 말하는 /가다/와 다른 사람이 말하는 /가다/도 조금씩 다르죠. 이처럼 파롤은·화자 개인의 생물학적, 심리학적 특성이나 특정 지역의 어투에 따라 달라집니다.

그래서 언어학자는 실제 화자의 구체적인 발화가 저마다 다르기 때문에 이런 파롤을 연구 대상으로 삼지 않습니다. (만약 실제로 하는 말과 구체성을 존중한다고 사람마다 다른 파롤을 하나도 빠뜨리지 않고 연구하는 사람이 있다면 /가다/라는 말 한마디를 연구하는 데 평생을 바쳐도 모자랄 겁니다.) 그래서 실제로 존재하지는 않지만 파롤이 지닌 차이

'너머'에 있는 이상화된 말을 찾죠.

반면 랑그는 개인적, 지역적 차이와 무관합니다. 이런저런 파롤에 대해서 랑그는 항상 '동일한' 것입니다. 즉 파롤로서의 /가다/는 항상 다르지만, 랑그인 /가다/는 항상 동일합니다. 같은 말을 빠르게 하거나 느리게 하거나, 큰 소리로 말하거나 작게 말하거나, 분명하게 말하거나 모호하게 말하거나 랑그로서는 항상 동일하죠. 그래서 우리가 이론적으로 생각할 수 있는 말은 바로 랑그입니다.

달리 보면, 파롤은 이런 랑그를 구체적으로 말하는 하나의 경우라고 할 수 있죠. 우리는 랑그라는 공동의 '보물창고'를 지니고 있고, 말을 할 때마다 이 창고에서 필요한 말을 찾아 쓰죠. 그래서 모든 파롤은 랑그에서 비롯된다고 볼 수 있습니다. (아마 말 시민들은 이런 창고라는 표현이 기분 나쁠 겁니다.)

물론 파롤이 랑그라는 보물창고를 적절하게 이용하지 않는다면 랑그는 그저 침묵 속에 남아 있을 수밖에 없을 겁니다. 파롤이 랑그를 실제로 실현하므로, 랑그는 파롤을 통하지 않고는 나타날 수 없습니다. 이렇게 보면 랑그는 파롤을 전제하죠. 하지만 파롤은 랑그라는 보물창고에서 나온 것이죠. 이처럼 랑그와 파롤은 상호의존적입니다. 파롤 없이는 랑그가 없고, 랑그를 떠난 파롤은 있을 수 없습니다. 소쉬르는 랑그와 파롤 시민이 서로 도와야 한다고 봅니다.

그런데 소쉬르는 랑그와 파롤의 상호의존 관계를 인정하면서도 랑그 시민이 파롤 시민에 대해서 본질적이고 우월하다고 보죠.

랑그가 파롤에 대해서 우월하다

소쉬르는 랑그가 말이 지닌 사회적 성격을 잘 나타낸다고 봅니다. 즉 개인적인 파롤에 대해서 랑그는 사회적입니다. 랑그는 일반성을 지니고, 그것을 말하는 개인들과 독립된 것이며, 개인들 '바깥'에 존재합니다. 이런 랑그는 사회 제도로서 강제성을 갖습니다.

우리는 말 시민의 두 얼굴을 볼 수 있죠. 파롤로서는 저마다 다르지만 랑그로서는 항상 같은 면을 지닙니다. 물론 랑그는 귀로 들을 수 없는 것이므로 랑그 시민은 파롤 시민과 다른 방식으로 존재합니다. 하지만 이론적으로 랑그 시민만 연구 대상이 될 뿐이죠. 사고의 짝은 랑그인 셈이죠. 그래서 실제로 말하는 구체적인 파롤 시민이 아니라 추상적이고 보편적인 랑그 시민이 정식 시민권을 갖습니다.

이런 랑그는 개인들 너머에 있는 집단적인 것이고, 화자에 대해서 강제적입니다. 우리는 싫든 좋든 랑그를 배워야 하고, 그것에 따라야 의사소통을 할 수 있습니다. 이런 강제성은 동시에 모든 사람들의 소통을 가능케 합니다. 개인적인 파롤은 사회적인 랑그를 개별적으로 실현하는 것입니다.

내가 하는 말이나 남이 듣는 말이 조금씩 다르지만, 내가 말을 통해 나를 다른 사람들에게 이해시키고 소통할 수 있는 것은 바로 랑그 덕분이죠. 나는 랑그를 머릿속에 두고 파롤을 말하면 듣는 사람은 파롤이 아니라 랑그를 듣는 셈이죠. (파롤은 랑그로 번역될 때에만 작용할 수 있습니다.)

플라톤의 이데아와 랑그를 비교할 수 있을까요? 어떤 점이 비슷할까요?

랑그		파롤		랑그
가다	→	가다	→	가다
오다	←	오다	←	오다
화자				청자

랑그는 실제로 하는 말은 아니지만 실제의 말을 가능케 하는 조건이라고 할 수 있습니다. 즉 랑그라는 바탕에서만 파롤이 있을 수 있고, 이런 점에서 랑그는 파롤의 선험적 조건인 셈입니다. 따라서 나의 파롤과 타인의 파롤은 항상 랑그라는 바탕 위에서 움직입니다.

랑그가 만드는 표

앞에서 잠시 미뤄 두었던 '체계' 문제를 보기로 할까요? 이 문제를 통해 랑그 안에서 어떻게 '차이(대립)의 놀이'가 이루어지는지 봅시다.

앞에서 하나의 기호는 다른 기호들과 일정한 관계를 맺고, 한 기호의 의미는 대립에 의해서 자기의 값을 갖는다고 했죠. 이런 까닭에 각 기호는 그것들의 관계망인 '체계'가 필요합니다.

랑그는 (개별적인) 파롤들에게 일정한 값과 자리를 규정해 줍니다. 신호등의 빨간색, 초록색은 그 자체로는 값이 없지만 신호등 체계에서는 특정한 메시지를 갖습니다. 빨간색 신호등에 원래 '가지 마시오'라는 뜻이 들어 있지는 않죠. 그것이 초록색 신호등과 구별되어서 그런 값을 갖는 것이죠. 빨간색과 초록색은 하나의 관계망에서 값을 갖습니다.

이 체계를 '표'로 이해해 볼까요? 간단한 예로 화폐의 체계를 봅시다. '100원'은 그것만으로는 어떠한 값도 갖지 않고, 어떤 사물이나 내용을 지시하지도 않습니다. 그래서 우리는 100원이 화폐들의 표에서 어떤 자리를 차지하는지를 알아야 합니다.

화폐

10원	50원	100원	500원	1000원	5000원	10000원	50000원

이 표에는 '10원' '50원' '100원' '500원' '1000원' '10000원' 등이 있고, 우리가 찾는 100원은 그 가운데 하나죠. 100원의 가치는 이런 관계망에서 결정됩니다. 그래서 그것은 50원의 2배이고, 500원의 5분의 1이죠.

이 표에서 그것이 차지하는 자리에 의해서 그 값이 정해진다는 점에서 무엇을 알 수 있을까요? 100원의 값을 정하기 위해서는 화폐의 가치 체계, 화폐의 표가 먼저 있고, 그 안에서만 각자가 자신의 동일성을 마련할 수 있죠.

우리는 이러한 화폐의 표를 '말들의 표'에도 적용할 수 있습니다. 이 표에 해당되는 것이 바로 랑그입니다. 자, 이제 말 시민들이 사는 공간이 좀 더 분명해졌는지 모르겠군요.

말들의 표에는 각각의 말 시민들이 자리 잡고 있습니다. 다양한 시민들이 모두 랑그라는 표 위에 질서 있게 서 있습니다.

예를 하나 더 볼까요? /대위/는 그것만으로는 아무런 의미를 갖지 않습니다. 군

소쉬르는 "랑그에는 차이가 있을 뿐이고 '긍정적인 항'은 없다"라고 했죠. 그래서 기호의 값은 절대적인 가치를 갖는 것이 아니라 대립적, 상대적, 부정적인 가치로 볼 필요가 있습니다.

대의 계급을 정의하는 다른 것들과 관계를 맺음으로써 의미를 갖죠. /대위/는 /중위/ /소위/ /소령/ /병장/ 등과 대립되기 때문에 그 고유한 값을 갖습니다.

프랑스어에서 'redouter' 'craindre' 'avoir peur'는 모두 '두려워하다'라는 뜻을 가진 동사들이죠. 이런 동의어들은 서로 간의 미묘한 대립을 통해서만 각 낱말의 고유한 값을 갖습니다. 만약 'redouter'라는 동사가 없다면 그것의 내용은 그것의 경쟁 상대가 되는 낱말들에게 넘어갈 겁니다.

이처럼 기호의 개념은 처음에는 무(無)이지만 다른 (유사한) 가치와 맺는 관계에서 그 가치가 결정되죠. 다른 가치들이 없다면 의미를 지닐 수 없습니다. 마찬가지로 기표, 기의도 언어 체계에 앞서서 존재하지 않습니다. 오로지 이 체계에서 생기는 차이(개념적 차이와 소리 차이)를 포함할 뿐이죠.

정리해 봅시다. 이처럼 기호의 값이 기호들의 차이에 의존한다면, 차이는 기호들의 관계망에 의존합니다. 관계망이 차이의 조건이 되는 거죠. 앞에서 살펴본 예처럼 /강아지/ /망아지/ /송아지/ /바가지/가 자기 나름대로 먼저 있고 나서 그것들을 모아서 그들의 관계망을 이루는 것이 아니고, 거꾸로 차이 체계 안에서만 /강아지/가 /망아지/가 아니고, /송아지/가 /바가지/가 아니어서 각자의 고유한 값을 가질 수 있습니다.

이제 구조와 요소가 어떤 관계를 맺는지 보기로 합시다.

그림에서 보듯이 구조(체계)는 요소들의 합으로 이루어져 있습니다. 그런데 이런 틀에서 구조나 요소 가운데 어느 것이 우선일까요?

소쉬르가 세운 말 도시에서는 개별 시민들에 앞서 먼저 말 공동체가 있고, 그 안에서 각 시민들의 고유한 자리가 정해집니다. 이 점을 참조해서 말 시민과 말 도시의 관계처럼 '요소들'에 대해서 '구조'가 우월하다고 볼 수 있습니다.

이 틀에서 개별적인 요소들은 구조 없이 고유한 가치를 가질 수 없다고 보죠. 각 요소들은 항상 구조에서 자기 자리가 정해지고, 그에 따라서 의미와 역할이 결정됩니다. 요소는 구조(일정하게 조직된 전체)의 한 부분이고, 그것은 수많은 자리들 가운데 하나죠.

예컨대 가족에서 각 구성원의 관계를 보면 아버지, 엄마, 자식은 가족의 한 '자리'이고 그 자리를 차지한 사람에게는 일정한 역할과 의미가 부여됩니다. 가족 안에서 각자는 독립된 개체로 보기 어렵고, 그 구조 안에서 각자가 차지하는 '자리-의미'에 따라서 일정하게 생각하고 행동하죠.

이것을 정리해 보면 보통 구조를 이야기할 때, 그것을 이루는 요소들을 앞세워 요소들이 그 나름대로 있고, 그 요소들을 합하면 구조가 나온다고 생각합니다. 이것은 요소들을 원인(cause)으로 보고 구조를 그 효과(effet)로 보는 방식이죠. 이것은 전체가 부분의 합에 지나지 않는다고 봅니다.

그런데 하나하나의 요소들이 자기 나름의 값(valeur)을 갖지 않는다면 그것들은 아무것도 아니죠. 그리고 요소들의 값은 그 자체로 결정될 수 없고 다른 요소들과 대립함으로써만 결정될 수 있죠. 그러므로 요소들에 앞서 그것들의 관계망, 대립의 체계, 구조가 먼저 있어야 합니다. 구조 안에서만 요소들의 값이 대립에 의해서 결정될 수 있기 때문이죠. 우리가 경험적으로 이해하는 것과 다른 차원에서 (눈에 보이지 않는) 구조가 (눈에 보이는) 요소들을 결정함을 알 수 있습니다.

이런 점을 볼 때, 요소들이 원인이 되어서 구조를 만드는 것이 아니라, 구조가 원인에 해당하고 요소들은 그것의 산물, 효과라고 할 수 있습니다.

질문

1. 《피노키오의 철학 2》에서 희망호를 수리하면서 연습한 것이 바로 이것과 관계되죠. 희망호는 구조를 바꾸지 않는 한 여전히 희망호이죠. 왜 그럴까요?

2. 구조가 요소의 자리를 결정하나요, 아니면 요소가 결합해서 비로소 구조가 만들어지나요? 이 두 사고방식은 어떻게 다를까요?

개인 앞에 사회구조가 있다

우리는 구조와 요소 관계를 개인과 공동체(사회구조) 사이의 관계에 적용할 수 있습니다. 즉 랑그와 파롤 간의 관계가 사회구조와 개인 간의 관계와 어떤 점에서 비슷한지 살펴봅시다.

말 시민1	말 시민2	말 시민3	개인1	개인2	개인3
	말 도시			**사회구조**	

　적절한 말의 의미(의미론)라든가, 말의 순서를 배치하는 것(구문론)이라든가, 말의 쓰임새(화용론)는 이미 랑그로 주어져 있습니다. 말 도시의 시민들은 엄격하게 질서를 지킵니다. 말 시민들의 의미, 구문, 용법은 이미 정해져 있습니다. 우리가 말한다는 것은 말할 때마다 의미, 구문, 용법을 창조하는 것이 아니라, 이미 주어진 것들 가운데서 적절하게 조합하는 것일 뿐입니다.

　사정이 이렇다면 실제로 내가 하는 모든 말들은 랑그를 실현하는 한 사건에 지나지 않습니다. 구조 안에서 일어나는 한 사건이죠. 그래서 말은 내가 하지만, 내가 하는 모든 말들은 잠재적인 랑그를 구체화하는 것, 즉 침묵하고 있는 랑그에 내 입을 빌려 주는 것이라고 할 수 있죠. 달리 표현하면, 랑그가 내 입을 빌려서 말한다고 할 수 있습니다. 이상하게 들릴지 모르지만, 내가 말하는 것이 아니라 '랑그가 말합니다.'

　만약 이런 사정이 기분 나쁘다고 랑그에게 입을 빌려 주지 않으면 정작 답답한 것은 바로 '나'겠죠. 말을 하지 않거나 내 나름의 파롤만으로 말을 해서 누구도 알아들을 수 없을 테니까요. 즉 랑그의 규칙을 어기려고 의미, 구문, 용법 등을 어기면 말도 아닌 말, 랑그에 없는 말, 순전히 개인적인 중얼거림이 되죠.

또한 기존 랑그를 완전히 개조해서 새로운 랑그를 만든다고 하더라도 여전히 랑그의 엄격한 질서가 필요하죠. 우리가 '말 바깥'에 나가지 않는 한, 곧 말을 하지 않는 한 이런 질서는 불가피합니다.

아직까지 말 도시의 자치운동을 대수롭지 않게 여기는 분이 있다면 이제 사태의 심각함을 아시겠죠. 말 시민들을 불러올 때, 그들이 정한 규칙에 따를 것을 요구합니다. 우리는 이미 존재하는 말 시민들 하나하나의 의미, 놓이는 자리, 용례를 제대로 따르지 않고는 한 사람의 말 시민도 불러올 수 없습니다. 곧 말할 수 없죠.

데카르트가 세계를 바꾸려고 하기보다는 자신의 태도를 바꾸는 것이 쉽다고 한 것처럼, 말의 세계와 그 규칙을 바꾸려고 하기보다는 자신의 태도를 바꾸는 것이 더 쉬운 일이죠. 말 시민들은 보편성의 이름으로 '나'에게 명령합니다.

말 계약이 사회 계약에 앞선다

이처럼 우리는 말들의 구조 속에서 이미 주어진 가능성을 실현하고 있다는 점에서 하나의 말을 나르는 자(Träger)나 수행자, 심부름꾼(agent)일 뿐입니다.

이 이야기를 듣고 기분이 좋은 분은 별로 없을 겁니다. 하지만 단순히 기분으로 대할 문제가 아니죠. 우리가 살고 있는 사회의 규칙이나 제도가 마음에 들지 않는다고 반항하는 것처럼 말의 질서에 저항할 수 있습니다. 하지만 말의 세계에서는 이런 반항도 말을 적절하게 사용해야만 가능하기 때문에 사정은 더 어렵습니다. 더 좋은 말의 이름으로 저항하고 말을 개혁하는 것도 여전히 말 안에 머무르는 것입니다.

인간은 말 세계에서 어떤 자유를 누리고 있을까요? 우리는 우리와 관계없이 이미 만들어져 있는 말들 안에 있고 그 코드에 따를 때에만 우리가 전하고자 하는 메시지를 전할 수 있죠. 만약 사회계약론자들의 (장난기 어린) 제안처럼 우리가 사는 사회가 계약의 산물이라면, 우리는 그 계약 이전에 '말 계약'을 맺어야 합니다. 물론 그 계약서에 도장을 찍은 최초의 주인공들을 찾을 길은 없지만, 만일 그때 계약에 참여했던 조상들을 다시 만날 수 있다면 우리 후손들이 그분들의 계약 덕에 이렇게 말 공동체를 바탕으로 문화를 건설한 점을 고마워할 겁니까, 아니면 억울해 할 겁니까?

우리는 몇 번씩 말의 의미가 (인간이 만드는 것이 아니라) 구조의 관계망에서 주어진다고 했죠. 사정이 이렇다면 말하는 인간의 주체성은 어떻게 될까요? 과연 누가 주체일까요? 인간이 말을 하지만 말 구조가 말의 바탕에 주어져 있죠. 그래서 가능한 경우들을 이미 마련해 놓았습니다. 우리는 구체적인 상황에서 그 가능성들을 나름대로 조합해야 하죠. 이런 정도에서만 인간이 개입할 약간의 여지가 남아 있습니다.

말은 스스로가 주인이라고 내세우지 않습니다. 하지만 이런 말은 더 이상 우리의 하인도 아니죠. 링컨 대통령이 흑인 노예들을 해방

시켰듯이 구조언어학자 소쉬르는 말 하인
들을 해방시켰나 봅니다. 우리는 말 안에
서만 살 수 있고, 말에 순종할 때에만 사고
하고 의사소통할 수 있습니다. 이렇게 해서 말 구조는 개별적 화자
들을 규정하는 '보이지 않는 손'이 됩니다. 알고 보면 화자들은 '말
의 운반자들' 또는 '말 배달부'에 지나지 않습니다.

"말님, 이제 당신이 무서운 줄 알겠나이다. 그동안 저희들이 당신
을 마구 부렸던 점을 용서하시고, 당신의 도시가 저희들에게 문을
닫지 않도록 하시고, 우리가 매일 쓸 말 양식을 주신 것을 고맙게 생
각하나이다. 우리를 위해서 자신의 몸을 지상에 내던지신 말님의 이
름으로 기도 드렸습니다. 말님 뜻대로 이루어지소서."

작자 불명의 희곡에 따라서 움직이는 배우들

이제 개인이 사회구조에서 어떤 의의를 갖는지를 살펴봅시다. 먼저
분명한 점은 (부분을 모아서 전체 구조를 만드는 것이 아니듯이) 개체들
을 단순히 합해서 구조를 만들 수는 없다는 것입니다.

구조가 개인들에게 그 고유한 자리, 의미, 역할, 목표를 정해 줍니
다. 그래서 구조가 원인이고, 개인들은 그 산물, 효과라고 할 수 있
습니다.

어떤 구조주의자는 이것을 연극에 비유합니다. 각 개인들은 희곡
이 정해 준 배역을 하나씩 맡고 있다는 거죠. "왜 저에게 이 별 볼일
없는 배역을 맡겼나이까?" 저마다 이렇게 떠들어 대면 연극은 불가
능하죠. 100명이 참가하는 연극에서 주인공만 99명이 되어서는 안

되니까요. 개인들은 불평할 시간에 자신에게 맡겨진 역을 잘 소화하는 게 좋습니다. 그러면 각 배역들의 적절한 연기가 어우러진 훌륭한 연극이 이루어지겠죠.

하나하나의 배역은 모두 연극에 필요한 요소들이죠. 끈질긴 노력 끝에 바라는 바를 이루는 역, 노력하지만 실패하는 역, 배반하는 역, 이유 없이 횡재하는 역, 사랑의 도움으로 삶의 의미를 얻는 역, 사랑 때문에 슬퍼하는 역, 죽고 싶어 안달하는 역, 재미있게 사는 역 등등의 다양한 배역이 서로 맞물려 연극을 생기 있게 만들죠.

잠깐! 그런데 누가 이 희곡을 썼을까요? 예전에는 '신'이 썼다고 했는데, 구조주의자는 누구인지 모른다고 하죠. 그래서 배우들은 아무도 쓰지 않았지만 그들 모두를 연극 무대로 호출하는 희곡에 따라 무대 위에서 연기를 하고 있습니다. 이 뛰어난 희곡 작가, 보이지 않는 작가는 과연 누구일까요?

아버지와 아버지의 자리

이런 연극 무대가 영 내키지 않는다면 가족의 예를 들 수도 있습니다. 아버지가 아니라 아버지의 자리를 볼까요? 흔히 아버지는 아버지이기 때문에 아버지의 자리에 있다고 보죠. 그런데 아버지는 날 때부터 아버지였나요? 아마 아들이었을 테고, 처음부터 아버지인 사람은 없습니다. 그는 가족 체계 안에서 '아버지의 자리'에 있습니다. 아버지라는 이름과 자리에 의해서 아버지의 역할과 의미가 정해집니다. 아버지가 엄마와 어떤 관계를 가져야 하는지, 자식들에게 무엇을 해야 하고 하지 않아야 하는지가 정해지죠.

이 자리에서 "나는 아버지가 되기 싫어. 아들 하고 싶어" 하거나 "나는 엄마 자리로 옮길래" 하는 철없는 아버지가 있다면 어떻게 해야 할까요? 주제 파악에 앞서 '자리 파악'을 잘해야 하죠. 아버지가 되고 싶지 않은 아버지도 아버지의 자리를 벗어날 수 없습니다. 그 자리는 아버지가 선택해서, 좋아서 차지한 자리가 아닙니다.

그가 그 자리에 배당되고 아버지의 이름을 가지면 이미 정해진 관계망에서 이런저런 관계들이 작동합니다. 사촌과의 관계, 처가와의 관계 등이 이미 자동적으로 아버지라는 자리와 맞물려 있습니다. 이 인연을 통째로 끊을 것인가, 말 것인가를 고민하는 사람에게 들려주는 이야기가 없을 수 없죠. 러시아에서 이런 위로의 말이 전해져 온답니다. "구조가 그대를 속일지라도 슬퍼하거나 노여워하지 말라."

우리는 구조를 선택할 수 없습니다. 구조는 우리가 부를 때 다소 곳이 눈을 내리깔고 명령을 기다리는 그런 존재가 아닙니다. 만약 주인과 하인의 자리가 있다면 구조와 우리 중에 어느 쪽이 주인의 자리에 앉을까요? 그리고 누가 자유를 주장할까요? 아마 자유를 주장하는 사람이 있다면 그는 구조라는 것을 아예 인정하지 않을 겁니다. 스스로 말을 자유롭게 한다고 주장하는 사람이 있다면, 그는 말의 구조 같은 것을 인정하려고 하지 않을 겁니다. 자유는 구조 안에 살기 어려운 녀석이죠.

> 잠깐 쉬느라고 TV를 켰더니 축구 경기가 나오는군요. 잠시 보고 있다가 재미있는 생각이 떠올랐습니다. 축구 경기를 '구조의 틀'로 설명할 수 있을 것 같다는 생각 말이죠.
> 축구도 인간이 즐기는 놀이의 하나죠. 앞에서 우리가 인간을 놀

이하는 동물이라고 한 적이 있죠. 그러면 과연 놀이의 주인공은 누구일까요? 예를 들어 축구의 경우에 놀이하는 사람인가요? 공, 규칙이나 심판, 관중, 놀이를 주최하는 사람, 놀이가 이루어지는 놀이 공간인 축구장인가요? 이 놀이에서 누가 주인공일까요?

먼저 놀이 규칙은 인간이 만들죠. 하지만 우리는 놀이 규칙에 따라야 하는 점에서 우리 마음대로 할 수가 없죠. 일단 규칙이 만들어지면 아무도 어길 수 없죠. 규칙이 지배하는 측면에서 보면 인간은 지휘자나 주인공이 아니라 규칙에 따라야 하는 자입니다.

여러분은 축구를 할 때나 구경할 때 무엇을 중요하게 여깁니까? 경기하는 사람이 주인공인가요? 물론 사람이 공을 차고 있지만 사실은 공을 차는 사람보다 공이 더 중요하죠. 우리가 관심을 갖는 것은 누가 공을 차는가보다는 공이 어디에 있고 어떻게 움직이고, 공격하고 수비할 때 공이 어디에서 어디로 가고 있는가가 중요하죠. 선수의 움직임은 공과 밀접한 관계가 있죠.

"A팀의 11번 선수, 공을 드리블하고 있습니다. B팀 선수 한 사람 제치고, 밀집 방어에 부딪쳐 오른쪽 앞의 3번 선수에게 길게 패스했습니다. 아, 패스에 실패했군요. 공은 B팀에 넘어갔습니다. B팀 공격. 좌 중앙에 있는 7번 선수에게 패스했습니다. A팀 9번 선수의 태클…… 센터링…… 강 슛. 골인. 예, 몸을 날린 골키퍼의 손을 아슬아슬하게 벗어난 골인입니다. 정말 멋진 슈팅이었습니다."

이런 중계에서 선수들의 움직임은 처음부터 끝까지 공이 어디에 있고, 어떻게 움직이는지를 알리는 거죠. 경기에서 뛰어난 기량을 발휘하거나 슛에 강한 선수가 있다는 것은 그가 공을 원하는 대로 잘 다룬다는 이야기죠. 이처럼 공의 위치나 흐름이 중요하다면 놀이하는 사람보다는 공이 주인공이라고 할 수 있죠. 각 선수들은 주인공인 공을 상대 팀의 골대에 넣기 위해서 뛰고 패스하고 몰아가지만 상대는 그 공을 골 안에 넣지 못하도록 기를 쓰고 막으려 하죠.

그러면 축구에서 공이 주인공입니까? 사실 그것도 아니죠. 공을 중심으로 전개되는 놀이 공간에서 사람과 공은 그 놀이 안에 있습니다. 그리고 이런 사람들과 공의 움직임 하나하나를 의미 있게 만드는 것은 규칙이죠. 그런 요소들이 한데 어울려 하나의 놀이판이 만들어지는 거죠. 사람은 그런 요소 가운데 하나입니다. 이렇게 보면 놀이판 자체가 놀이하는 자보다 더 중요합니다. 또 인간이 하는 놀이에서 놀이 자체가 주인공이라면 인간은 주인공이 아니죠.

1등의 자리는 어떻게 정해지는가?

말 도시를 잠시 떠나 철학에서 많이 이야기되고 있는 심각한 문제를 하나 풀어 볼까요? 바로 본질과 현상, 달리 표현하면 같음(동일성)과 다름(차이)의 문제입니다.

앞에서 공부했듯이 기호가 차이 관계에 의해서 규정된다면 이런 '차이의 놀이'와 무관한 방식으로 규정되는 것이 있을까요? 예를 들어 차이 관계 바깥에 있다고 우기는 본질 같은 것이 정말 있을까요?

먼저 간단한 예로 서열을 봅시다. 1등이 무엇일까요? 1등은 2등, 3등, 4등…… 꼴지 등을 매기는 서열표에 있는 한 자리입니다. 그리고 1등의 자리는 다른 자리와 다른 한 자리이며, 1등이 아닌 자리들과 맞서는 거죠. 즉 1등의 자리는 1등 아닌 것들의 자리가 아니기 때문에 1등이 될 수 있죠. 혼자 달려서 1등 하는 것이 아니라면 1등의 자리는 다른 자리들을 필요로 하죠. 결국 1등의 자리도 차이 관계의 산물이라고 할 수 있습니다.

다른 예로 우리는 사랑의 본질을 어떻게 규정할 수 있을까요? 그 것은 다른 어떤 것과도 무관한 사랑 자체에 있는 것이 아니라, 그것 이 '사랑 아닌 것들'과 맺는 관계 속에 있죠. 사랑은 사랑 아닌 것이 아닌 것이죠. 그렇다면 사랑은 그것이 규정되기 위해서 자기 아닌 것들(타자들)을 필요로 합니다. 사랑은 독불장군이 아니라 다른 여러 기호들 가운데 하나이므로 사실은 기호 관계 안에서 (차이를 통해서) 규정되죠. 그럼에도 불구하고 자기만은 차이와 무관한 동일성이라 고 우기죠. "모든 것 가운데 제일은 나, 사랑이야. 나는 다른 것들이 없어도 괜찮아."

하기야 그것이 차이의 산물이거나 차이를 지닌다고 인정하면 그 것이 온전하게 동일하다고 할 수 없겠죠. "사랑은 사랑이다"라는 외 로운 외침은 바로 그래서 나오는 거죠. 굳이 그렇게 자기만으로 동 일성을 고수하고 싶다면 (차이와 놀지 말고) 차이 관계 바깥에 홀로 존재하면 되겠죠.

또 다른 예를 볼까요? '나는 누구인가?'라고 물어봅시다. 더 구체 적으로 '내 이름은 무엇을 뜻하는가?' 성명학은 자기 이름을 사주와 맞추죠. 이름은 그저 부르는 것이 아니라 그 사람의 운명을 반영하 기 때문에 좀 더 좋은 방향으로 바꾸어야 하죠. 그래서 이름 안에는 자기 본질이 버티고 있습니다. 타고난 운명을 이름으로 표현한다고 보는 거죠. 만약 사실이 이러하다면 어떻게 될까요? 이름 한번 잘못 지으면 타고난 팔자를 까먹을 테고, 잘 지으면 팔자를 고치기도 하 겠죠. 그런데 그렇게 마음대로 고칠 팔자라면 뭐 때문에 타고났다고 할까요?

소쉬르가 볼 때 이름은 다른 이름들과 다르기 때문에 자기다운 것

동일성을 차이와 무관하게 설명하는 방식과 차이를 통해서 차이를 지워 버린 것으로 설명하는 방식이 크게 다르죠. 현상들을 보는 눈이 어떻게 달라질까요? 예를 들어서 "나는 똑똑하다"라고 할 때 이 똑똑함을 어떻게 다르게 설명할 수 있을까요?

이 될 수 있죠. 즉 이름의 고유성은 차이 관계를 전제합니다. 나의 이름은 다른 사람의 이름이 아니어야 하죠. 마찬가지로 나는 나 아닌 사람이 아니어야 나인 것이죠. 이처럼 나를 규정하기 위해서는 나 아닌 것들(타자들)이 필요하고 그런 차이 관계를 통해서만 '자기 동일성'을 찾을 수 있습니다. 동일성은 차이를 우회해서만 얻을 수 있죠.

여자 아닌 것이 남자요, 광기 아닌 것이 이성이다

'남성의 본질이 무엇이냐'고 질문했을 때, 우리는 그 타자인 여성과 무관하게 남성다움을 규정할 수는 없습니다. 남성에 강함과 능동성을 부여하려면, 그것의 짝을 이루는 여성에 약함과 부드러움을 배당해야 합니다. 그래서 여성 개념이 그것을 비출 수 있는 거울이 되죠. 남성 개념은 여성 개념이라는 거울을 통해서만 자기를 비춰 볼 수 있습니다. 남성의 남성다움은 그 자체로 주어지는 것이 아니라 이런 차이 관계에서 정해지죠. 다양한 방식으로 다양한 시대에 남성다움이 여성다움과 대조되어서 그 뜻이 정해집니다. 남성과 여성을 가르는 구분선은 관계망에 따라서 다르게 그어집니다.

여성에게 치마를, 남성에게 바지를 배당하는 방식은 여성이 바지를 입는 순간 더 이상 구분 기준으로 효력을 지니지 않습니다. 이제 여성은 치마와 바지를 모두 입을 수 있고, 남성은 바지만 입을 수 있는 자로 구별됩니다. 여성에게 집안 지키고 빨래하는 일을, 남성에게 바깥 활동과 빨래 안 하기를 배당하는 구분은 핵가족 모델이나 맞벌이 모델에서는 내세울 만한 기준이 되기 어렵습니다. (물론 여전히 그 기준을 주장하는 간 큰 남자들이 간혹 있다고 합니다.)

마찬가지로 '이성(raison)'을 정의하는 방식을 볼까요? 이성이 무엇인지를 이성 안에서 규정할 수는 없죠. 이성은 자기를 규정하기 위해서 자기 아닌 것, 곧 비이성(déraison)인 '광기'를 필요로 합니다. 이런 대립항에서 이성은 비이성이 아닌 것, 즉 광기 바깥에 있는 것이죠.

푸코(M. Foucault)가 《광기의 역사》에서 지적하듯이, 이성은 정신병원을 짓고 이성의 타자들을 그곳에 몰아넣음으로써 정신병원 바깥을 이성의 맑은 공기만 있는 (건강하고 합리적인) 곳으로 만들 수 있습니다. 이성에게는 정신병원이 필요한 거죠. 그래서 정신병원에는 이성 아닌 것만 있다고 믿고 싶어 하죠. 이런 '차이의 틀'에 따르면, 전통적인 동일성의 철학, 본질의 철학이 위태로워집니다.

이제 처음에 이야기한 '본질'을 봅시다. 본질은 원래 어떠한 현상에도 영향을 받지 않는 항상 똑같은 것, 동일한 것이죠. 즉 차이 너머에 있는 것입니다. 그런데 기표와 기의의 결합으로 이루어진 기호들의 도시에서 각자는 랑그 체계 안에서 차이 관계를 통해 일정한 값이 정해지죠. 이런 틀에 따를 때 동일성은 차이 관계에 의해서만 구성될 수 있습니다. 그렇다면 동일성도 차이의 놀이에 참여하는 '하나의 놀이자'입니다. 이 친구만 놀이 바깥에 서서 멀거니 구경하는 국외자일 수는 없습니다.

그것은 차이들과 무관하게 존재하는 것이 아니라 바로 차이들의 관계 안에서만 있을 수 있죠. 다른 것들은 차이를 인정하는데 유별

나게 혼자만 비교도 못 하게 하고, 차이 같은 것은 모른다고 우기면 외톨이가 되기 쉽죠. 그런데도 동일성은 스스로가 '차이 없는 것'이라고 주장하고 혼자만 놀이판을 부정하죠. 과연 이렇게 차이의 산물이 차이를 부정해도 될까요? (이에 관한 자세한 논의는 다음 기회로 미루겠습니다. 성질이 급하신 분은 이 문제에 열성을 보이는 유명한 논쟁가 데리다(J. Derrida)의 차연(différance)을 참조하시기 바랍니다.)

질문

1. 동일성은 자기를 표현하기 위해서 차이가 필요하죠. 그러면 이런 차이 관계를 거부하는 동일성은 어떻게 자기를 설명할 수 있을까요? 이 경우에 어떤 난점이 생길까요?
2. "나는 강하다"라는 말이 의미가 있으려면 나를 누구와 비교하고, 어떤 차이를 통해서 설명할 수 있을까요?

계열체와 통합체 위에서 벌어지는 놀이

소쉬르는 말에서 모든 것이 '관계'에 근거를 둔다고 보았습니다. 그러면 이 관계가 어떻게 작용할까요? 우리가 말할 때 각 요소들 간의 관계, 차이는 두 축 위에 놓입니다. (이것을 정신 활동의 두 축이라고 할 수도 있죠.)

이 두 축을 통합체(syntagme)와 연합관계(rapport associatif)라고 부릅니다. 먼저 통합체는 우리가 말을 할 때, 한꺼번에 두 요소를 동시에 발음할 수 없기 때문에 요소들을 차례대로 배열하는 것을 말합니다. 예를 들면 '나는' '너를' '좋아한다'를 차례대로 배열해서 "나는 너를 좋아한다"라고 연결합니다. 이렇게 각 요소들이 서로 이어지고 연장되면서(étendue) 결합합니다.

이런 연합관계는 어떤 공통성을 갖는 요소들이 다양하게 관계 맺는 것을 말하죠. "나는 너를 좋아한다"라는 말을 듣고 이것과 비슷하게 "나는 너를 사랑한다"를 생각할 수 있겠죠. 여기에서 '좋아한다'가 그것과 공통성을 갖는 '사랑한다'로 바뀌었죠. 이처럼 '나' '너' '좋아한다' 각각에 대해서 그것들을 다른 공통성을 지닌 것들로 바꿀 수 있습니다.

그러면 "나는 너를 좋아한다"라는 멋없는 말을 "저는 당신을 흠모하나이다"라든가 "나는 따뜻한 느낌을 주는 너를 보고 싶어" 등으로 바꿀 수 있겠죠. 아니면 좀 더 사랑스럽게 "이 엄마는 눈에 넣어도 아프지 않을 우리 아들을 더없이 좋아한단다"라고 할 수도 있겠죠. 이런 변형은 말의 기본 틀을 바꾸지 않으면서 각 요소들을 일정하게 변화시키죠. 밑바닥에 있는 구조는 여전합니다. 뼈대에 살이 붙고 피가 돌도록 덧붙였을 뿐입니다.

일곱 번째 강의 · 강아지 아닌 /강아지/와 꽃을 가리키지 않는 /꽃/   **69**

소쉬르는 이런 연합관계가 잠재적인 기억의 계열에 보이지 않게 존재하는 요소들을 연결시킨다고 봅니다. 그는 '가르침'의 경우에 '가르치다' '가리키다' '뉘우치다' '다그치다' 등의 계열이 있다고 보죠. 그래서 '가르침'에서 어간의 공통성을 유지하면서 '가르치다' '가르치자'로 바꿀 수 있고, 접미사가 공통된 '가르침' '뉘우침' '그르침' '다그침'을, 기의를 유추해서 '교화' '학습'을, 청각 이미지의 공통성을 지닌 '그르침'을 이끌어 낼 수 있다고 하죠.

말 시민들을 이끄는 두 질서

소쉬르의 이런 구별은 나중에 제자인 야콥슨(R. Jakobson)이 실어증(失語症) 환자를 연구하면서 이 두 축이 말의 기본 뼈대임을 다시 확인함으로써 더욱 분명해집니다. 그는 실어증 환자 가운데 말의 요소들을 하나로 묶어서 통합하는 데 어려움을 느끼는 경우와 각 요소들을 다른 것으로 잘 바꾸지 못하는 경우를 관찰합니다. 그래서 이 경우들이 각각 말의 골격인 통합축과 계열축을 놓치는 것으로 봅니다. 그는 소쉬르의 용어를 약간 바꾸어서 통합체와 계열체(系列體, paradigme)로 부릅니다.

야콥슨은 통합체를 연결시키는 것을 인접성(contiguïté)에 따른 조합(combinaison)으로 봅니다. "나는 너를 좋아한다"에서 각 요소는 서로 가까이 연결되어 있죠. 이를테면 '좋아한다' 대신에 '날아갔다'나 '미끄러졌다'를 연결시키기는 어렵죠. "책은 강아지를 좋아한다"와 같은 경우도 사이좋은 이웃들의 조합이 아니죠. 그래서 각 요소들은 서로 이웃한 것들끼리 사이좋게 조합을 이룹니다.

그리고 계열체를 유사성(similarité)에 의한 대체(substitution)로 설명합니다. "나는 너를 좋아한다"에서 우리는 각 요소들을 유사한 것들로 대신할 수 있습니다. 이 문장을 이루는 '나' '너' '좋아한다'에서 이 각각의 것을 적절하게 유사한 것들로 대체할 수 있습니다.

예를 들어서 '좋아한다'를 '아낀다' '사랑한다' '그리워한다' '원한다' 등의 유사한 단어들로 대체할 수 있습니다. 마찬가지로 '너를' 대신에 '당신을' '내 마음의 태양인 그대를' 등으로, '나는' 대신에 '사랑의 포로인 나' '믿음직스러운 너 앞에서 이 아버지는' '사랑으로 더없이 행복한 한 이 사람은' '이 엄마는' 등으로 대체할 수 있습니다.

이처럼 모든 말을 연결하는 기본 틀을 계열체와 통합체로 볼 수 있습니다. 각각의 요소들이 관계 맺을 때, 계열체를 만드는 유사성에 의한 대체와 통합체를 만드는 인접성에 의한 조합의 축 이외의 다른 가능성은 없습니다.

어떻게 보면 이 두 축이 먼저 있어서 이런 연결방식에 따를 수밖에 없다고 해야 할 겁니다. 우리는 이 두 축이 만드는 빈칸을 채우면서 말을 하죠. (말을 주인공으로 삼는다면) 말 시민들은 이런 두 축 위에서만 나타납니다. 우리가 이들을 마음대로 배치할 수도 없고, 요소들을 아무렇게나 대체할 수도 없습니다. 말 시민들은 인접성과 유사성에 따라서 조합되고 대체될 뿐입니다. 유사하게 대체하지 않거나 이웃하지 않은 것들로 억지로 말을 조합할 때 말 시민들은 엉뚱한 존재가 되거나 혼란에 빠지고, 결국은 시민 자격을 박탈당합니다.

말 시민들이 걸어갈 때 이들이 질서 있는 모습을 보여 준다면 바로 계열체와 통합체라는 뼈대가 이미 있기 때문이죠. 말들은 질서 안에서 살고, 이 질서는 가능한 선택의 범위를 미리 마련해 놓았죠.

말하는 우리의 빈칸 채우기는 이런 보이지 않는 질서 위에서 이루어 집니다.

> 이런 이야기가 어려운 분은 외국어 배울 때 기본 문형을 놓고 각
> 단어들을 바꿔 가면서 연습했던 기억을 떠올려 보세요. 의문형
> 'Do you have a book?'이란 문장에서 'a book' 대신에 'knives'
> 'a table' 등을, 'you' 대신에 'they' 'I' 등으로 바꾸는 연습을 하
> 죠. 아니면 능동형을 수동형으로 바꾸라는 등으로 머리를 어지럽
> 게 하죠. 이것이 무엇을 연습하는 것인지 아시겠습니까? (똑같지는
> 않겠지만) 오늘 배운 계열체를 대체하는 연습, 통합체를 조합하는
> 연습을 하는 것이 아닐까요?

은유와 환유

분위기를 조금 바꿀까요? 다음 표를 보시죠. 야콥슨이 이 두 축에 대한 설명을 덧붙인 것입니다. 이 두 축에 각각 비유법이 대응되었 죠. 즉 계열체에는 은유(隱喩)가, 통합체에는 환유(換喩)가 대응되었 군요.

수준	계열관계	통합관계
랑그	유사성	인접성
파롤	선택	조합
비유	**은유**	**환유**
장르	시	산문
유파	낭만주의, 상징주의	사실주의

"내 마음은 호수요, 그대 노 저어 오오!" "내 마음은 촛불이요, 그대 저 문을 닫아 주오" "내 마음의 등대여! 이 어둠 속에서 나를 인도해 주오" "사랑의 여신이여, 이 가슴에서 타오르는 불을……" "호랑이 선생님" 등의 예에서 나타난 은유는 '유사성의 놀이'죠. 사실 자기 마음이 촛불일 까닭은 없지만 자신의 안타까운 사랑의 심정을 당신의 사랑이 없다면 금방이라도 꺼져 버릴 듯한, 하지만 자기 몸을 태워서 밝히는 촛불에 비유합니다. 그래서 원래 아무런 관계도 없던 '연약하게 타오르는 촛불'이 유사성에 의해서 '내 마음'을 대체합니다. 서로 다른 것이 먼 거리를 옮겨 와서(meta-phora) 은유 (metaphore)를 이룹니다.

술집에서 술을 마시는 사람들은 흔히 이렇게 외치죠. "자, 잔을 들어라!" 또 술을 이기지 못하지만 "딱 한 잔만" 하겠다며 술잔을 기울이다가 곤드레만드레 취한 친구들이 많죠. 왜 저 친구는 술도 없는 빈 잔을 높이 치켜들까요? 술이 가득 찬 잔을 그 부분인 잔에 비유하는 환유법을 써서 문학적인 멋을 부리는 친구군요. 아무리 그래도 앞으로는 술을 마실 때 서너 잔만 마시고 기분 좋게 취하면 더 멋진 환유법을 구사할 수 있지 않을까요?

어떤 아주머니는 부엌살림을 맡은 자신을 "솥뚜껑 운전수"라고 하고, 정작 기사 아저씨는 "운전대를 잡은 지 5년이 되었다"라고 이야기하는군요. "권력은 총구에서 나온다" "펜의 힘" "먹물" "바지춤을 부여잡고" "흰쌀밥에 고기 반찬" "등 따시고 배부르다" 등도 바로 가까이 있는 일부로 전체를 표현하는 환유의 예죠. 어떤 친구는 결혼 조건으로 열쇠를 3개 요구한다고 하는데, 이것도 열쇠로 열 만한 x, y, z를 그냥 이야기하면 부끄러우니까 그 어마어마하고 비싼 것의 자그마한 일부만 이야기하는 속 보이는 환유적 수법이군요.

밥상 차리기와 옷 입기

우리가 눈여겨볼 것은 이런 틀이 말에만 국한되지 않고 다양한 문화 영역에 나타난다는 점입니다. 한두 가지만 볼까요? 밥상을 차리는 예를 봅시다.

밥상의 요소들에는 밥, 국, 반찬 등이 있겠죠. 그러면 밥의 계열에는 쌀밥, 현미밥, 보리밥, 오곡밥, 찰밥, 콩밥, 카레라이스, 나아가 라면, 국수, 냉면, 만두, 시리얼, 빵, 떡 등이 있을 수 있죠. 그리고 국의 계열에는 미역국, 된장국, 콩나물국, 냉잇국, 쑥국, 아욱국, 육개장, 갈비탕, 매운탕, 대구탕, 계란국, 북엇국 등이 있죠. 반찬의 계열에는 골뱅이무침, 닭갈비, 오징어볶음, 해파리냉채, 버섯무침, 불고기, 갈비찜, 김구이, 멸치튀김, 새우볶음, 잡채, 어묵조림, 장조림, 두부조림, 연근조림, 더덕구이, 과일 샐러드, 각종 전, 마른 반찬, 나물 반찬, 고기 반찬, 생선 반찬 등이 있죠. 김치의 경우만 해도 배추김치, 총각김치, 나박김치, 물김치, 열무김치 등이 있을 겁니다.

밥상을 차리려면 이런 밥, 국, 반찬의 계열체 가운데에서 적절하게 골라서 조합해야겠죠. 오늘은 현미밥, 콩나물국, 배추김치, 새우튀김, 더덕구이, 과일 샐러드 등으로 차렸습니다. 이 정도 조합이면 상다리가 휘지는 않겠지만 괜찮지 않을까요? 어떤 친구는 위기의 국가 경제를 생각해서 간소하게 라면과 김치로 조합하는 경우도 있겠죠. 또 누구는 빵집의 권고에 따라서 '아침을 빵으로' 먹느라고 빵과 우유의 조합으로 5분 식사를 하고 허겁지겁 달려 나갑니다.

밥상의 계열체와 통합체

밥	국	반찬1	반찬2	반찬3
쌀밥	미역국	배추김치	닭갈비	해파리냉채
현미밥	콩나물국	총각김치	갈비찜	버섯무침
보리밥	된장국	나박김치	불고기	잡채
오곡밥	북엇국	물김치	멸치튀김	도라지무침
찰밥	쑥국	열무김치	장조림	두부조림

통합체

계열체

이처럼 밥상에서 유사한 요소들의 대체가 만드는 '계열축'과 인접한 요소들을 조합하는 '통합축'을 구별할 수 있습니다. 우리는 밥을 먹을 때 미리 주어진 구조 앞에 서 있습니다. (자유로운 선택은 그다음에 시작됩니다.) 주어진 각 계열체에서 사정이 허락하는 대로, 그때의 취향에 따라 적절하게 선택해서 한 번의 식사를 조합합니다. 하루에 세 번씩 이런 선택과 조합에 골몰하죠.

"오늘은 뭘 먹을까?" "오늘은 뭘 차려야, 잘 차렸다는 소릴 들을까?" "뭐 먹을 게 있어야지. 그게 그건데." 이렇게 식사를 준비하는 쪽이나, 식당에 의존하는 쪽이나 사정은 크게 다르지 않죠. "오늘 점심은 뭘로 하실래요?" "글쎄, 아무거나 먹지 뭐." "어디에서?" "아무데나 가지 뭐, 그게 그거 아닌가?" 이렇게 아무 데로 가서 아무거나 먹는 이들도 사실은 밥상의 두 축 위에서 이곳저곳을 기웃거리죠. 물론 누구도 이런 음식의 두 축에 대해 의식하지는 않겠지만 매번 이런 계열-통합의 관계망을 짜고 있습니다.

각자가 매번 다른 조합을 고를 수는 있지만 어떠한 선택과 조합도 이 두 축 위에서 움직이고, 미리 마련된 밥, 국, 반찬의 가능성 안에서 이루어집니다. 문화 안에 사는 사람은 아무것이나 먹지 않고, 먹을 수 있는 것을 모두 음식으로 보지도 않습니다. 한 문화는 구조 안에서 먹을 수 있는 것과 먹을 수 없는 것을 정하죠.

이번에는 옷을 입는 경우를 볼까요? 여자의 경우는 좀 복잡하니까, 남자의 경우를 봅시다. 상의의 계열, 바지의 계열, 넥타이의 계열, 신발의 계열, 모자의 계열, 벨트의 계열 등이 있죠. 그런 계열들에서 한 항씩 적절하게 골라서 한 벌을 조합할 수 있을 겁니다.

어떤 멋쟁이는 매일 아침마다 이 옷의 계열들을 앞에 두고 이것을 입을까, 저것을 맬까, 이것을 신을까 하면서 선택의 자유를 누릴지 모르지만 그 경우에도 각 계열의 가능성은 미리 주어져 있죠. 우리는 그 가능성 바깥을 넘볼 수는 없죠. 남자가 치마의 계열 앞에서 고민하지는 않으니까요. 어쨌든 그는 바지 가운데 하나를 입을 수밖에 없습니다. 잘 입거나 못 입거나 간에 가능한 경우의 수는 정해져 있고, 우리의 자유는 그것을 이리저리 조합하는 것에 한정됩니다.

이처럼 밥 먹고 옷 입는 것까지도 언어학적 틀, 기호학적 틀로 설명할 수 있습니다. 학생이 공부할 때 책을 고르는 경우에도 각 과목에 따라 일정한 책의 가능한 계열이 주어지고, 그는 이 가운데 자기에게 필요하다고 여겨지는 책들을 조합해서 공부를 하겠죠. 시장이나 백화점에서 물건을 파는 경우에도, 인터넷의 웹 화면을 구성하는 경우에도 이런 계열체와 통합체의 문법을 찾아볼 수 있습니다.

우리는 한 문화 구조 안에서 이런 계열과 통합의 씨실과 날실을 짜서 문화의 천을 만들고 있습니다. 우리의 삶을 이루는 다양한 요소들이 구조 안에서 일정하게 배치되고, 우리는 이것을 나름대로 엮어서 자기의 옷을 만들어 입는다고 할 수 있습니다.

자, 이제 밥도 먹고 옷도 입었으니까 역사의 무대로 나가 볼까요?

공시태와 통시태

소쉬르는 말 도시의 시민들이 맺는 현재의 구조와 그 도시의 역사적 변화라는 두 측면을 구별합니다. 우리 식으로 표현하면, '말 시민들이 현재 국면에서 어떤 상호관계를 맺는가'라는 측면과 '그 시민이 역사적으로 어떤 변화를 겪었는가'라는 측면으로 나눕니다.

그는 "랑그의 정적인 상태와 관련된 모든 것은 공시적이고, 발전과 관계되는 것은 통시적"이라고 봅니다. 그러므로 언어의 공시태(共時態, synchronie)는 역사의 특정한 시기에 언어 체계를 이루는 공존하는 요소들 간의 관계입니다. 그래서 공시태는 '동시성(同時性)'의 축에 주목합니다.

이와 달리 통시태(通時態, diachronie)는 언어의 역사적 발전, 변화의 측면, 즉 언어가 각 시기에 따라서 어떻게 바뀌는지에 주목하는 '계기성(繼起性)'의 축을 말합니다.

소쉬르는 전통 언어학이 랑그의 역사적 발전에만 주목해서 통시태에만 관심을 둔 것을 비판하고 공시태를 강조합니다. 말은 역사적으로 변하지만 특정한 시기에 말하는 사람에게는 말이 정적이고 변하지 않는 것처럼 여겨집니다. 말이 눈 깜짝할 사이에 바뀌지는 않으니까요. (우리가 쓰는 말은 그 시기에 일정하게 조직된 체계인 거죠.)

소쉬르는 말이 이전에 어떻게 쓰였는지 안다고 해서 지금 그것이 어떻게 쓰이는지, 현재 다른 말과 어떤 관계를 맺는지는 알 수 없다고 보죠. 그러니까 말 시민들이 지금 어떤 관계를 맺으면서 어떤 자리를 차지하는지를 아는 것이 그 시민이 과거에 어느 자리에 있었는지를 아는 것보다 중요하다고 봅니다.

홍명희의 소설 《임꺽정》에서 어깨가 떡 벌어지고 쌀 한 가마니를 거뜬히 들어 올리는 사내가 임꺽정을 보고 '꺽정 언니'라고 부르는 부분이 나옵니다. 여기서 언니라는 표현은 보통 자매끼리 쓰는 언니라는 경우와 다르죠. 그런데 고풍스러움을 좋아하는 한 남학생이 남자 선배에게 "언니는 참 힘이 장사군요"라고 한다면, 선배는 후배가 여자 흉내를 내면서 장난치는 줄 알지 않을까요? 아니면 동성애자의 말실수로 보든가.

다른 예로, 지금도 불가에서 많이 쓰는 '중생(衆生)'이란 말이 있죠. 이 말 시민에게 자신의 과거를 밝히라고 하면, 자기가 예전에는 사람과 짐승을 구별하지 않고 모든 살아 있는 것을 뜻하는 '즘생'으로 쓰이다가 요즘은 범위가 줄어서 사람에만 쓴다고 할 겁니다.

요즘 유행어 제조자들이 말을 멋대로 쥐어짜면서 한두 번 웃길 목적으로 생명이 짧은 말을 만드는 경우가 많죠. '당연하지' 대신에 '당근이지'라고 흔히 쓰는데 아마 이 말은 얼마 뒤에 다른 말로 바뀔 텐데, 이 당근과 먹는 당근을 어떻게 구별하면 좋을까요? 혹시 그 친구들이 말띠는 아닐까요?

마찬가지로 /감기(感氣)/가 /고뿔(코에 불이 날 정도로 몸이 뜨겁고 열이 남)/을 대신하고, /감사합니다/가 /고맙습니다/를 대신하고, /수

고하세요/가 /안녕히 계십시오/를 대신하고, /섹시하다/가 /매력적이다/를 대신하고, /나드리/가 /나들이/를 대신하면 뒤쪽의 말 시민들은 존재 이유를 상실하고 어디론가 떠나 버리겠죠. 요즘 인터넷 안에 사는 이들도 이런 말 바꾸기에 바쁘죠. 겜, 만타, 조아, 짱, 남친, 방가, 잼있겨 등으로 게임, 많다, 좋아, 남자친구, 반가워, 재미있어 등을 몰아내고 있죠.

말 도시 시민들의 과거를 캐어 보면 재미있는 이야기들이 많이 있을 겁니다. 하지만 이런 과거를 캐고, 역사적 우여곡절을 안다고 해서 현재의 의미를 당연히 아는 척해서는 큰코다치는 수가 있습니다.

그리고 과거에 쓰이던 말들도 과거의 특정한 시기에 다른 말들과 일정한 관계를 갖고 그 안에서 의미가 정해졌기 때문에 과거의 공시태를 보지 않으면 그 말의 당시 의미나 용례를 알기 어렵습니다. 세종대왕께서 '어린 백성'이란 표현을 쓸 때 '어리다'라는 말은 지금의 '어리다'와 다른 자리에 있었죠. 그러면 그때의 '어리석다'라는 자리에는 다른 말이 필요할 겁니다.

구조가 역사에 앞선다

소쉬르는 언어의 역사적 변화보다 언어 구조를 중시하죠. 이런 틀이 구조와 역사에 대한 근본적인 관점 전환을 가져온 점을 눈여겨볼 필요가 있습니다.

기존의 틀이 역사를 진보의 틀로 조직하는 것이었다면 이런 관점은 구조적 공시태를 강조하죠. (역사적 변화에도 불구하고) 불변적인 구조가 인간의 삶을 규정한다고 봅니다. 물론 우리도 이런 싸움판에 끼어서 구조와 역사 가운데 하나를 골라야 하는 것은 아니겠지만, 여기서는 구조주의의 독특한 관점에서 역사를 기존의 틀과 다르게 보는 측면을 살펴봅시다.

통시태를 중시하는 관점은 역사를 진보하는 과정으로 보기 위해서 역사적 자료를 하나의 연속성으로 배열하고 이 과정이 점진적이든 급격하든 간에 계속 향상, 상승하는 방향으로 나아간다고 봅니다. 구조주의는 이런 주장에 따르지 않고 구조가 지닌 불변성을 강조합니다. 다양한 변화는 이 구조를 이루는 요소들이 전체 구조의 틀을 바꾸지 않은 채 변이(permutation)를 겪으면서 요소들 간의 관계방식이 다르게 조절(régulation)될 뿐이라고 봅니다. 구조 자체가 근본적으로 변한다고 보지 않습니다.

이런 사고 틀에서 역사를 부정하는 관점이라든가, 역사의 기원이나 역사의 진보에 대한 질문이 잘못 제기된 문제라고 보는 관점이 나오는 거죠. 이 틀은 말의 의미가 공시태 안에서 규정되는 것처럼, 문화도 시대에 따라 바뀌지 않는 보편적 구조를 이룬다고 봅니다.

결혼의 구조−근친혼 금지와 여성 교환

이런 주장이 잘 드러난 예로 구조주의 인류학자인 레비스트로스(C. Lévi-Strauss)의 결혼 규칙에 관한 논의를 간략하게 살펴보기로 할까요?

그는 인간이 자연의 영역에서 문화로 넘어올 때, (자연처럼) 보편적이면서 (문화처럼) 규범적 강제인 결혼 규칙을 갖는 점에 주목합니다. 이 규칙은 바로 근친혼 금지를 말하죠.

이 금지가 어떤 것인지는 아시나요? 어떤 친족 구조든 (두 남자, 또는 두 남자 집단이) 여자를 교환하기 위해서는 자기 집단에 속하는 여자와 결혼하는 것을 금지하고, 자기 집단의 여자를 다른 집단에 주고 다른 집단에서 여자를 데려와야 합니다.

레비스트로스는 근친혼 금지 코드를 바탕으로 여성이 교환되는 일정한 체계를 설명합니다. (물론 이 틀은 모스(M. Mauss)의 '선물 이론'처럼 원시 부족들이 비경제적인 방식으로 재화, 언어, 여성 등을 교환하면서 서로 결속하는 의사소통의 틀로 결혼을 이해합니다.) 이처럼 결혼을 여성 교환으로 본다고 해서 여성을 주고받는 물건처럼 여겼다고 화를 낼 필요는 없습니다. 이렇게 설명하는 것이 지극히 복잡한 결혼 규칙을 비교적 간명하게 이해할 수 있기 때문이죠. 어쨌든 남자가 장가가는 것이라기보다는 여성이 시집가는 것으로 보는 거죠.

이러한 근친혼 금지에 따라서 여성을 교환하는 두 가지 양식이 있습니다. 하나는 한정 교환이고, 다른 하나는 일반 교환입니다.

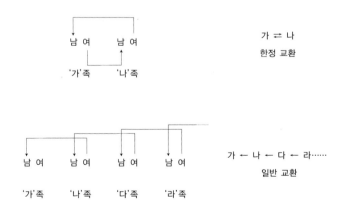

한정 교환은 그림처럼 두 반족(半族)으로 나뉜 마을에서 '가'족의 남자는 반드시 '나'족의 여자와 결혼하고, 반대로 '나'족의 남자는 '가'족의 여자와 결혼함으로써 상호성을 이룹니다.

우리가 흔히 볼 수 있는 예는 일반 교환인데, 예를 들어서 '가' '나' '다' '라' 등등의 부족이 있으면, '가'족의 남자는 '나'족의 여자와 결혼하고, '나'족의 남자는 '다'족의 여자와, '다'족의 남자는 '라'족의 여자와 결혼하는 방식이죠.

이 두 결혼 방식은 모두 여성을 부족 바깥으로 보내고, 바깥에서 받아들여서 교환하는 방식으로 서로 균형을 맞춥니다. 그리고 무엇보다도 모두 '근친혼 금지 규칙'을 엄격하게 지킵니다.

우리가 이것과 관련된 자세한 논의를 하려는 것이 아니므로 우리 주제와 관련되는 점만 보죠. 근친혼 금지 규칙은 어떤 시대, 어떤 사회에서든 보편적이죠. 문화를 가능하게 하는 근본 조건이죠.

물론 실제로 결혼하는 사람들이 이런 규칙을 의식적으로 적용했다고 볼 수는 없습니다. 이런 점에서 이 규칙은 무의식적으로 작용합니다. 하지만 '보편적인' 규범이어서 누구도 어길 수 없죠. 이 규칙을 어기는 경우에 문화는 혼란에 빠지게 됩니다. 누가 누구의 엄마인지, 내가 누구 아들인지, 내 누이는 누구인지 등을 분간하기 어려운 경우를 생각하면 되죠. 오이디푸스 왕의 경우처럼, 어머니의 남편, 형제의 아버지, 자매의 아버지이면서 오빠인 경우를 만들어서 질서를 혼란에 빠뜨리면 안 됩니다.

그리고 이런 규칙이 역사에 따라서 바뀐

한정 교환은 몇 개의 집단이 여자를 교환할 때 상대방이 여자를 준다는 확실한 보증 없이는 자기 집단의 여자를 주지 않는다는 엄격한 상호 직접 교환 관계에 따르는 것이죠. 이와 달리 일반 교환은 다른 집단에 자기 집단의 여자를 출가시킬 때 상대 집단에서 여자를 받는다는 보증이 없는 개방적인 순환에서 이루어지는 교환이죠.

다고 볼 수는 없을 겁니다. 이런 점에서 결혼의 통시적 구조는 불변적이고, 그 안에서 가능한 모든 경우를 망라합니다. 각 개인은 이런 구조 안에서 결혼하고 부, 모, 자식, 외삼촌, 생질, 처남, 고모, 이모부, 이종사촌, 당숙 등의 명칭을 갖게 되고, 그에 알맞은 자리와 태도가 결정됩니다. 각 사회마다 이들의 관계를 규정하는 내용은 다를 수 있지만 근본 규칙은 바뀌지 않습니다.

기원 없는 언어

이렇듯 구조를 중시하는 틀은 구조에 비해서 역사를 부차적이라고 봅니다. 이런 점을 보충 설명하기 위해서 언어의 기원 문제를 보기로 합시다. 역사를 강조하려면 역사의 기원이 필요할 겁니다. 이 문제를 언어의 탄생과 관련하여 살펴봅시다.

구조주의는 언어의 기원에 관한 질문이 잘못된 것이라고 봅니다. 언어의 기원이 없다는 거죠. 여러분은 언어가 처음 탄생한 지점이 궁금하죠?

기원이란 모든 것의 처음을 말합니다. 그래서 그 앞은 없고 그 이후만 있는 것이죠. 보통 언어의 역사를 따지는 작업은 현재 사용되는 언어 이전의 언어를 찾는 작업이죠. 그런데 이처럼 최초의 탄생지를 찾는 것이 가능할까요? 언어의 기원이 가능하려면 먼저 언어가 없던 사회를 상정해야겠죠. 즉 언어가 없다가 어느 날 갑자기 필요에 의해 말하기 시작하는 시점이 있어야 합니다. 즉 언어가 최초로 단순한 소리에서 분화, 조직화되는 때가 있어야 하죠.

그런데 언어가 없던 사회가 가능할까요? 아무런 말도 없이 서로

소통하고 사회 조직을 이루는 사회 말입니다. 이런 사회는 상상할 수 없을 겁니다. 인간 공동체가 형성되기 위해서는 항상 의사소통이 필요하므로 먼저 언어가 있어야 합니다. 언어가 사회 집단에 앞서야 하죠. (이상하게 들릴지 모르지만) 의사소통, 즉 언어 교환이 집단에 앞서고, 집단을 가능하게 합니다.

또 언어의 기원을 설명하기 위해서 언어 없는 사회를 상정하려면 개인들이 처음에 고립되어 있다가 어느 날 모여서 집단이 형성되었다고 보아야 하죠. 하지만 개인들 간의 관계망이 없이 독립된 개인들을 모아서 사회 조직을 만들 수는 없죠. (앞에서 체계가 있어야 요소들이 존재할 수 있다고 한 점을 생각해 보세요.)

이런 이유로 혼란스러운 소리들의 세계에서 언어가 갑자기 솟아오른 지점, 한 번도 사용된 적이 없음에도 불구하고 최초의 말이 이미 분절된 것으로 나타나는 '원초적인 지점'은 있을 수 없습니다. (실제로 언어 기원을 실증적으로 탐구할 수도 없습니다.) 다만 언어가 그냥 불쑥 솟아난 것으로 보는 것이 이상한 까닭에 그 최초의 지점, 지금처럼 복잡하게 분절, 조직되지 않은 가장 단순한 분절 체계를 상정해 보는 거죠. 하지만 그것을 찾을 수는 없습니다. 그래서 언어의 기원은 존재하지 않습니다. 기원의 자리는 텅 비어 있습니다.

최초의 인간을 찾을 수 있는가?

이처럼 '언어의 기원은 없다'라는 지적은 다른 것들의 기원에 대한 질문에도 적용될 수 있습니다.

이 문제를 최초의 인간이라는 문제와 연결시켜 볼까요? 누구나 잘 알고 있는《성경》모델을 봅시다. 최초에 아담만 있다가 외로운 아담을 달래 주기 위해서 특이한 방식으로 이브가 태어나죠. 그리고 아담과 이브가 카인과 아벨을 낳습니다. 그리고 카인은 아벨을 죽입니다. 그때 있는 인간은 단 세 사람뿐이죠.

이상한 것은 그때까지 여자라고는 이브뿐이죠. 그런데 이런 상황에서 이들은 많은 자손을 낳고 인류가 세대를 이어 번성하고 있습니다. 이런 조건에서 세대가 끊이지 않았다면 기이하고 어려운 문제가 생기겠죠.

최초의 가족은 아담 가족뿐이지만 이후의 자손은 헤아릴 수 없을 정도로 많습니다. 이것이 가능하려면 근친혼이 있어야 하겠죠. 아니면 우리가 모르는 신통치 않은 다른 가족들이 있고 그들이 신성한 아담 가족과 혼인했는지도 모르죠. 그러면 아담의 자손들은 순수한 피를 지닌 게 아니란 말인가요? 꼭 순수한 피여야만 좋은 것인가요? 원래 결혼은 피 섞기 아닌가요? 그렇게 순수한 피를 좋아한다면 같은 피끼리만 결혼하면 되죠. 어쨌든 이런 궁금증을 풀 만한 것에 대해서는 전혀 언급이 없군요.

남자의 갈비뼈를 떼어 이브를 만든 것도 근친혼에 가깝지만 어떻게 한 가족이 수많은 가족의 기원이 될 수 있을까요? 하나에서 모든 것이 나왔다고 보고 싶어 하는 것은 알겠는데 그것이 가능하다면 도리어 더 큰 문제가 아닐까요? 물론 이런 지적은《성경》을 엉뚱하게 보려는 것이 아니라 〈창세기〉의 저자가 무엇인가를 빠뜨렸거나 그렇지 않다면 상식적으로 납득할 수 없는 일(우리 모두가 근친혼의 산물일 수밖에 없다.)이 생겨야 하는 점 때문이죠.

기원에 얽힌 이런 난점 때문에 구조주의는 처음부터 하나의 요소가 아니라 구조가 있다고 보는 거죠. 근친혼을 금지하는 결혼 규칙도 처음부터 여러 가족을 상정해야 합니다. 최초(기원)에 한 사람이나 한 가족만 있다고 보면 곤란하기 때문이죠. 그래서 처음부터 하나가 아니라 여럿이 있다고 보고, 요소에 앞서 교환 관계가 있다고 봅니다.

결혼이 있는 곳에는 교환이 있고, 교환이 있으려면 여럿이 있어야 합니다. 이런 설명이 그다지 신통한 해석은 아니지만 그렇다고 아주 엉터리라고 볼 필요는 없겠죠.

그래서 기원 신화는 항상 어려운 문제에 부딪칩니다. 모든 것의 기원을 설명하려면 항상 '최초의 하나(가장 순수하고 귀하고 높은 것)'로부터 다른 것들이 나왔다고 해야 하죠. 그런데 인간은 아버지와 어머니를 필요로 하죠. 처음부터 두 사람이 필요하죠. (근친혼을 피하려면 더 많이 있어야 합니다.) 그래서 기원 신화는 '하나이면서 동시에 여럿'을 상정해야 하는 모순을 안고 시작하죠. 신화는 나름대로 이 난점을 해결하려는 독특한 사고, 논리를 구사합니다.

여기서는 신화가 이 문제를 풀었는지를 이야기하기보다는 기원이 설명할 수 없는 점을 지닌다는 것에 주목합시다. 인간의 기원을 설명하는 방식은 자기모순에 빠질 수밖에 없습니다.

물론 신의 힘을 빌려서 문제를 해결할 수 있다고 주장하면 할 말은 없지만, 그 경우에도 호구조사를 철저히 해서 기록해 달라는 요구를 해야겠죠. 아담 가족만 있었는지, 아니면 아담이 요술로 자식들을 낳았는지, 아니면 아담도 곰이나 호랑이와 결혼했는지 등을 낱낱이 기록해 주시면 좋겠습니다. 이런 점에 주의하지 않은 경우는 '노아의 홍수' 때에도 똑같은 문제에 부딪치죠. 노아의 가족만 살아

남은 상태에서 어떻게 양떼처럼 수많은 자손들이 번성하게 되었을까요?

질문
1.기원을 '하나'로 상정하면 어려운 점이 있죠. 만약 처음부터 둘이었다면 어떻게 될까요? 그 둘 가운데 어느 쪽이 먼저인지를 따져야 하지 않을까요? 그래서 최초의 것이 밝혀지면 또 어떤 문제가 생길까요?
2. 레비스트로스는 기원에 얽힌 모순을 신화가 어떤 방식으로 해결한다고 보나요?

족보의 첫 자리에는 아무도 없다?

기원의 난점을 보여 주는 더 분명한 예로 족보를 이야기해 봅시다.

자, 족보를 꺼내서 그 첫 자리를 봅시다. 제일 앞에 누가 계십니까? 아버지의 아버지의 아버지의…… 아버지인 시조 할아버지, 1대조 할아버지가 있겠죠.

"할아버님, 불경스러운 저의 질문을 용서하세요. 실례지만 할아버지의 신비한 기원에 대해서 몇 가지만 여쭤 보겠나이다."

이 가상의 가문 성씨를 '카' 씨라고 합시다. 당연히 1대 할아버지부터 '카' 씨 성을 쓰기 시작했겠죠. (물론 '카' 씨 조상과 혼인한 분은 당연히 '카' 씨가 아니겠지만, 오늘의 논의에서는 이 문제를 피해 가겠습니다.) 바로 이것이 문제죠. 왜 1대 할아버지부터 '카' 씨 성을 쓰기 시작했을까요? 원래 '카' 씨니까 그렇다고요?

"그러면 다시 여쭙겠습니다. 1대 할아버지께서도 부모님이 계시 겠죠. 그 가운데 아버님의 성씨만 여쭈어 보겠나이다."

여기에 두 가지 가능성이 있겠죠. 1대 할아버지의 아버님이 만약 '카'씨라면 왜 1대 할아버지께서는 아버님의 이름부터 족보에 올리 지 않고 당신부터 1대라고 하면서 족보의 첫 자리에 올리셨을까요? 부친이 계신데, 부친 대신에 1대가 되면 안 되는 거죠.

두 번째 가능성을 볼까요? 만약 아버님이 '카'씨가 아니라면 어떻 게 될까요? 왜 아버지 성씨를 안 따르고 '카'씨 성을 사용하게 되었 을까요? 조금 이상하죠.

이런저런 문제 때문에 머리 아프다고 1대 할아버지만 '아버지가 없다'고 할 수도 없습니다. 그런데 1대가 되기 위해서는 아버지가 없어야만 합니다. 아버지가 있는데 왜 자기가 1대가 되어야 할까 요?

그러니 족보의 첫 자리, 기원에는 아무도 올 수 없습니다. 그 자리 에는 아무도 없지만, 그럼에도 모든 후손들을 한 줄로 세우기 위해 서 필요한 자리죠.

지금까지 우리는 소쉬르의 도움으로 말의 도시가 어떻게 세워질 수 있고, 이 도시의 시민들이 어떤 질서를 만들고 어떤 방식으로 관 계를 맺는지 대충 살펴보았습니다. 어쨌든 말 도시를 한 번이라도 다녀왔으니, 시간이 있으면 좀 더 찬찬히 살펴보시길 바랍니다.

분명히 말이 모든 것은 아닙니다. 하지만 모든 것은 말을 얻어야 비로소 표현될 수 있습니다. 말이 되지 못한 것들은 빛을 잃고 어둠 속에 가라앉을 수밖에 없습니다.

소쉬르의 이런 논의를 바탕으로 언어학은 현대의 대표적인 과학으로서 인문사회학에 다양한 영향을 미칩니다. 기호학, 구조주의, 포스트 구조주의 등에서 그 뚜렷한 영향을 볼 수 있습니다.

일상의 말놀이를 되찾자

언어가 대상을 지시한다는 것을 거부한 또 한 사람의 언어철학자 비트겐슈타인을 살펴봅시다. 그는 영미 중심의 언어분석철학에 두 번의 지진을 일으킨 인물입니다. 초기에는 '언어그림 이론'으로, 더 영향력이 큰 후기에는 '말놀이 이론'으로 언어를 보는 눈을 근본적으로 바꿔 놓습니다. 여기서는 후기 이론의 몇 가지 특징과 그것이 철학에 미친 영향을 간략하게 살피기로 합시다. 현대철학의 주요 특징을 '언어학적 전환'으로 본다면, 바로 그 중심에 비트겐슈타인이 있습니다. 그의 '말놀이 이론'은 어떤 것일까요? 왜 언어를 '놀이' 모델로 볼까요?

철학마을을 놀라게 한 두 권의 책

현대 언어철학을 대표하는 인물 가운데 루드비히 비트겐슈타인이 있습니다. 이름이 좀 길기 때문에 애칭으로 '루디'라고 부를까요?

루디는 두 권의 책으로 철학마을을 놀라게 했죠. 그 첫 번째 책이 《논리철학논고》인데, 바로 이것이 러셀(B. Russell)과 프레게(G. Frege) 같은 분석철학자들의 감탄을 자아낸 책이죠. 여기에서 그는 언어의 '그림 이론'을 제시합니다. 이것은 언어가 세계의 그림을 그린다고 보는 거죠.

루디는 이 이론으로 철학의 모든 문제를 해결할 수 있다고 보고, 학계를 떠나 시골 학교로 어린이들을 가르치러 가 버립니다. 그는 말할 수 없는 것을 말하지 말라고 당부하면서 형이상학자들에게 입

조심할 것을 부탁하죠. 그러다가 자기 이론에 결정적인 문제가 있음을 깨닫고 다시 돌아와서 《철학적 탐구》라는 두 번째 책으로 언어철학의 문제를 매듭짓습니다. (두 책의 제목을 줄여서 각각 《논고》와 《탐구》라고 합시다.)

당시의 분석철학자들은 기존 철학이 언어를 정확하게 사용하지 않는 점에 불만을 품었습니다. 그래서 가장 엄밀한 언어, 곧 '이상적인 언어'를 만들어서 애매한 용어나 부정확한 언어를 제거하면 명확한 의미로 제대로 사고할 수 있다고 보았습니다. 바로 언어의 세계에서 부정확성을 몰아내려고 했습니다.

우리 주변에서도 모호하고 오해하기 쉬운 말들을 많이 볼 수 있죠. 이 가운데 조금 까다로운 경우를 봅시다.

예를 들어서 "현재 프랑스 왕은 대머리다"라는 명제를 어떻게 이해할 수 있을까요? 현재 프랑스에는 왕이 없죠. 그러면 이 낱말이 가리키는 것은 무엇일까요? 아무것도 지시하지 않는 '현재 프랑스 왕'은 의미가 있을까요?

비슷한 예로 '황금산' '둥근 사각형' '일각수(unicorn)' 등의 낱말은 무엇을 가리킬까요? 또 이런 낱말은 의미가 있을까요?

이를테면 "나는 황금산을 보았다"라고 할 때, 실제로 황금산은 없죠. 그래서 내가 본 것을 지시하는 황금산은 없으므로 이 명제는 아무것도 가리키지 않습니다. 황금산이라는 낱말이 의미가 없고, 이 낱말로 이루어진 명제도 당연히 무의미하죠.

그런데 이런 명제가 잘못임을 가리키기 위해서 "황금산은 없다"라고 하면 어떨까요? 방금 보았듯이 실제로 황금산은 없고, '황금산'이라는 낱말도 아무것도 가리키지 않기 때문에 의미가 없습니다. 그러면 이 명제도 의미가 없을까요? 그런데 그렇지가 않죠. 우리는 이 명제를 이해할 수 있을 뿐만 아니라 '참'이라고 생각하죠. 실제로 '황금산'은 없으니까요. 그렇다면 이 명제의 일부인 황금산은 의미가 있는 낱말이라고 해야 하나요? 만약 이 낱말이 의미가 있다면 실제로 없는 것들도 있다고 해야 하겠죠.

또 다른 예로 '금성'을 가리키는 말은 둘이죠. 새벽에 보이는 밝은 '샛별'과 초저녁에 보이는 '개밥바라기'는 같은 지시체인 금성을 가리키는데 다른 낱말을 쓰죠. 그러면 둘의 의미는 다를까요?

이런 문제들에 관한 수많은 논의가 있습니다. 여기에서는 이런 것들을 설명하기보다는 언어를 분석하는 철학들의 주요 방향만 지적하기로 하죠. 언어분석은 전통적인 철학 문제, 형이상학적 문제 들을 다른 방식으로 해결하고, 형이상학이 과학을 뛰어넘어서 존재하는 세계의 진상을 밝히려는 시도를 거부하죠. 그래서 형이상학적 독단을 물리치고 언어를 분석하는 작업을 전면에 내세우죠.

이런 분위기에서 철학 바깥에 있던 공학도인 루디가 러셀에게 3학기 대학원 강의를 듣고 나서 자기 철학을 펴고자 시골 오두막에 갔다가, 제1차 세계대전 중 포로수용소에서 쓴 길지 않은 책이 바로 《논고》입니다. 이 책은 철학적 문제를 언어의 문제로 보고, 언어가 어떻게 의미를 갖는가를 밝히죠. 이런 원리로 모든 언어들의 의미를 평가합니다. 이 작업은 의미론으로 '모든 철학의 문제'를 완전히 설명하는 뛰어난 예를 보여 줍니다.

루디의 사상은 전기와 후기가 크게 다르죠. 전기 이론인 '그림 이론'은 논리원자론을 바탕으로 삼아 세계를 언어로 기술한다(describe)는 생각에 바탕을 두고 있습니다. 즉 세계와 언어가 구조적으로 일치한다고 봅니다.

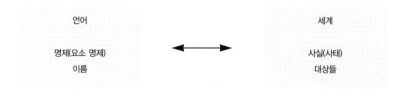

이 틀을 간략하게 정리해 봅시다. 언어는 세계를 그림으로 그리죠. 이때 세계는 사실들로, 언어는 명제들로 이루어져 있습니다. 그래서 명제는 세계 안에 있는 사실을 표현합니다.

언어를 이루는 기본 단위는 요소 명제입니다. 그래서 언어는 이런 명제들의 전체 집합이죠. 그리고 이런 명제들이 그리는 대상은 세계를 이루는 사실, 또는 사태입니다. 이런 사실들 전체가 세계입니다.

루디는 이때 명제와 사실 간에 일대일 대응 관계가 있다고 생각합니다. 물론 사실과 일치하지 않는 가짜 명제를 제외하고 참인 명제만이 사실과 대응합니다. 그래서 명제가 참이거나 거짓일 때 명제가 표현하는 것을 사태라고 하죠.

명제는 이름들로 이루어져 있고, 사태는 대상들이 결합하여 성립됩니다. 여기에서 이름이 대상들에 대응한다고 보죠. 이상적인 경우에는 이름과 대상들이 일대일로 대응합니다.

철학은 언어비판이다

이 《논고》가 철학마을에 준 충격은 대단했습니다. 여기에서는 이것을 살펴보기보다는 당시에 많은 철학자의 심금을 울린 루디의 유명한 몇 구절을 통해서 그의 철학관을 엿보기로 합시다.

그는 지금까지의 철학적 명제와 질문 들이 (거짓은 아니지만) 무의미하다고 보았죠. 많은 철학자들이 세계의 사실을 뛰어넘는 어떤 '근본적인 진리'를 찾아왔습니다. 그런데 루디가 볼 때 이런 철학적 문제들은 대부분 언어를 제대로 이해하지 못했기 때문에 생긴 가짜 문제라는 거죠. 그가 볼 때 자연과학의 명제들은 세계를 설명하는 의미 있는 명제들이지만, 형이상학이나 윤리, 종교적 명제들은 무의미한 명제라고 보았죠.

그는 철학을 '언어 비판'으로 봅니다. 철학의 목적은 사고를 논리적으로 명료하게 하는 것이어야 합니다. 철학은 철학 명제들을 새로 만드는 것이 아니라 이미 있는 명제들을 명료하게 하는 것으로도 충분합니다. 철학은 흐릿한 사고를 명료하게 하고, 모호한 것들 때문에 생기는 오해를 없애기 위해서 명확하게 한계를 설정해야 합니다. 이런 점에서 철학은 이론이 아니라 활동이라고 할 수 있습니다.

또 자주 암송되는 멋있는 구절이 있죠. "말할 수 없는 것에 대해서는 침묵해야 한다." 루디는 말할 수 있는 것 이외에는 말하지 말라고 충고합니다. 그래서 형이상학적 주제를 다루는 명제들이 아무런 의미가 없다고 지적하죠. "신이란……" "인간이란……" "자유란……" 끝없이 이어지는 논쟁의 끄트머리에서 루디의 답은 색다릅니다. 그는 이런 화려한 문제들에 대한 좀 더 나은 답을 찾으려는 것이 아니라 도대체 이것이 제대로 제기된 문제인지를 물어보죠. 그래서 그의 답은 과격합니다. "좀 조용히 해 주세요. 당신은 당신이 하는 말이 무슨 뜻인지 알고 있나요?"

루디는 이처럼 윤리학, 미학, 종교적 명제 들이 세계를 뛰어넘어 무엇인가를 말하려는 것들이 의미를 지닐 수 없다고 봅니다. 물론 그는 언어의 한계를 넘어서는 질문(삶의 의미, 바른 삶에 관한 문제 등)은 말할 수 없는 것이고 단지 '보여 줄' 수 있을 뿐이라고 봅니다. 그래서 자신이 말로 표현한 《논고》를 사다리에 비유합니다. "나를 이해한 사람은 나의 명제들이 뜻 없는 것임을 알 것이다. 사다리를 딛고 위로 올라간 사람은 사다리를 던져 버려야 한다." 자, 여러분도 혹시 《논고》를 다 읽었으면 책을 멀리 던져 버리고 《탐구》를 읽으러 갑시다. (루디도 이 책을 던져 버리고 시골 학교로 갔죠.)

《탐구》에서 《논고》의 틀은 크게 바뀝니다. 그는 자기 관점을 스스로 비판하죠. 그런데 루디의 《논고》를 받들어 언어와 세계의 문제를 꼼꼼하게 설명하던 사람들은 갑자기 바뀐 틀 때문에 다시금 놀라죠. 무엇보다도 그동안의 헛수고를 한탄했겠죠. '그럴 줄 알았더라면 철학 공부를 좀 더 늦게 시작할걸.' 설마 앞서 한 공부가 전혀 쓸모가 없지는 않겠지만 엄청난 변화 때문에 머리가 어지러운 것은 사실이죠.

어쨌든 더 이상 바뀌지 않는다는 조건으로 열심히 공부해 볼까요? 혹시 여러분 가운데 한 사람이라도 이 틀을 다시 뒤집어서 다른 사람들의 언어철학 공부를 헛수고

루디가 《논고》를 왜 던져 버리라고 했는지 이유를 아시겠죠. 언어를 가능하게 하는 논리 자체를 언어로 표현하려는 경우에 생기는 문제 때문이죠. 이런 논리 자체를 명제로 표현하려면 논리를 사용하지 않고 말해야겠죠. 그런데 그것이 불가능하죠. 그래서 그는 논리를 말하는 명제를 무의미하지는 않지만 뜻을 잃어버린 것으로 보고, 이것은 말할 수 없지만 보여 줄 수 있을 뿐이라고 합니다.

에 가깝게 할 수 있다면 얼마나 좋을까요?

후기의 루디는 언어를 근본적으로 다르게 보죠. 한마디로 이야기하면, 언어의 의미는 무엇을 가리키는 것이 아니라 그것을 어떻게 사용하는가에 달려 있다는 거죠. 언어의 '쓰임'이 그 의미를 만든다는 겁니다. 이런 '쓰임 이론'은 언어가 바로 삶의 형식(Lebens Form)을 배경으로 삼고 있다고 봅니다. 자세한 이야기는 차차 하도록 하죠. 그런데 혹시 그의 철학관까지 바뀐 것은 아닌지 볼까요?

통에 잘못 들어온 파리를 빠져나가게 하자

루디는 지금까지 철학자들이 언어를 잘못 이해했기 때문에 심각한 오류에 빠져서 헤어나지 못한다고 봅니다. 그래서 재미있는 비유를 들죠. 파리가 통 안에 잘못 들어갔는데 나오는 구멍을 못 찾아서 헤매고 있어요. 이때 루디가 할 일은 파리가 무사히 통을 빠져나오도록 돕는 거죠. 여기서 파리가 무엇을 비유하는지, 통에서 헤매는 파리가 어떤 뜻인지는 설명하지 않아도 아시겠죠?

이처럼 잘못 들어간 통에서 파리를 빠져나오게 하는 것이 철학의 목표입니다. 즉 철학은 세계의 본질을 알려는 문제를 제기하고 답을 찾는 것이 아니라, 그런 철학적인 문제가 가짜라는 것을 밝히는 작업이죠. 철학적 문제는 언어적 오해에 바탕을 두고 있기 때문에 문제를 아예 없애야 한다는 거죠.

좀 심각하지만 재미있지 않나요? 이 말이 맞다면 어떻게 될까요? 지금까지의 모든 철학, 특히 형이상학이 난처해지겠죠. 한마디로 철학은 거창하고 멋있는 이야기를 많이 하지만, 모두가 언어를 잘못 이해했기에 생긴 '오해'라는 거죠.

이런 문제들은 언어의 의미가 말놀이에서 사용되는 것과 무관하게 존재한다고 오해했다는 거죠. 그리고 (루디 자신의 전기 사상도 포함해서) 언어가 대상을 가리킨다고 보아서 언어의 의미를 대상에서 찾고, 언어가 대상과 일치한다고 믿었다는 거죠.

아직 우리는 이 말의 뜻을 잘 모르지만, 만약 이 말이 참이라면 재미있는 일들이 많이 생기지 않을까요? 지금까지 철학 공부한 게 모조리 헛것이 되고 말겠죠. 이 이야기를 듣는 순간 여러분은 이 책을 슬며시 놓고 TV나 영화를 보러 가는 것은 아닐까요?

"그거 혼자 잘난 척하더니 끝났대." "아니, 무슨 소리예요?" "너는 비트겐슈타인이라는 똑똑한 철학자도 모르니? 그 사람이 철학이 끝났다고 하더라고." "왜요?" "글쎄, 그건 아직 잘 모르겠는데, 어쨌든 끝났대. 내가 지금까지 철학책을 한 권도 안 읽은 것은 다 선견지명이 있어서 그랬던 거라고." "에이, 이유도 모르면서. 철학이 무용하다는 이야기도 철학자의 이야기잖아요."

그러면 아직 철학책을 던져 버릴 때가 아닌가요?

세상에는 수많은 철학적 개념들이 있습니다. 지금까지 실체, 자유, 진리 등등의 단어로 그걸 모르는 사람들을 기죽여 왔죠. 그런데 그런 것들이 언어를 잘 살피지 않아서 생긴 오해였다는 거죠. 그렇다면 오히려 철학을 전혀 모르는 사람이 오류로부터 멀리 있는 셈인 거죠. 물론 이 경우에도 자신이 진리에 가깝다는 것을 모르고 있긴 하죠.

풀리지 않는 철학적 문제를 만들어서 평생 고민하고 이마에 주름살이나 늘리고, 진지한 표정으로 잘 웃지도 못하는 사람들이 언어의 쓰임을 제대로 알게 되면, 그런 문제들을 버리고 제자리로 돌아올 거라는 거죠. 철학의 경주로를 열심히 달린 사람은 출발점에 가만히 서 있는 사람보다 뒤떨어지는 이상한 경주인 셈이군요. 그렇다면 이렇게 먼 길을 돌아서 다시 출발점에 선 사람과 원래 출발점에서 한 걸음도 내딛지 않는 사람이 과연 똑같을까요? 이 질문은 나중에 다시 다루기로 하죠.

언어는 사물을 가리키지 않는다

루디는 언어를 어떻게 이해하기에 자기 앞의 모든 철학자들을 한마디로 오류에 빠져 헤매는 '통 속의 파리'라고 비유했을까요? 루디는 어떻게 그 통에서 벗어났고, 통을 벗어난 파리는 언어를 어떻게 다르게 이해하고 있을까요? 왜 언어에 대한 그런 수많은 오해가 생겼을까요?

루디가 자신의 전기 이론을 포함해서 기존의 '의미 이론'을 비판하는 점을 조금 살펴볼까요? 우리가 문제 삼는 것은 그중에서도 '지시 이론'이죠. 곧 언어의 의미가 그것이 지시하는 사물이라고 보는 관점이죠. 이런 관점을 옹호하는 사람을 '지시 씨'라고 합시다.

지시 씨는 낱말들이 대상들을 가리키는 이름이라고 봅니다. 그러니까 이런 낱말의 의미는 그 낱말이 대표하는 대상인 거죠.

"여기에 책상이 있다"라는 명제는 여러 개의 낱말로 이루어진 것이죠. 이 가운데 /책상/이라는 낱말은 무엇을 가리킬까요? 당연히 실제 책상을 가리키죠. 그래서 /책상/이라는 말의 의미는 /책상/ 바깥에 있는 실제의 '책상'이라는 것이죠. 마찬가지로 /여기에/는 '말하는 사람이 있는 곳'을 가리키고, /있다/는 대상의 '현존'을 가리키겠죠.

그러면 "여기에 책상이 없다"라는 명제에서 /없다/는 무엇을, 어떻게 가리키나요? /없다/는 '없음'을 가리키나요? 그러면 /없음/은 또 뭐죠? 그것은 원래 가리킬 게 없죠. "허참, 쉬운 일이 아니군, 그럼에도……"라고 한다면 /그럼에도/는 무엇을 가리키나요? "아니, 그러면 당신은 그게 뭔지 안다는 거요?"라고 할 때, /그러면/도 무엇을 가리켜야 하겠죠?

또 "나는 아프다"라고 하면 /아프다/ 또는 /아픔/은 무엇을 가리킬까요? "그건 쉽죠. '아픈 상태'를 가리키죠."

과연 그럴까요? 보통 /아프다/라는 말은 '내적인 아픔이라는 상태'를 가리킨다고 합니다. 보기보다 쉬운 문제가 아니죠. "나는 아프다"라고 할 때 나만이 아픔을 느낄 수 있죠. 이런 주장이 아무리 확실하다고 하더라도 이것이 옳고 그른지 판단할 기준이 없습니다. 또 이런 말은 '아프다'라는 말이 우리의 정신이나 내적 상태를 가리킨다고 여기기 때문에 오해를 낳기도 합니다. 이것은 '나만의 언어(사적 언어)'에 관한 문제인데, 루디는 사적 언어란 없다고 봅니다.

'말놀이' 안에 있는 말─가족 유사성

루디는 낱말이 갖는 기능은 단순히 사물을 지시하는 것이 아니라고 봅니다. '말한다'는 것은 살아가는 활동의 일부, 삶의 형식의 일부를 이룹니다. 낱말의 의미를 이해한다는 것은 그것이 대표하는 대상을 아는 것이라기보다는 그 낱말이 쓰이는 '말놀이'를 알고, 그것을 포함하는 삶의 형식을 아는 것입니다.

그는 말놀이(Sprach Spiel)로 종래의 '지시 이론'을 비판합니다. 그는 언어를 도구와 비교합니다. 어떤 도구상자에는 망치, 톱, 자, 못, 나사, 드라이버 등이 들어 있겠죠. 이것들의 기능이 각기 다르듯이 낱말들의 기능도 다 다릅니다.

예를 들어 명령하는 말, 어떤 사건을 보고하는 말, 연극의 대사, 농담, 이야기하기, 실험 결과를 표로 그리기, 소리 지르기 등등에서 보듯이 낱말은 다양하게 쓰입니다.

연극에서 "이 고통을 멈출 수 있다면……" 하고 말할 때 그 말은 어떤 것을 가리킬까요? "창문 열어라"라고 하지 않고 "여러분, 덥지 않나요?"라고 하는 경우에는 단순히 덥다는 사실을 가리키는 것이 아니죠.

또한 낱말이 하나의 대상이나 사실을 가리키지 않고 '유(類)' 개념을 가리킬 때가 있죠. 놀이의 예를 볼까요? 놀이에는 여러 가지가 있죠. 농구, 축구, 야구, 럭비, 밧줄 당기기, 끝말 잇기, 지도 찾기, 기차 놀이, 경찰 놀이, 구슬치기, 연날리기, 제기차기 등등 다양한 놀이들을 모두 '놀이'로 만드는 어떤 공통성, 본질이 있을까요? 그런 공통성은 없습니다.

재미있는 놀이, 재미없는 놀이, 승패를 다투는 놀이, 승패를 다투지 않는 놀이, 어지럼증을 일으키는 놀이, 그렇지 않은 놀이, 우연성을 중시하는 놀이와 우연성을 최소화하는 놀이 등에서 보듯이 서로 겹치고, 교차하는 유사성들의 복잡한 그물이 있을 뿐이죠. 루디는 이것을 '가족 유사성'이라고 합니다.

가족이 모여서 사진을 찍어 보면 서로 비슷하죠. 어머니와 아버지도 어딘지 모르게 서로 닮고, 아들과 딸은 어머니나 아버지와 조금 또는 많이 닮았습니다. 그래서 따로따로 보면 달라 보이지만 가족 모두를 놓고 보면 서로 조금씩 묘하게 닮았습니다. 바로 이것이 가족 유사성입니다. 완전히 같은 것도, 완전히 다른 것도 아니고, 부분적인 유사성이 겹치고 얽혀서 한 가족이 됩니다.

이처럼 놀이들 사이에 가족 유사성이 있을 뿐이라면 놀이가 무엇을 지시한다고 할 수 없겠죠. '수'의 경우에도 자연수, 실수, 허수, 유리수, 무리수, 분수 등의 수 가족에서 이것 모두에 통용되는 어떤 본질이나 공통성보다는 어떤 가족 유사성이 있을 뿐이죠.

이런 지적은 본질에 관한 사람들의 뿌리 깊은 신념을 부정하는 것이죠. 우리는 '놀이' '수' '아름다움' 같은 말들이 어떤 본질 때문에 공통성을 지닌다고 믿지만 사실은 그렇지 않죠. 이런 사고방식은 언어의 다양한 쓰임과 가족 유사성을 오해하기 때문에 생긴 것입니다. '본질' '공통성' 같은 말들은 철학자들이 고안한 것에 지나지 않고, 말을 이상하게 사용하는 예일 뿐입니다.

아니 본질을 이렇게 간단하고 무자비하게 비판해도 되는 것인가요? 왜 그렇게 많은 사람들이 본질이란 말에 속아서 있지도 않은 본질을 찾아 지적 방황을 했을까요? 물론 루디의 답은 간단하죠. "언어가 어떻게 쓰이는가를 보시오" "말놀이 안에서 본질이란 말이 어떻게 쓰일 수 있나요?"로 응수하죠.

질문

1. 언어를 도구상자에 비유하는 것은 어떤 점을 강조하기 위한 것일까요?

2. 가족 유사성을 지닌 예를 몇 가지 찾아보세요.

3. '아름다운'이라는 낱말은 '아름다움'이라는 본질에서 나온 것이기 때문에 모든 아름다운 것들에 공통된 어떤 것을 지시한다고 볼 수 있을까요?

4. "브람스를 아십니까?"라는 말에서 '브람스'는 무엇을 가리킬까요?

장기를 둘 줄 알아야 말의 의미를 안다

이처럼 놀이의 본질이 없다면 놀이를 어떻게 이해시킬 수 있을까요? 먼저 놀이의 예를 죽 들고, 놀이의 비슷한 점들과 차이를 알려 주면서 서로 연결시키고, 어떤 경우에 놀이가 아닌지를 설명하다 보면 놀이가 무엇인지를 이해하고 고개를 끄덕이게 되죠. 물론 놀이의 정의나 본질이 있다면 이렇게 번거롭게 이야기할 필요가 없겠죠. "놀이란 ○○한 것이다. 이해하겠지." 이렇게 간단하게 끝나죠. 하지만 놀이를 그렇게 설명할 수는 없죠. 그리고 놀이의 정의를 안다고 하더라도 실제로 놀이를 할 줄 알아야 놀이를 이해하는 거죠.

장기(將棋)의 경우를 봅시다. 장기를 전혀 모르는 사람에게 장기를 가르쳐 볼까요? "이건 왕이야. 이 사각형 바깥으로 나갈 수 없고, 왕이 잡히면 지는 거지. 이건 차(車)야. 차는 어디든 똑바로 갈 수 있지. 이건 포(包)야. 이 포는 말 하나를 뛰어넘어서 갈 수 있지. 그리고 이건 상(象)인데……." 뭐가 이리 복잡한지 모르겠지만, 처음 배우는 사람도 어지럽지만 무엇인가를 알아듣죠.

그런데 장기를 둘 줄 안다는 것은 여기에 그치지 않고 구체적인 수(手)를 쓸 줄 알아야 합니다. 장기판 위의 각각의 말은 어떤 것을 가리키지 않습니다. 상(象)이 코끼리를, 마(馬)가 말을 가리키는 것이 아니라 장기판 위에서 상대 말과 어떤 관계를 맺는가에 따라서 그 의미가 정해지죠.

이처럼 장기의 구체적인 수, 말 하나하나의 쓰임이 장기놀이를 이룹니다. 장기의 수(move)를 다른 말로 바꾸면 '사용'이 되겠죠.

말놀이에서 말은 사용함으로써 의미를 갖습니다. 각 말의 쓰임새가 그 의미를 결정하죠. 망치가 못을 박고, 가위는 자르듯이, 언어도 그렇게 쓰이면서 의미를 갖습니다.

루디는 이런 맥락에서 '말놀이'라는 개념을 씁니다. 언어를 일정한 규칙에 따라서 말을 쓰는 놀이판으로 봅니다. 이러한 말놀이는 무엇을 가리키는 것이 아니라, 놀이 규칙에 따라서 말을 사용하는 것이 곧 의미를 갖는 것이죠.

말이 대상을 지시할 수 있을까?

소쉬르를 소개하면서 보았듯이, 전통적인 언어관은 낱말이 사물이나 상태를 지시한다고 보죠. 그래서 낱말이나 명제가 지시하는 것과 일치할 때 그것을 '참'이라고 보죠.

그런데 낱말과 그것이 가리킨다고 하는 대상은 전혀 닮지 않았는데도 그 둘이 일치한다고 하는 까닭이 뭘까요? 이런 일치에 대한 믿음은 별다른 근거도 없는 단순한 믿음에 지나지 않습니다.

우리가 책상이라는 낱말의 의미에 해당하는 어떤 것을 지시할 수 있다고 생각하지만, 사실 그런 것은 없습니다. '책상'이라는 낱말은 책상처럼 딱딱하거나 무겁거나 만질 수 있는 것이 아닙니다. '사랑'이라는 낱말은 사랑처럼 달콤하지도 가슴을 쓰리게 하지도 않죠.

이런 점을 무시하고 만약 낱말의 의미를 그것이 대표하는 대상이라고 본다면, 의미는 한 낱말과 그것이 대표하는 대상을 연결해야 하죠.

우리가 낱말에 의미를 부여하는 방식에는 낱말이 의미하는 대상을 지시하는 지시적 정의의 경우와 한 낱말의 의미를 이미 알고 있는 다른 낱말을 사용해서 정의하는 방식이 있습니다. 이를테면 '빨간색'은 그 색을 직접 손으로 가리켜 보여야 하죠. 내가 가리키는 "이것이 빨간색이다"라고 말이죠.

그런데 이 경우에도 오해의 소지가 있죠. 장기판에서 "이것이 왕이다"라고 왕을 가리킨다고 해서 그 의미를 아는 것은 아니죠. 그 왕이라는 낱말을 쓰는 장기놀이에 이미 숙달되어 있어야 합니다. 그 이름으로 무엇인가를 할 수 있는 사람만이 "이것이 왕이다"를 의미 있게 쓸 수 있습니다.

루디는 우리가 한 낱말의 의미를 이해한다고 할 때 그것은 (그 낱말이 대표하는 사물을 가리키는 것을 아는 것이 아니라) 그 낱말을 '어떻게 쓰는가'를 아는 것이라고 봅니다.

지시 이론에 대한 다른 중요한 비판은 우리의 심적인 상태, 예를 들어 '기쁨' '아픔' '행복' '이해하다' '생각에 잠기다'와 같은 것이 어떤 상태, 사물, 동작을 가리키는 것은 아니라는 점이죠.

예컨대 '이해하다'는 어떤 설명을 들었을 때 마음속에 생기는 상태라고 볼 수 없죠. '이해'는 의식의 상태도, 뇌의 상태도 아니죠.

이해는 규칙을 따라서 이루어지는 행위〔手〕에서 나타나는데, 이런 '이해함'이 가리키는 사물은 찾을 수 없습니다. '아픔'이나 '행복'과 같은 사적인 언어의 경우도 마찬가지죠. 이것들은 우리가 느끼는 감각이나 상태를 지시하지 않습니다.

한 낱말이 사물을 가리킨다면 그것이 가리키는 대상이 분명하고, 곧 정확해야 합니다. 어떤 한 낱말은 특정한 대상만 가리키고, 다른 것을 가리키면 안 되죠. 그래서 한 대상과 다른 대상이 분명하게 구별되어야 합니다. 한 낱말이 두 대상을 가리키거나, 두 낱말이 한 대상을 가리켜서는 안 되는 거죠.

"여기에 사람들이 많이 있다"라고 하면 '많이'가 무엇을 가리키죠? '많이' 대신에 몇 사람인지를 하나하나 헤아려 보아야 합니다. "엄마, 쌀에 물을 얼마나 부을까요?" "알아서(적당히) 부으면 돼." 이때 '알아서'나 '적당히'가 무엇을, 얼마를 가리킬까요?

엑스칼리버가 조각나더라도 "엑스칼리버는 날카롭다"

루디가 들었던 예를 봅시다. '엑스칼리버'라는 낱말이 있다고 합시다. 이 칼은 그것을 이루는 복합적인 부분들로 이루어져 있죠. 그런데 "엑스칼리버는 날카롭다"라는 문장은 그 칼이 온전하게 있건, 이미 조각났건 간에 분명한 뜻을 갖습니다. 어떤 대상을 가리키지 않고도 의미를 갖습니다.

그런데 만약 '엑스칼리버'가 하나의 대상을 가리키는 이름이라면, 이것이 조각난 경우에 이 대상은 더 이상 존재하지 않고, 그 이름에 대응해야 할 대상이 사라졌기 때문에 아무런 의미도 갖지 않아야 합니다.

그렇다면 "엑스칼리버는 날카롭다"라는 문장은 아무 의미 없는 '엑스칼리버'라는 낱말 때문에 뜻이 없어야 하겠죠. 하지만 이 문장은 분명히 뜻을 가지고 있습니다. 그렇기에 이 문장을 이루는 낱말들은 그 어떤 것에 대응해야 합니다. 그러면 '어떤 것'은 과연 무엇일까요?

다른 예를 볼까요? 사람의 '이름'은 어떻게 될까요? 이름이 어떤 사람을 가리키기 때문에 의미가 있다고 해야 할까요? 그 이름을 지닌 사람이 죽으면 어떻게 될까요?

'A'라는 이름을 지닌 사람이 죽었다고 합시다. 그러면 그 이름이 가리키는 사람이 죽었으니까 A라는 이름이 가리키는 대상도 없죠. 그렇다면 이제 A라는 이름을 쓰면 안 될까요? "A는 참 착했어." "A는 한마디로 날개 없는 천사였어." "사실 A는 이상한 구석이 많은 수수께끼 같은 존재였지." "A는……." 이런 말들이 모두 의미가 없다고 해야 하고, A라는 이름을 쓰는 모든 경우가 무의미하다고 해야 하나요?

이처럼 지시 이론은 낱말의 의미가 대상을 지시하거나, 대상이 애매할 때에는 단순한 요소를 지시해야 한다고 봅니다. 하지만 '단순하다'는 말도 애매하죠. 우리가 단순함을 찾는다는 것은 명제의 낱말들을 쪼개는 것이죠. 이런 사고는 명제를 이루는 단위를 찾아서 그것을 바깥에 있는 대상의 단순한 요소와 대응시키는 것이죠. 이것은 단순한 대상이 있고, 단순한 대상을 정확하게 지시해야 하므로 정확성을 추구하는 한 방식입니다.

하지만 실제로 '정확하다'는 말 자체도 상당히 애매합니다. 이를 테면 "시계를 정확하게 맞추시오" 하는 경우에 어느 정도로 정확하게 맞추라는 이야기죠? 분, 초 아니면 0.001초? 천문대의 허용 오차까지? 또 "시간에 맞추어서 오너라"라고 할 때 대체 언제 오라는 이야기일까요?

루디는 우리가 낱말을 쓸 때 낱말에 요구되는 것은 대상에 엄격하게 대응하는 정확성이 아니라, 우리가 그 낱말을 쓰면서 이루려는 목표를 얼마나 잘 이루는가라는 '유용성'으로 이해할 필요가 있다고 봅니다. '정확하다'는 말을 낱말의 쓰임새와 관련해서 이해하는 게 좋겠죠. 이런 쓰임새와 무관하게 정확성 자체가 말의 목표가 되지는 않습니다.

질문

1. 어떤 사람이 "우리 집에 금송아지가 열 마리 있다"라고 했을 때 실제로 금송아지가 있을 리 없죠. 그러면 이 말은 아무런 의미가 없는 걸까요?

2. 어떤 도구 W가 있었는데 그것이 부서졌다고 합시다. 그런데 W가 부서진 것을 모르는 사람이 "W를 가져오시오"라고 명령했습니다. 그러면 이 명령은 무의미할까요?

3. "3시 15분에 만납시다"라고 하는 경우에 약속 시간을 정확하게 맞추려면 어느 정도의 정확성이 필요할까요? 이 말의 의미를 쓰임과 관련해서 본다면 어떻게 이해하는 것이 좋을까요?

말의 의미는 그 쓰임에서 나온다

루디는 지시 이론을 비판하면서 '말이 어떻게 쓰이는가'를 부각시킵니다. 그래서 유명한 정의 "한 낱말의 의미는 언어에서 그것의 쓰임이다"를 내세우죠. 바로 '의미사용 이론'입니다.

한 낱말이 의미가 있다면, 그것은 일정하게 사용하는 맥락과 공간이 있기 때문이죠. 예를 들어 '다섯'이란 낱말의 의미를 그것이 '어떻게 쓰이는가'라는 점에서 이해해 볼까요?

내가 누군가에게 어떤 것을 사오라고 시킵니다. 그에게 '다섯 개의 빨간 사과'라는 기호가 적힌 종이를 주죠. 그것을 본 상인은 '사과'라는 기호가 붙은 상자를 열고, 색 일람표에서 '빨간'이란 낱말을 찾고, '다섯' 개의 사과를 꺼냅니다. 낱말들은 이와 비슷하게 쓰입니다. 여기에서 '다섯'이란 낱말의 의미가 무엇인지는 전혀 이야기되지 않았죠. 다만 여기서는 '다섯'이란 낱말이 어떻게 쓰이는가 하는 것만 문제가 되죠.

만약 누군가가 "다섯이란 무엇인가?" 하는 이상한 질문을 하면 사과를 사거나 팔 수 없고, 그때부터 '다섯'이 무엇인지, '다섯'의 본질을 찾기 위해서 수학, 철학 등에 얽힌 풀리지 않는 문제가 우리의 시간을 잡아먹겠죠. 하지만 영리한 '말 사용자들'은 이런 질문 대신에 '다섯'을 잘 사용해서 '다섯' 개의 사과를 사거나 팔고 먹는 데 쓸 겁니다.

루디는 '의미'라는 낱말이 평범한 말놀이를 뛰어넘어서 형이상학적으로 쓰이는

말이 말놀이 안에서 어떻게 쓰이는지 이해해 봅시다. 즉 장기판에서 하나하나의 수를 쓰는 것처럼 말들이 말놀이판에서 구체적으로 어떤 수로 쓰이는지를 봅시다. 만약 이런 말놀이판이 없거나 그 안에서 수를 쓸 줄 모른다면 어떻게 될까요? 그 경우에도 말의 뜻을 알 수 있을까요?

것을 막고자 합니다. 그는 그런 이상한 쓰임을 '일상 언어적인 쓰임'으로 돌려보내려 합니다. 그래서 그것이 말놀이 안에서 구체적으로 쓰이도록 하죠. 그는 철학 문제가 말의 잘못된 쓰임에서 비롯되었다고 보기 때문에, 낱말들이 일상적인 쓰임 안에서 어떤 용법에 따르는지를 잘 익히는 게 중요하다고 봅니다. 그러니 새로운 것을 만들기보다는 말놀이 안에서 이미 알려져 있는 것을 다시 잘 배열하는 것이 바람직하다고 보죠.

> 어린아이들이 말을 배울 때 낱말의 의미를 물어서 엄마를 괴롭힐 때가 많죠. "엄마, 사랑이 뭐야?" "잘난 체하는 게 뭐야?" "파르스름한 게 뭐야?" "쿡쿡 쑤신다는 게 뭐야?" "가슴 아픈 이야기가 뭐야?" "착한 게 뭐야?" 이런 경우에 어떻게 설명해야 할까요? 그때마다 사전을 펴 놓고 읽어 주면 될까요? 아니면 그 쓰임을 익힐 수 있도록 도와주는 것이 좋을까요? 아이들이 이런 낱말들을 말놀이 안에서 적절하게 쓸 수 있다면 그 아이는 그런 낱말들의 의미를 안다고 할 수 있겠죠.

의미는 대상이 아니다

낱말이 '뜻'을 가진다고 하면, 그 뜻을 어떻게 이해하면 좋을까요? 이것을 알기 위해서 어떻게 질문하면 좋을까요?

"의미가 무엇일까요?" 이런 질문이 당연한 것처럼 보이죠? 하지만 이런 종류의 질문은 그 답으로 '무엇'에 해당하는 사물을 요구하고 있습니다. 그래서 이런 질문을 따라가다 보면 낱말의 의미를 어떤 대상이라고 보게 되죠. 곧 의미를 낱말과 같은 종류의 대상으로 보고 싶어 하죠. 그래서 책상의 의미가 책상 자체는 아니지만 책상과 비슷한 어떤 것이라고 생각합니다.

이와 달리 '쓰임'의 틀로 볼까요? 예를 들어 돈을 이용해서 물건을 사는 경우를 봅시다. 이 경우에 돈의 '가치'는 돈으로 산 물건에 있죠. 지금 제가 한 이야기가 맞나요? "예"라고 힘차게 답한 분은 방금 제가 한 이야기를 이해하지 못한 거죠. 그렇지 않고 돈의 가치는 물건이 아니라, 그 물건을 사는 데 '쓸 수 있음'에 있죠. 즉 그 쓰임에 있습니다.

루디는 이처럼 '기호의 쓰임'을 찾아야 하는 상황에서 의미가 대상이라고 생각하고, 그것을 열심히 찾을 필요는 없다고 봅니다.

"여보게, 의미는 그런 것이 아니니 그만 찾게나. 자네는 말을 쓰면서 벌써 의미를 쓰고 있지. 그런데 그것을 쓰임에서 찾지 않고 어떤 대상처럼 생각하나 보군."

듣고 보니 그렇죠. 평범한 사람은 물론이고 철학자까지도 하나의 기호의 의미를 사물처럼 생각해서 땅을 파거나 구름 위를 뒤지면서 신성한 '의미'를 찾고 있습니다.

쓸 줄 알아야 뜻을 안다

루디는 한 낱말의 의미 대신에 '쓰임'이란 말을 쓸 수 있다고 봅니다. 앞에서 보았듯이, 낱말의 의미는 일정한 쓰임에 의해서 결정됩니다.

식당에서 음식을 주문할 때 "뚝불 하나요" "뚝배기 셋이요" "철판 3인분" "김치 다섯이요"라고 하죠. 이 소리를 듣고 '아니 밥을 달라고 했는데 뚝배기만 3개 주려나' 하고 생각하는 사람은 아무도 없습니다.

'뚝불'은 뚝배기 불고기고, '철판'은 철판 볶음밥이나 철판 낙지볶음이겠죠. 이런 암호를 말하면 주방에서는 주문한 것을 제대로 이해하고 음식을 요리합니다. 그들은 이런 말들을 잘 사용하고 있는데, 그 자체로는 아무 뜻도 없지만 일정한 쓰임의 맥락에서 별다른 불편 없이 쓰입니다.

루디가 드는 예를 봅시다. 공사장에서 한 인부가 "망치"라고 소리쳤을 때, 밑에 있던 다른 인부가 뛰어가서 망치를 가져옵니다. 이때 심부름하는 인부가 망치를 꼼꼼하게 관찰하거나, 망치의 본질을 사색하거나, 망치를 저 멀리 내던지지 않는 것을 보면 그가 "망치"라는 말을 '망치를 빨리 가져오라'라는 뜻으로 이해하고 있음을 알 수 있죠.

이처럼 우리가 말의 의미를 알기 위해서는 그것을 사용해 보아야 합니다. 의미를 이해하는 것은 그 쓰임에 익숙해지는 것이죠. 같은 표현이 다르게 쓰이는 경우에는 의미가 다른 것이죠.

"너, 참 잘났어"라는 말은 '너는 뛰어난 사람이다'라는 뜻과는 거리가 멀죠. '알밤을 두 대 먹인다'라는 말에 밤 맛을 생각하며 입맛을 다시는 사람은 없죠. 부모가 자식에게 "넌, 자식이 아니라 웬수야, 웬수"라고 소리친다고 해서 자식이 부모를 원수로 여기면 안 되죠. "네가 시험에 떨어지면 내 손가락에 장을 지진다"라는 말은 실제로 손가락을 장 끓이는 냄비처럼 쓰겠다는 이야기가 아니죠.

사전을 달달 외우는 사람이 있다고 하더라도 적절한 상황에서 적절한 말이나 구를 사용할 줄 모른다면 그렇게 외운 낱말들의 의미를 안다고 하기는 어렵죠. 여러분이 오늘 공부한 내용을 잘 알고 있는지 보려면, 친구나 다른 사람에게 오늘 배운 낱말들을 사용해 보면 되죠. '의미' '쓰임'이란 말을 적절하게 쓸 줄 알아야 하겠죠. 그런데 "책의 의미는 책 속에 있어"라고 하는 사람은 아직 배운 낱말들을 쓰는 법을 모르니까 그 의미를 안다고 하기 어렵죠.

바둑판을 앞에 두고 자기가 외운 바둑의 규칙들을 입으로 늘어놓는다고 해서 그 사람이 바둑을 둘 줄 안다고 할 수는 없죠. 그 친구는 바둑의 수들을 이해하고 있는 것이 아니죠. 사랑학 책을 여러 권 보았다고 자랑하는 친구보다는 '사랑한다'는 말을 적절하게 쓸 줄 아는 친구가 사랑이라는 낱말을 더 잘 이해하고 있는 겁니다.

의미는 쓰임에 따라 결정된다

이제 낱말의 뜻을 보는 눈이 달라졌나요? 이 정도면 낱말과 문장을 '어떻게 쓰는가'에 주목해야 합니다. "X는 무슨 뜻인가?"라고 할 때, 어떻게 답해야 할까요? X를 어떻게 적절하게 쓰는지 보여 주어야 합니다. 그렇지 않으면 그것은 쓰임과 무관하게 뜻을 갖지 못합니다.

루디는 '놀이' '고통' '사랑' '낭만적' '애타는' 같은 낱말들의 의미는 그 어떤 대상도 지시하지 않는다고 봅니다. 객관적으로 '고통'이나 '낭만적'에 대응하는 어떤 대상이 있어서 그것이 심리 과정을 통해 대상과 기호가 만나는 것이 아니죠. 이런 만남을 꿈꾸는 것은 헛된 일이죠. 견우와 직녀는 일 년에 한 번 만날 수 있지만 대상과 의미는 만날 일이 없죠. "부디 헛된 약속일랑 하지 마옵소서. 저를 망부석으로 만들 심산이 아니시라면."

낱말의 의미는 언어가 대표하는 사물이 아니라 우리가 그것을 사용함으로써 비로소 있을 수 있습니다. 사전에는 수많은 낱말이 있지만, 사람들이 '말 안하기 운동'을 펼친다면 그 낱말들은 뜻을 잃어버립니다.

만약 의미가 객관적으로 존재하는 사물과 같은 것이라면 우리가 그것을 쓰건 말건 간에 그것은 그 자체로 존재할 수 있겠죠. 하지만 "나는 말을 꽤 잘하고, 모르는 말이 없어"라고 큰소리치는 친구의 말이 '말이 되려면' 잘하건 못하건 간에 말을 하는 수밖에 없습니다. 그래서 극단적으로 비유하자면, '말하기'는 말을 씀으로써 죽어 있던 음성이나 기호가 비로소 생명을 갖고 의미를 산출하는 가슴 떨리는 행위라고 할 수 있지 않을까요? 기호에 생명을 주는 것은 바로 기호를 사용하는 것이죠.

큼지막한 이야기를 하나 합시다. 앞에서 우리는 칸트 할아버지가 인식의 문제에서 코페르니쿠스적 전회를 이루었다고 감탄한 적이 있었습니다. 그런데 루디도 언어철학에서 이와 비슷한 일을 해낸 것이 아닐까요? 바로 지금까지는 의미 이론이 낱말의 의미를 객관적인 대상에서 찾으려고 대상을 쳐다보면서 그리움을 달래 왔죠. 물론 그 그리움은 항상 배반당했지만, 루디는 낱말의 의미가 대상세계가 아니라 우리의 '말함' '말놀이에서 사용함'

"밥묵자" "자자" "내, 니 좋아하는 거 알제"라는 단 세 마디 말로 생활하는 사람이 있다면, 그 사람은 혹시 자기가 쓰지 않는 말을 모조리 땅에 묻어 버린 사람이 아닐까요? 결혼한 여성들이 자기 이름 대신에 '누구 엄마' '무슨 댁'으로만 불린다면, 자기 정체성을 찾기 어려운 점은 둘째치고, 자기 이름의 의미가 슬피 울면서 어디론가 가 버리지 않을까요? 잠자고 있는 자기 이름을 되찾는 것은 어떤 의미가 있을까요?

에 의해서 구성된다고 봅니다.

이처럼 말의 의미는 세계 안에 있는 것이 아니라 우리의 사용에 의
해서 구성되므로 낱말들의 의미는 객관적으로 존재하지 않고 그 쓰
임에 의해서 활동합니다. 예를 들어 "나는 당신의 노예가 되고 싶소.
나는 사랑의 노예로 살겠소" "우리 집 노예는 게으르고 몸도 약해"
"저는 주의 종(노예)이옵니다" "부모는 자식의 노예인가?" 등으로
'노예'라는 낱말이 다양하게 쓰인다고 할 때 '노예'라는 말의 의미는
이런 쓰임들과 무관하게 그 자체로 존재한다고 할 수 없습니다.

이제 뜻을 쓰임으로 본다는 것은 '존재'로부터 말하는 '행동'으로,
다시 말해 어떤 것을 '존재'로 보는 관점에서 '말하는 생활'로 보는
관점으로 바뀌는 것이라고 할 수 있지 않을까요?

질문

1. 자유, 욕망, 정의, 행복 등등의 말이 어떻게 다양하게 사용되고
있나요?

2. 칸트와 루디의 전환을 염두에 둔다면, 루디가 '의미를 쓰임으
로' 바꾼 것이 어떤 영향을 미칠까요? 기존의 사고방식을 어떻게
크게 바꾸어 놓을지 나름대로 생각해 봅시다.

3. 자기 이름의 의미는 어디에 있을까요? 자기의 내적 본질에 숨어
있을까요? 아니면 다른 사람들이 부르고 내가 이름을 쓰는 점에 있
을까요? 아무도 불러 주지 않는 이름은 어떻게 될까요?

이정표를 쓰는 방법

루디는 낱말의 의미를 이해하고 그 낱말을 사용 규칙에 따라 사용하는 것을 이정표를 쓰는 법에 빗대어서 설명합니다.

화살표(→)로 표시되어 있는 이정표가 지닌 의미를 어떻게 알 수 있나요? 원래부터 그런 표시는 '화살표 방향으로 가시오'라는 의미를 지니고 있을까요? 그렇지는 않죠.

루디는 이러한 규칙을 표현하는 것이 행동과 어떤 관련이 있는지 살펴죠. 우리는 이런 기호에 일정한 방식으로 반응하도록 훈련받았고, 그런 방식으로 반응합니다. 이정표가 행동을 결정하는 힘은 이정표나 어떤 사물에 있는 것이 아니라 습관화된 사용에 있습니다. 우리는 이정표를 그렇게 사용하는 것이 관습이고, 그것에 따라서 행동하도록 훈련받은 것이죠.

빨간색, 파란색 신호등이 있을 때 각 기호의 의미는 원래부터 빨간색이 '멈추시오'라는 색이고, 파란색이 '가시오'라는 의미를 지닌 것은 아니죠. 필요하면 얼마든지 거꾸로 할 수도 있고, 다른 색으로 바꿀 수도 있습니다.

하지만 우리는 신호등 색과 우리의 행동을 연결시키는 습관 때문에 횡단보도를 건너거나 서서 기다리죠. 만약 세상이 지루하다면 다른 방식의 연결을 모색해 볼 수도 있겠죠. 청개구리처럼 이정표를 지금과 반대 방향으로 달고 빨간불에는 부리나케 건너가고 파란불이면 기다리고, 숙녀용으로 표시된 화장실은 신사가 사용하는 방식도 충분히 연습만 하면 별로 불편하지 않을 겁니다. 그렇다면 그런 기호와 뜻은 어디에서 나오고, 우리의 행동은 어떻게 이루어질까요?

3412, 2510, 6954, 5945, 8756, 7856…… 이라는 수 계열이 있을 때 이것은 무엇일까요? 암호 같아 보이지만 3×4＝12, 2×5＝10, 6×9＝54 대신에 기호를 빼고 숫자만 쓴 거죠. 우리가 "두 수를 곱해서 나온 값을 세 번째에 써라"라는 명령을 이런 식으로 쓸 수 있겠죠. 마치 구구단을 외우는 꼬마가 하듯이 말이죠.

말놀이의 배경에는 '삶의 형식'이 있다

루디는 언어가 있기 전에 이미 삶이 있었다고 봅니다. 우리에게는 자연적으로 주어진 이러저러한 삶이 있습니다. 먹고, 마시고, 놀고, 사랑하고, 미워하고, 뻐기고, 안타까워하는 것들이겠죠. 말을 쓰는 것은 이처럼 주어져 있는 삶 안에서 이루어집니다. (말놀이는 말과 뒤얽혀 있는 활동들 전체를 가리킵니다.)

낱말의 의미가 쓰임에서 결정된다고 할 때 쓰임은 바로 말놀이 안에서 쓰이겠죠. 말놀이에서 쓰이지 않는 낱말은 죽은 말입니다. 낱말은 말놀이 안에서 나름의 목표, 임무, 기능을 갖고 일정하게 쓰입니다. 낱말의 의미는 그것 자체로 고정된 채로 있는 것이 아니라 말놀이에서 어떻게 사용되는지에 따라서 결정됩니다. 그러니 의미를 알려면 낱말이 쓰이는 상황에 주목해야 합니다.

'TK' 'MB' '당근이지' '백조/백수' '왕따' '쩐다' '깜놀' '지못미' '레알' '^^'처럼 자유분방하게 만들어진 낱말들도 원래의 의미가 어떤 것이든 간에 말놀이에서 일정하게 쓰입니다.

그리고 말이 말놀이에서 사용되는 수라면 말은 활동이죠. 그런데 말놀이에 쓰이지 않고 버려진 말들은 어떻게 될까요? '감기' 때문에 '고뿔'이, '하나님' 때문에 '흐울님'이나 '하늘님'이, '컴퓨터' 때문에 '셈틀'이 쓰이지 않는다면, 이렇게 버려진 말들은 죽은 말이라고 할 수 있습니다.

　루디는 말놀이 바깥에 있는, 쓰이지 않는 낱말이 의미가 있다고 하는 것은 물 바깥에서 물고기를 연구하는 것과 비슷하다고 봅니다. 말놀이 안에서 살지 않는 말들은 물 없는 물고기 신세와 같죠.

　이런 점에서 루디가 형이상학적 언어를 거부하는 까닭을 이해할 수 있을 겁니다. 형이상학자들은 낱말들이 일상적인 말놀이에서 일정한 규칙에 따라 쓰이는 것을 무시하고 낱말들에게 독자적인 의미를 부여하죠. 예를 들어 '지식' '자아' '명제' '고통' '영원' '지고' '순수' '감각' '초감각' 등의 의미나 본질이 말놀이와 무관하게, 일상적인 쓰임과 무관하게, 아니 그 위에 있는 것으로 여기죠.

　'자유'라는 말은 말놀이에서 다양하게 쓰입니다. 자유 낙하하는 사과, 자유로운 시장, 자유주의, 자유의 여신상, 나는 자유다, 자유롭게 선택하세요, 진리가 너희를 자유롭게 하리라, 자유의 나무는 피를 먹고 자란다, 비판으로부터 자유롭다, 이 물건은 공짜(free)입니다. 값을 10퍼센트 깎아(free) 드립니다. 자유로부터 도피함, 자유 전자, 자아의 자유, 자유 의지, X를 지향하는 자유(freedom to X), 사생아(born free) 등등.

　이런 쓰임들에 따른 수많은 '자유'가 있다면 이것들 간의 '가족 유사성'을 찾는 것은 몰라도, 이 모든 쓰임을 완전하게 포괄하는 자유의 본질은 찾을 수 없죠. 만약에 그런 본질이 있다면 '자유'의 모든 쓰임의 구체성을 보여 줄 수 있을까요?

'자유'라는 낱말은 말놀이에서 쓰이는 구체적인 수(手)와 무관하게 의미를 갖지는 않죠. 이 낱말을 형이상학적으로 쓰는 것도 그러한 쓰임들 가운데 하나일 뿐입니다. 그런데 형이상학적 쓰임이 이런 말놀이 전체를 장악하거나 그 쓰임에 대해서 유일하게 명령할 수 있다고 생각하면 이상하죠. 그런 말은 말놀이판의 독재자거나 잔소리꾼을 자처하는 거죠.

다시 한 번 이야기하면, 말놀이판에서 구체적인 수로 쓰이는 낱말을 그 맥락과 무관하게 '그것 자체'로 연구한다는 것은 물 없이 물고기를 연구하는 것과 다를 바 없습니다. 낱말은 항상 구체적인 관계나 상황 속에 있습니다. 그 관계를 지우는 것은 말도 안 되는 거죠.

그래서 루디는 낱말들의 형이상학적 사용을 그것이 원래 나온 말놀이판, 일상적인 사용으로 다시 돌려보내려고 합니다. 물 바깥에 나온 물고기를 다시 물에 집어넣는 것처럼 언어를 자기 고향으로 돌려보내려는 거죠.

루디는 낱말들 사이에 가족 유사성만 있기 때문에 공통성이나 보편적인 본질로 낱말의 의미를 완전하게 확정할 수는 없다고 봅니다. 낱말들이 쓰이는 모든 경우를 완전하게 포괄할 수 있는 본질적 규칙은 없다고 보죠. 하지만 일상생활에서 낱말을 쓰는 데 큰 문제는 없죠.

다시 말하면, 말놀이가 갖춘 쓰임의 규칙은 모든 상황을 대비한 완벽한 것은 아니지만, 정상적인 상황에서 안전하게 쓸 수 있는 구멍 난 규칙인 거죠. 이것은 말의 의미가 말놀이에서 어떻게 쓰이는지에 따라서 정해지기 때문이죠. 만약 말의 의미가 객관적인 대상이라면, 말의 의미가 쓰임에 따라 달라질 필요는 없죠. 하지만 이처럼 그 쓰임과 무관하게 독자적 세계를 건설할 수 있는 말은 없습니다.

루디는 가짜 말을 만들고 이런 것들로 사람들의 사고와 말을 어지럽히는 철학적 말놀이의 공간을 없애 버리려고 합니다. 그러면 말의 질서를 어지럽히거나 말의 사용을 왜곡하는 가짜 말 제조자들은 어떤 사람들일까요? 우리가 앞에서 배운 철학자들을 모두 가리킬까요? 아니면 그 가운데 일부만을 말하는 걸까요? 소크라테스, 플라톤, 피타고라스, 아퀴나스, 데카르트, 칸트 등도 이런 비난을 받을 만할까요?

혹시 루디는 철학마을을 폐쇄하려는 것이 아닐까요? 가짜 말들로만 이루어진 세계는 말놀이에 참여하는 보통 말들에 의해서 무너질 수 있을 겁니다.

질문

1. 말놀이 안에서 쓸 수 없는 낱말이나 명제, 문장을 몇 가지 찾아봅시다.

2. '말을 잘한다'와 '말이 서투르다'를 말놀이와 관련해서 설명한다면 이 둘이 어떻게 다를까요?

3. 말놀이 바깥에서 그 자체의 의미를 지닌 것처럼 행세하는 말들은 어떤 것이 있을까요?

4. 철학 개념들은 모두 쓸모없는 것이거나 오해의 산물일까요? 철학이 만든 개념의 말놀이는 가짜 말놀이일까요?

말놀이판에서 규칙 익히기

낱말의 의미가 쓰임에서 나온다면, 그것이 말놀이에서 어떤 규칙에 따라 쓰이는지를 보아야 하겠죠. 말을 쓴다는 것은 곧 규칙을 익히는 것이라고 할 수 있습니다.

루디는 규칙에서 올바른 '행보(行步)'를 정하는 문제를 다루죠. '+2'라는 명령에 따르는 경우를 볼까요? 먼저 2가 주어지면 4를, 4 다음에는 6을 쓰겠죠. 즉 2, 4, 6, 8, 10, 12……로 나열되겠죠. 그러다가 900이 나오면 다음에는 902를 써야 합니다.

그런데 이런 행보가 어떻게 정해질까요? 이것은 교육에 의해서 우리가 더하기 개념을 그런 방식으로 사용하기 때문입니다. 수학을 처음 배우는 일곱 살짜리 아이에게는 4에 2를 더하는 것과 456에 2를 더하는 것이 똑같아 보이지 않죠. 천재적 두뇌를 지닌 여러분은 하나를 배우면 열을 알기 때문에 어떤 숫자가 주어져도 '+2' 명령을 아무 문제없이 해내겠지만, 그것은 여러분이 수학적 말놀이에 능숙하고 그 규칙이 몸에 배었기 때문이죠. 수학 시간에 그런 방식을 익히기 위해서 꽤 많은 훈련을 받아야 하죠.

흔히 생각하듯이 '+2'의 올바른 행보가 이미 정해져 있어서 이것을 보기만 하면 알거나 그 행보들을 결정할 수 있는 것은 아니죠. 올바른 행보는 우리의 관습화된 사용에 의해서 결정되고, 우리는 그렇게 사용하도록 훈련받았기 때문에 그렇게 반응합니다. 이와 달리 '수'를 우리의 사용과 무관하게 그 자체로 의미가 있다고 보는 사고방식은 수학적 말놀이 안에서 구체적으로 쓰이는 수를 무시하는 거죠. 우리가 2를 더하는 실제 조작을 하지 않더라도 그것은 그 자체로 의미를 지닌다고 오해하기 때문이죠. 루디는 관습과 제도가 말의 바른 행보를 결정한다고 봅니다.

이처럼 수열을 만들어 나갈 때 규칙을 머릿속에 두는 게 아니라 실제로 규칙을 사용하고 그것을 익혀야 합니다. 걸음걸이를 익히고 술래잡기를 익히는 것처럼, 독특한 수학적 말놀이의 용례를 익히는 것은 놀이판의 수를 익히는 것이죠.

규칙은 모든 행위가 아니라 그 가운데 일정한 행위만 알맞다고 인정하죠. 그래서 우리는 일반화된 습관, 제도에 따른 사용을 익히고, 어떤 기호에 특정한 방식으로 반응하도록 훈련받죠. 이처럼 규칙을 따르는 것은 관습입니다.

만약 바둑이 무엇인지 모르는 두 사람이 바둑판 앞에 앉아서 바둑 비슷하게 보이는 놀이를 하고 있다면, 그들은 바둑을 두고 있는 것이 아니죠. 이것은 바둑알을 예쁘게 늘어놓거나 바둑알 까기를 하는 경우와 다를 바 없죠. 바둑을 둘 줄 아는 것은 그 규칙을 실제로 사용해서 수를 쓰고, 그 수들을 쓰는 습관에 익숙한 것을 말하죠.

'말놀이'에서 '의미를 이해한다'는 것은 낱말을 사용해서 이루어지는 말놀이에 참여할 줄 아는 것을 말합니다. 영어 단어와 숙어, 기본 용례를 모조리 외우고 있으면서도 영어 말놀이에 참여해서 한마디도 못하거나 엉뚱하게 사용한다면 영어를 안다고 할 수 없습니다. 사전을 외우는 것과 실제로 영어를 쓰는 것은 다르죠. 그 말놀이에서 쓰는 수들의 관습을 모른다면 몇 마디 하기도 어렵습니다.

질문

1. 숫자를 처음 배울 때 '1에서 10까지'를 헤아릴 줄 안다고 다른 훈련 없이 '1에서 1000까지 헤아려 보라'는 요구를 잘해 낼 수 있을까요? 이때 문제가 되는 것은 무엇 때문일까요?

2. 말놀이에서 훈련이 필요한 까닭은 무엇이며, 관습, 제도가 말의 행보를 가능하게 하는 까닭은 무엇일까요?

삶의 형식이라는 바탕은 이미 주어져 있다

말놀이의 규칙을 익히는 것은 정해진 관습을 익히는 것입니다. 그러면 말놀이의 규칙을 일정하게 제도화하고 관습화하는 바탕이 있지 않을까요? 사람들이 말을 쓰는 방식이나 규칙이 다르다면 말놀이가 가능하지 않고 혼란에 빠지거나 크게 불편할 겁니다. 사람들이 같은 말, 같은 규칙을 쓸 수 있도록 하는 바탕이 필요합니다. 그것이 무엇일까요? 그것이 말을 쓰는 사람들이 공유하는 '삶의 형식'이라고 봅니다.

사람들은 규칙의 내용에 관해 서로 동의합니다. 그래서 말 안에서 사람들이 일치할 수 있죠. 이처럼 사람들이 쓰는 낱말의 사용 규칙이 일치하기 때문에 그 낱말을 쓰는 말놀이가 가능합니다. 이런 일치가 없다면 사람들 사이에 의사소통은 불가능할 겁니다.

그리고 이러한 일치는 의견의 일치라기보다는 삶의 형식이 일치하는 것입니다. 이처럼 (말하는) 사람들이 공유하는 삶의 형식이 그들 사이에서 같은 규칙에 따르게 하고, 또 낱말이 정해진 의미를 갖도록 합니다. 따라서 삶의 형식은 말놀이가 이루어지는 발판이죠.

그러므로 같은 말을 쓰는 사람들 사이에서 삶의 형식이 일치한다는 것은 공적인 말이 성립되는 필수 조건이죠.

우리가 외국어를 배울 때 단순히 말의 쓰임이 아니라 그 말이 쓰이는 문화, 삶의 형식을 함께 배워야 하죠. 말이 삶의 형식에 바탕을 두기 때문에 삶의 형식을 익히지 않고는 말의 쓰임을 이해하기 어렵죠. 자기 아이를 '내 아이'라고 하는 경우와 '우리 아이'라고 하는 경우는 단순히 말의 쓰임이 다른 것이 아니라 삶의 형식이 다른 거죠. '아는 사람'과 '친구'를 엄격히 구별하는 경우와 별다른 차이를 두지 않는 경우는 같은 말을 쓰더라도 사는 형식이 다른 거죠.

어릴 때 한국어와 영어를 동시에 배워, 두 말을 자유자재로 쓸 수 있다면 그 아이는 두 개의 문화 속에서 살고 있는 셈이죠. 자기 나라 말을 쓸 줄 모르는 아이는 자기 나라 문화를 알 수 없고, 사고방식을 알 수 없습니다. 영어를 '공용화'한다면 영어식 생활방식과 문화를 공용화하게 되는 거죠. 삶의 방식은 똑같고 말만 바뀐다고 볼 수는 없죠.

우리가 서구 이론이나 서구 철학을 잘 이해하기 어려운 까닭은 무엇일까요? 여러 가지 이유가 있겠지만 삶의 형식이 다르기 때문입니다. 기독교적 문화를 모르면서 《성경》을 이해하고 그것에 바탕을 둔 말, 사고, 행동을 '너무너무 잘 이해한다'고 말하기는 어렵죠. 그러니 서구 철학의 개념들을 딱 보기만 해도 쉽게 이해된다고 하는 사람이 있다면 그는 전생에 서구에서 살았거나 이미 철학을 익히고 태어난 사람이겠죠.

건축 이론만 보고도 그것에 바탕을 둔 건축들을 쉽게 이해하는 사람은 이미 그런 건축과 연결된 삶의 형식이 몸에 배어 있는 사람이죠. 우리 같은 보통 사람들은 영어의 쓰임을 잘 이해하기 어렵고, 또 어렵게 이해하더라도 입에 꼭 맞는다는 느낌이 들지 않을 때가 많죠. 이런 경우에 문제가 되는 것은 '삶의 형식이 일치하느냐'이죠.

　이런 '삶의 형식'은 말놀이에 참여하는 사람들이 일정한 약속을 하거나, 자기들 뜻대로 만들어 내는 것일까요? 루디는 삶의 형식을 주어지는 것, 받아들여야 하는 것이라고 봅니다. 즉 그것은 말하는 사람들이 합리적으로 선택할 수 있는 것이 아닙니다.

　우리가 말놀이를 다른 것으로 바꾸려고 할 때가 있습니다. 이를테면 어떤 말 개혁가가 새로운 말놀이를 법으로 정해 공포하고 모든 수단을 이용해서 말놀이를 개선하려고 한다면 이런 시도가 성공할 수 있을까요? 사실 일상언어를 모호한 것으로 보고, 더욱 정확하고 애매함이 없는 완전한 언어를 추구하기 위해서 엄밀한 논리적 언어나 이상적 언어를 만들려고 했던 '이상언어 운동'이 바로 이런 시도였죠.

　그리고 이런 삶의 형식은 따로 정당화할 필요가 없습니다. 이것은 이성적으로나 비이성적으로 근거 짓는 것이 아니라 이미 거기에 주어져 있는 것입니다. 삶의 형식은 당연한 것으로 주어져 있고, 그 안에서는 많은 문제들이 이미 답을 지니고 있어서 그런 것들을 일일이 따져 보면서 정당하다고 주장할 필요가 없습니다. 따라서 삶의 형식 자체에 대해서 더 이상 설명할 길도, 설명할 필요도 없습니다.

아무도 만들지 않았지만 이미 작용하고, 쓰이고 있는 말놀이를 정당화할 수 있을까요? 어디에 기대어 그것을 정당화할 수 있을까요?

우리가 어떤 것을 정당화할 때는 정당화의 바탕이 필요합니다. 그런 정당화의 끝, 더 이상 파고들어 갈 수 없는 끝이 바로 '삶의 형식'입니다. 삶의 형식 너머에 어떤 것이 있을 수 없습니다. 말놀이에 쓰이는 말과 규칙, 관습 들은 모두 이런 삶의 형식을 바탕으로 해서만 제자리를 찾습니다. 그리고 이런 바탕은 쓰임을 마련하는 것이기 때문에 지식이라기보다는 행동이라고 할 수 있습니다.

질문

1. '내 마누라'라는 말과 '우리 마누라'라는 말의 쓰임이 있을 때 이 두 쓰임은 어떤 다른 삶의 형식과 관련될까요?

2. 루디가 이런 삶의 형식이 주어져 있다고 보는 까닭은 무엇일까요? 또 이것을 설명할 수도, 정당화할 수도 없다고 하는 이유는 무엇일까요?

3. 우리가 일상적인 말놀이를 다른 것으로 바꾸려고 할 때가 있죠. 예를 들어 '에스페란토'어를 세계 공용어를 만들기 어려운 까닭은 무엇일까요?

있지도 않은 본질을 만들어 내는 마술사들을 몰아낼 것인가?

이런 언어관으로 철학을 보거나 철학 개념을 쓴다면 어떻게 될까요? 앞에서도 이야기했지만 루디는 철학 언어를 불신하죠. 우리는 이 문제를 본질을 비판하는 틀로 볼 수 있겠죠.

루디는 심오한 철학적 문제들이 말을 오해한 데서 비롯된다고 봅니다. 철학자들이 '뜻 없는' 문장을 말하고 있다는 거죠. 그는 이런 철학적 문제를 언어분석을 통해서 청소하는 것이 철학의 과제라고 봅니다.

특히 후기의 루디는 말과 세계 사이에 어떠한 연결도 없다고 봅니다. 낱말의 의미는 세계에 있는 것이 아니라 제도화된 쓰임에 있죠. 그렇다면 말을 통해 세계의 본질과 그것을 찾는 형이상학을 만들 수 있을까요?

루디가 본질을 추구하는 사고를 어떻게 비판하는지 살펴봅시다. 물론 이런 비판은 자신의 전기 입장에 대한 '자기 비판'의 성격도 포함합니다. 이때 본질은 사물과 세계의 본질뿐만 아니라 언어의 본질에도 해당되는 거죠. 즉 언어에도 본질이 없다는 급진적 주장을 하려고 하죠.

여러분은 '본질'이 무엇인지 아시죠? 본질의 쓰임을 몇 가지 봅시다.

1) 본질은 사물을 그 근거에서 보려고 합니다. 모든 경험적인 것들의 바탕을 찾는 거죠.

2) 본질은 현상들이 추구해야 할 이상입니다. 현상들은 완전하지 않기 때문에 완전함을 추구해야 하고, 이것은 바로 '본질답게 되어야 한다'라는 목표를 세우죠.

3) 사물의 근거이자 이상인 본질 개념을 찾는 것은 완전한 '정확성'을 추구합니다. 마치 말한 문장에 완전하게 분석된 형식이 있다고 여깁니다. 이러한 정확성을 안다면, 애매함에서 나오는 오해를 제거할 수 있다고 봅니다.

4) 본질은 우리 눈에 보이거나 드러나 있는 것이 아닙니다. 본질은 우리에게 숨겨

사람들이 자기 본질을 구현하기 위해서 노력하는 진지하고도 끈질긴 시도를 볼 수 있죠. 이 경우에 자기의 본질을 자기를 이끄는 '이상'으로 삼는 거죠. 멀리 있는 이상과 현실의 자기 사이의 거리가 얼마나 좁혀질 수 있을까요?

져 있다고 봅니다. 그래서 표면에 드러나지 않는 그 안을 파헤치고 꿰뚫어 보아야 합니다.

5) 본질은 어떤 하나의 질서, 세계의 선험적인 질서를 추구하도록 이끕니다. 이런 질서는 가장 단순하고 순수한 것이어야 합니다. 어떤 경험이 섞여 불순하거나 불확실한 것이 포함되어서도 안 됩니다. 본질은 경험에 의존하거나 경험을 통해 얻어지는 것이 아니라 모든 경험에 앞서야 합니다.

자, 본질의 몇 가지 쓰임을 보았으니 이제 이야기를 시작하죠. 이런 본질을 언어에서 찾으면 어떻게 될까요? 예컨대 현실에서 쓰이는 모호하고 제멋대로인 일상언어 대신에 명확하게 규정되고 잘 계산된 '이상적 언어'를 추구하면 어떻게 될까요?

물론 이런 본질은 실제로 우리가 쓰는 언어에서는 찾을 수 없습니다. 우리는 다만 본질 대신에 가족 유사성을 찾을 수 있을 뿐입니다.

루디는 언어 모두에 공통된 어떤 것을 제시하지는 않습니다. 그 대신 낱말들이 매우 다양한 방식으로 쓰이면서 서로 근친적임을 보여주는 데 만족하죠. 우리가 언어에서 찾을 수 있는 질서는 완전한 질서가 아니라 몇 군데 구멍이 뚫려 있는 불완전한 규칙들일 뿐입니다.

이처럼 모든 질문에 답이 있는 것이 아니듯이 말에 관한 질문에도 답이 없을 수 있죠. 완전한 질서를 찾는 것은 가능하지도 않을뿐더러 위험하기도 하죠. 우리도 이런 사정을 알고 말놀이를 있는 그대로 받아들이고, 그 안에서 그것을 잘 쓰는 법을 익히면 말에 철이 드는 거죠.

루디가 볼 때, 이처럼 있지도 않은 본질

인간이 그렇게 오랫동안 언어를 오해한 까닭은 무엇일까요? 루디처럼 언어를 이해할 능력이 모자라서 그런 걸까요? 이런 오해와 무지 밑바닥에는 무엇이 있을까요? 단순히 '무지해서'라고 한다면 안 될 것 같지 않나요?

을 추구하는 까닭은 말에서 '이상'의 역할을 오해하기 때문이죠. 이상은 말들을 재단하기 위한 '자'이고, 판단의 기준으로 쓰는 것일 뿐이죠. 그것은 현실 안에 있는 것이 아닙니다. 그렇지만 우리는 (칸트 할아버지 말처럼 형이상학적 충동에 이끌려서) 이상을 현실 안에서 찾아야 한다고 믿습니다. 사실 그것은 우리가 쓰고 있는 '안경' 같은 것이고, 우리는 그것을 통해 다른 것을 보죠. 그런데 우리는 이 안경으로 현실의 성격을 완전하게 볼 수 있다고 오해하고 싶어 하죠.

그래서 루디는 이상적 언어를 찾는 작업에서 물러서야 한다고 봅니다. 이상으로 만든 찬란한 사상누각을 허물고 거친 대지로 돌아와서 이리저리 이어 붙인 누추한 집에서 살아야 하죠. 사실 이 집은 보기에는 어떨지 모르지만 사는 데는 큰 불편이 없습니다.

다시 파리통으로

자, 그러면 언어에 관한 흔한 오해와 달리 언어를 '언어답게 하는 것'이 없다면 철학이 할 일은 무엇일까요? 앞에서 언급한 파리통 이야기를 생각해 보세요. 언어를 철학적, 형이상학적으로 오용하는 것을 막는 것이라고요? 벌써 알고 있군요.

이상을 추구하다 보면 초라해 보이는 현실을 무시하기가 쉽죠. 하지만 허상으로 지은 집보다는 살기에 부족하지만 마음 편한 집을 택하는 게 낫죠. 언어에 관한 회색빛 이론에 매달리기보다는 생명이 넘치는 푸릇푸릇한 언어들과 함께 놀기로 합시다.

이처럼 언어의 본질이 없다면 철학의 과제가 더 이상 본질 찾기일 필요는 없습니다. 그래서 루디는 철학자들이 쓰는 낱말들이 그것의

고향에서 실제로 언제나 그렇게 쓰이는지
를 물어봅니다. 일상언어에서는 낱말들이
그 바탕인 말놀이 안에서만 쓰이죠. 하지
만 이런 상황을 떠나서 낱말 자체를 놓고
낱말이 지시하는 본질에 대해서 물을 때 풀리지 않는 난제를 안게
됩니다.

물론 이렇게 일상으로 돌아온 뒤에는 우리에게 익숙한 말놀이로 무엇을 할 것인가를 한 번 생각해 보아야겠죠.

이런 본질을 추구하는 경향은 당연히 일반성을 추구하는 경향과
맞물려 있겠죠. 철학자들은 다양한 현상들 속에서 일반성을 찾고자
합니다. 그런 노력 끝에 낱말이 다양하게 쓰이는 측면보다는 모든
경우에 똑같이 쓰이는 것에 주목하거나, 구체적인 쓰임과 무관하게
모든 것에 두루 적용되는 어떤 본질을 찾아 나섰죠. 그들은 마치 통
에서 빠져나오지 못한 파리처럼 미궁 속을 헤매게 됩니다. 루디는
파리에게 들어온 길을 가르쳐 줌으로써 파리가 그 통에서 빠져나오
게 하려는 거죠. 파리가 그 통을 탈출한다는 것은 곧 철학적 문제들
을 말끔하게 치워 버리는 것을 뜻합니다.

이때 오랜 방황 끝에 다시 출발점에 선 사람과 원래 출발점에 그
대로 서 있는 사람은 어떻게 다를까요? 처음 지점에 가만히 서 있는
사람이 거꾸로 갔다가 힘겹게 돌아온 사람보다 더 낫다고 할 수 있
을까요? 물론 한 바퀴 돌아온 사람이 단순히 헛수고만 한 것은 아니
겠죠. 그는 자기가 빠졌던 가짜 문제를 자각하고 다시는 그런 오류
에 빠지지 않을 겁니다. 그리고 최초의 출발점이 왜 중요한지도 잘
알 겁니다.

이제 다시 출발점에 선 철학자는 더 이상 풀리지 않는 문제들로
소란스럽게 굴지 않고 조용히 휴식을 취하는 여유를 갖습니다. 그는

더 이상 자기를 괴롭히던 고통에 시달리지도 않습니다. 하지만 이런 사람은 아직 잘못된 철학적 문제를 제기하지도 않은 사람보다는 자기가 겪은 쓰라린 경험 때문에 말이 실제로 어떻게 사용되는지, 하늘의 말이 아니라 땅의 말이 얼마나 풍성한지를 더 잘 알 수 있을 겁니다. 이제 철학이 할 일은 말의 배후에 있는 것을 찾거나 새로운 철학적 문제와 답을 찾는 것이 아니죠. 이미 알고 있는 것들을 조금 다르게 배치하는 것으로 충분합니다.

우리 곁에 조용하게 있던 말놀이가 노래를 부르는 군요. "여기가 장미의 섬이다. 여기에서 춤추어라!"

> 루디는 말을 일상적으로 사용하는 방식과 그 놀이판을 떠나서 그 자체로 있는 본질을 추구하는 가짜 사용인 형이상학적 사용을 구별하죠. 이처럼 말을 일상적으로 사용하는 방식을 전면에 내세우는 것을 우리는 기존의 철학을 이끌어 온 본질주의에 대한 근본적인 비판으로 볼 수 있습니다. '말은 무엇인가?' '말을 말답게 하는 것은 무엇인가?' 이제 이런 질문은 무의미한 것이죠. 도대체 왜 그런 질문을 하는가를 물어보아야 합니다.
>
> 언어 문제를 정리한 루디 옆에는 수많은 철학 문제들이 쓰러져 있습니다. '말'을 대상과 연결시키고, 말의 가장 이상적인 모습을 하늘에 그리고 그것을 찾아서 지상을 떠났던 수많은 이들이 이제 언어 재판정에서 모두 바람직하지 못한 시도들이었다는 판정을 받았습니다.
>
> 일상의 위, 지하, 저 너머에서 이상을 찾던 신성한 불꽃들이 하나둘 사그라듭니다. 완전함, 보편성, 동일성 같은 묵직하고 유서 깊은 말들이 '완전하고자 하는' '항상 똑같은' '사랑해' '깨끗한'

'힘들고 지루한' '돈이 억수로 많은' '가슴 시린' 등과 같은 말들 곁에서 "나도 말이다"라는 자백을 합니다. 이 말들의 눈가에는 화려했던 과거의 영화가 스쳐 지나가죠. 이 말들은 다른 말들에 밀려서 어두운 곳에 자리를 잡고 있습니다. 그나마 철학책에서 이런 말들을 쓰니까 아주 쫓겨나지 않은 것만도 다행이죠. 그리고 이제는 이런 말들을 찾는 경우도 흔치 않습니다.

카프카(F. Kafka)가 아무도 돌아보지 않는 쇠창살 안에서 단식하는 광대의 애처로운 모습을 그려 낸 것과 비슷한 형상입니다. 다른 말들은 서로 손을 잡고 거닐고 뛰어다니며 춤추고 있습니다. 이들이 생활하는 마당은 만족감과 다채로움이 넘칩니다. 이 가운데 '비트겐슈타인'이라는 이름은 '본질'이라는 낱말을 땅에 묻은 낱말로 기억될 겁니다. 그 덕분에 말놀이의 말들은 자기 의미를 찾기 위해서 대상과 짝을 지을 필요가 없습니다. 또한 이 말들은 그들 나름의 마을을 만들어서 불변적 본질이나 모든 말들 위에 군림하려는 '잘난 말'들이 다시는 마을에 들어오지 못하도록 합니다.

이제 일상언어의 소중함과 풍요로움을 깨달은 말들은 다시는 이상언어의 신기루를 찾는 방황에 나서지 않을까요? 아울러 말들은 분수를 알아서 조용히 지낼까요? 완전한 것을 추구하는 자는 불완전한 존재죠. 이런 존재들이 자기의 한계를 뛰어넘으려는 모험을 감행하는 것을 어떻게 보아야 할까요? 불완전한 자기 현실에 만족하라고 하면, 그들이 완전함을 포기하는 쓰라림을 보상받기 위해 어떤 다른 것을 찾지는 않을까요?

포스트모던 마을의
작은 이야기들

첫째 시간

아름다움의 공화국에서 살아가기

여러분은 아름다움을 좋아하나요? 아름다움은 우리 삶을 아름답게 할까요? 만약 여러분이 아름다운 여인을 뽑는 미인대회에 참여하거나 구경한다면 어떤 느낌이 들까요? 또는 아름다움의 가치를 높이 평가해서 모든 사람, 특히 모든 여성에게 '아름다워져야 한다'라고 요구한다면 어떻게 될까요? 이번 강의는 어려운 이야기를 하려는 것이 아니라 아름다움의 기준을 둘러싼 재미있고 안타까운 예들을 통해서 하나의 기준만 있는 사회가 많은 사람들의 다양성을 포괄할 수 있는지를 살펴보려고 합니다.

미인대회를 보면서

여러분 가운데 미스코리아 선발대회를 한 번도 안 본 분이 있나요? 혹은 미스유니버스, 미스아메리카 선발대회를 안 본 (남)학생들은 없습니까?

이 책의 독자 가운데에는 이런 것들을 보고 여성을 상품화하는 이상한 놀음, 고도의 자본주의 전략이라고 흥분하는 사람이 적지 않을 겁니다. 하지만 또 아뇨? 그렇게 비판하기 위해서 열심히 보고 있는지? 또 그저 보는 정도가 아니라 그녀들을 상대로 점수를 매기면서 보는 경우도 있겠죠. 자기 나름의 기준을 세워 놓고 자기가 점찍은 사람이 안 되면 상당히 서운해 하기도 하고, 심사위원의 불공정한 심사에 흥분하기도 하죠.

이때 심사위원들을 비난하는 사람들이 있다면, 그들은 더욱 객관적인 미의 기준을 내세우면서 대회 주최측보다 열성적으로 미의 경연대회에 참여하는 셈이죠. "에이, 쟤가 뭐가 예쁘다고, 미스 ○○이 진짜 예쁜데." "아니, 그런데 당신이 왜 흥분하시나? 당신 눈이 더 정확하고 객관적이라고 생각하나 보군요?" "아니, 뭐 꼭 그렇다는 건 아니고 저 여자가 더 예쁘다는 거죠."

이렇게 자원봉사자 자격으로 대회 심사에 적극 참여하는 분은 사실 미인대회를 개최하는 측과 그 뒤에서 뭔가를 챙기는 사람들과 어떤 점에서는 한편이죠. '미의 공화국 건설'에 관심이 많은 데다가, 객관적인 미의 기준이 있어서 미녀들의 몸매와 지성미(?)를 평가할 수 있다고 생각하는 점에서는 별로 다를 것이 없죠. 단지 심사위원들과 시청자는 각자 '객관적으로' 평가한다고 주장하면서 약간의 의견 충돌이 있을 뿐이죠.

아름다운 자여, 그대 이름은 여자이니라!

저는 미인대회를 보며 두 눈 파는 사람들을 노려보거나 비난하려는 것은 아닙니다. 다만 미인대회가 어떤 근거에서 가능한지를 살펴보려고 합니다. 만약 미녀를 객관적으로 선발하는 기준이 없다면, 그 뒤에서 어떤 자본의 논리가 뒷받침하고, 여성을 상품화하려는 엉큼하고 비인간적인 의도가 있다 하더라도 미인대회를 개최할 명분이 없을 테니까요.

이런 미인대회는 아름다운 여성을 뽑는 대회로 그 의미를 다양하게 볼 수 있죠. 물론 우리는 여기에서 그 다양한 관점(미학적, 사회학적, 문화적, 이데올로기적, 사회경제학적, 페미니즘적 관점 등) 가운데 하나를 고르거나, 찬성이나 반대를 표명하려는 것도 아닙니다. 이런 찬성과 반대, 나아가 그것에 대한 평가가 가능하려면 어떤 조건이 필요한지를 살펴보려고 합니다.

미인대회는 언뜻 보아도 이상한 점이 있죠. 가장 아름다운 사람을 뽑는 대회, 즉 아름다움을 지닌 미인을 선발하면서 왜 1등, 2등, 3등 표시를 '진' '선' '미'로 할까요? 왜 가장 아름다운 여성에게는 '참/진리'를, 다음 버금가는 아름다운 여성에게는 '착함'이라는 표지를 달아 줄까요? 그리고 나서 3등에 이르러서야 비로소 '아름다움'이라고 할까요?

글자를 모르는 사람들이 아니라면 미인대회에서 무엇보다도 '미'를 제일 앞에 놓아야 할 텐데 말이죠. 아름다움을 겨루는데 왜 진, 선이 먼저 나와야 할까요? 아마 가장 아름다운 여성은 지성미도 있다는 의미에서 그렇게 한 걸까요? 또 두 번째 아름다운 여성은 마음씨도 착하리라 기대하는 걸까요? 보통 착한 여자와 아름다운 여자는 별다른 상관성이 없다고들 하죠.

자, 군소리 그만하고 미인대회를 살펴봅시다. 미인대회를 열고, 보는 사람들에게는 이런 사고방식이 있는 것 같습니다. 여성을 보는 눈은 상당히 많지만, 적어도 이 대회에서는 아름다운 여성에 초점을 맞추고 있죠. 다른 측면은 거의 문제가 되지 않습니다. 아무리 착한 여성도 수영복 몸매가 신통치 않으면 착한 여성, 즉 미스코리아 '선'에 뽑힐 수 없습니다.

물론 이런 비난을 의식한 주최측은 단순히 미모나 몸매만 보는 게 아니라 지성미도 크게 고려한다고 합니다. 그런데 막상 사회자가 지성미를 갖추어야 답할 수 있는 질문을 하면, 미녀들은 애교를 부리면서 어이없는 답변을 하는 경우도 많습니다. "아니, 예쁘면 됐지, 꼭 머리가 좋을 필요가 있나요? 그저 보기만 해도 정신이 아찔한데." 어쨌든 참가 여성들은 34-24-35, 35-23-33 등등의 여섯 자리 수치로 불리면서 무대 위를 우아하게 걸어 다니며 우리 눈이 즐길 수 있는 아름다움을 한껏 뽐냅니다.

냉정한 눈을 갖춘 공정한 심사위원들은 지성과 미모를 겸비한, 굳이 따지자면 미모 쪽에, 또는 얼굴만이 아니라 몸매에 매너까지 고려해서 꼼꼼하게 채점을 합니다.

이런 떠들썩한 대회는 엄청난 예산과 많은 후보, 많은 사람의 관심, 수많은 후원사가 어울려 거대하고 화려한 축제가 됩니다. 만약 우승해서 '진리'가 되면 나라를 대표하는 미인, 모든 사람의 선망의 대상, 그 뒤의 눈에 잘 보이지 않는 돈방석에 앉거나 미인을 얻기 위해 수단 방법을 가리지 않는 용기 있는 이들의 표적이 되는 등 완전히 팔자 고칠 가능성도 없지 않죠.

아름다움을 재는 척도

우리는 이런 대회를 조금 다른 시각으로 살펴보고자 합니다. 우리는 이 대회가 좋은지, 나쁜지를 판정하는 데 관심을 두지 않습니다. 이 대회를 이용해서 누가 돈을 벌고, 누가 눈요기를 많이 하는지, 여성이 이 대회를 통해 상품이 되는지, 그래서 거꾸로 추녀대회를 여는 것이 이 대회에 맞서는 것인지 등을 살피려는 것도 아닙니다.

우리 관심은 아주 소박합니다. 적어도 미인대회를 하기 위해서는

'아름다움'이 있다는 것을 부정할 수는 없겠죠. 아름다움이 없다면 아름다움을 지닌 여인을 뽑을 수는 없을 테니까요. 그리고 대회 관계자들이나 구경하는 이들은 이 '아름다움의 화신들'을 심사할 때 어떤 기준을 가지고 있어야 하겠죠. 그 기준에 따라서 1, 2, 3, 4의 순서로 평가할 수 있어야만 대회가 가능하겠죠. 객관적으로 선발하건 불공정하게 선발하건 간에 여인의 몸에 구현된 아름다움을 정확하게 평가할 수 없다면 대회 자체를 열 수 없을 겁니다.

자, 그렇다면 아름다움도 있고, 게다가 그것을 객관적으로 측정할 기준도 있다고 합시다. "아름다움을 재는 척도가 있도다!" 그래서 말 그대로 가장 아름다운 여성을 뽑기로 합시다.

더없이 아름다운 여성들 가운데 단 한 사람의 아름다운 여성을 골라야 하는 심사위원들은 얼마나 고통스러울까요? 하지만 그리 염려할 것은 없죠. 자신의 눈을 아름다움의 척도에 맞추면 되니까요.

아마 심사위원들은 나름대로 투철한 사명감을 지니고 '세계를 아름답게, 인류를 아름답게' 하기 위해서 평소 갈고닦은 심미안으로 공정하게 심사할 겁니다.

예리한 심사위원들은 미모의 여성들을 앞에서 보고, 뒤에서 보고, 옷 입은 모습도 보고, 수영복 모습도 보고, 예쁘게 걸어가는 모습도 보고, 춤추는 모습도 보고, 너무 지루하면 머릿속까지 들여다보는 질문도 하면서 다각도의 심사를 하죠. 이들은 한 치 오차도 없이 평점을 매깁니다. 물론 사람의 일이니까 심사가 항상 정확하기만 한 것은 아니죠. 다만 그것을 목표로 삼아 최선을 다하는 거죠.

자, 이런 광경을 보면 이 대회는 분명히 아름다움을 모시고, 나아가 아름다움을 평가할 수 있다고 생각하는 것이 분명합니다. 또한 아름다움을 측정할 수 있는 객관적인 자, 기준, 척도가 있다고 믿습니다. 만약 이런 아름다움을 재는 '자'가 없다면 억지로 만들어서라도 미인 후보들을 반드시 평가해야 합니다.

물론 이 기준은 객관적이므로 사람에 따라 들쑥날쑥하는 것이 아니라 모든 사람들에게 똑같이 적용해야 합니다. 앞에서 여러 번 이야기한 '보편타당한' 것이죠. 즉 아름다운 모든 것들에 두루 타당한 것이어야 하죠.

이렇게 '아름다움을 재는 자'로 대회에 참여한 여성들을 재어 보아야 합니다. 어떤 여성은 7.5점, 다른 여성은 6.5점, 저 여성은 8.9점, 이 여성은 10점이라면 누구도 이의를 제기하지 않고 10점 여성에게 '아름다움의 월계관'을 씌어 주어야 합니다.

다시 한 번 정리하면, 미인대회는 객관적인 아름다움의 기준, 척도를 전제로 합니다. 그리고 그런 척도를 인식하는 과제를 심사위원들이 맡습니다. 아름다움의 척도를 아름다운 여인들에게 적용하는 것이 바로 미인대회의 절차가 됩니다.

이제 우리는 미인대회를 통해 '미의 척도'가 정말로 있는지 살피면서, 아름다움을 추구하는 사회가 바람직한 사회, 또는 여성들을 편안하게 만드는 사회인지를 살펴보고자 합니다.

백설공주님이 더 아름다워요!

객관적인 미의 척도에 대한 믿음은 비단 어제오늘의 일이 아니죠. 축소판 미인대회를 동화에서 찾아볼까요?

《백설공주》에 나오는 요술 거울 아시죠? 바로 마녀 왕비가 아끼는 거울이죠. "거울아, 거울아, 이 세상에서 누가 가장 아름다우니?" 거울은 얼마 동안 왕비 얼굴만 비추며 "왕비님이 가장 아름답습니다"라고 하죠. 그러면 왕비는 당연하다는 듯이 기뻐하죠.

꼭 왕비가 아니더라도 이런 말을 매일 듣는다면 살맛이 나지 않을까요? 더구나 남성들이 아름다운 여성이라면 모든 것을 바치는 판에 말입니다. "여성의 모든 결함을 가리는 신비의 보자기가 바로 아름다움이니라"라는 정체불명의 말을 들어 보신 적은 없는지요?

그런데 이처럼 자기가 가장 아름답다는 사실을 확인하면서 좋아하던 왕비에게 도저히 참을 수 없는 일이 생기죠. 어느 날 눈처럼 하얀 백설공주의 얼굴이 거울에 나타납니다. 거짓말을 모르는 거울은 이제 어엿한 처녀가 된 백설공주의 아름다운 얼굴을 비추죠.

"왕비님도 아름답지만, 백설공주가 더 아름답습니다."

"뭐라고?"

그 뒤의 이야기는 잘 아시죠? 왕비는 사냥꾼에게 백설공주를 죽이라고 명령하고, 그는 차마 공주를 죽일 수 없어서 다른 동물을 대신 죽여서 간을 보여 주고, 백설공주는 산으로 도망치다가……

여러분도 계모인 왕비가 마음이 사악하기 때문에 백설공주를 죽이려고 한다고 생각하죠. '그러면 그렇지, 계모가 또 일을 저지르는구나. 저번에는 헨젤과 그레텔을 두 번이나 버리려 했고, 또 신데렐라를 그렇게 못살게 굴고, 콩쥐를 그렇게 볶아대더니 이번에는 아예 죽이려고 하는구나. 그러면 그렇지, 착한 계모가 있을 리 있나.' 이런 '계모론'은 일종의 마녀 재판에 해당됩니다. 모든 계모가 나쁘다는 공식 때문에 오해의 늪을 벗어나지 못하는 착한 계모들이 얼마나 안타까워하고 있을까요?

자, 공식적으로만 생각하지 말고 왕비가 살인 명령을 내린 까닭을 살펴봅시다. 이상한 점이 있죠. 바로 아름다움 때문에, 아름다움을 위해서 자기보다 더 아름다운 백설공주를 죽인다는 점에서 이 살인 명령은 기이합니다. '아름다움을 위한 살인'이라고 하면 표현이 어색한가요? 쉽게 살인을 명령하는 태도에는 분명히 문제가 있지만, 과연 아름다움을 추구하는 왕비의 노력을 사악함 때문이라고 매도할 수 있을까요?

　이것을 우리의 맥락으로 바꿔 봅시다. 거울 앞에서 벌이는 미인대회에서 항상 '진'이었던 왕비가 어느 날, 백설공주에게 진을 빼앗기고 '선'으로 밀려난 거죠. 그런데 왕비에게 2등은 아무 의미가 없었나 봅니다.

　이렇듯 왕비가 백설공주를 죽이려고 한 것은 세상에서 자기가 가장 예뻐지려는 욕심 때문이라고 볼 수 있죠. 또 어떻게 보면 여성들의 억누르기 힘든 욕망이기도 합니다. 왕비 역시 여성이고, 누구보다 아름다워지고 싶은 강한 욕망의 소유자이기에 그 욕망에 눈이 멀어서 험한 짓을 저지를 뻔했죠. 왕비의 간악한 시도는 성공하는 듯하지만 모두 실패로 끝나고, 도리어 백설공주에게 잘생긴 왕자와 만날 기회를 줍니다.

　어쨌든 여기에서 미에 대한 질투와 그것이 만드는 불행의 역사가 전개되지요. 그리고 이후의 이야기들도 더 아름다운 (착한) 여성이 덜 아름다운 (악한) 여성을 극복하는 과정을 보여 줍니다. 한마디로 '아름다움의 승리'를 보여 주는 거죠.

거울아, 누가 세 번째로 아름다우냐?

저는 여기에 나오는 신기한 거울에게 조금 더 물어보고 싶은 게 있습니다. 오늘날의 미인대회는 왕비처럼 한 번만 물어보는 게 아니라 몇 번 더 물어보죠. 만약 왕비가 가장 아름다운 데에만 관심을 두지 않고, 미의 객관성에 관심이 있다면 몇 번 더 물어볼 수 있겠죠.

"가장 예쁜 사람은 누구냐?"

"백설공주입니다."

"그래, 기분 나쁘구나. 그러면 두 번째는 누구냐?"

"왕비님입니다."

왕비는 다음 순서에 별로 관심이 없겠지만, 백설공주 때문에 한 계단 밑으로 내려간 사람이 누구인지 물어볼까요?

"거울아, 누가 세 번째로 아름다우냐?"

아마 이 질문에 거울은 거침없이 세 번째로 아름다운 여자를 보여 주겠죠. 설마 "첫 번째, 두 번째는 알겠는데 세 번째는 모르겠습니다"라고 할 리는 없죠.

그런데 거울에게 이 같은 질문을 계속하면 사태가 심각해지지 않을까요? "뭐, 그럴 리가 있나요? 더 재미있겠죠." "아직도 사태의 심각성을 모르나 보군요. 왕비가 한 번 물어보고도 살인 명령을 내렸는데, 혹시 두 번 물어보면 그 비슷한 사건들이 많이 생기지 않을까요?"

계속 물어봅시다. "거울아, 우리나라에서 누가 다섯 번째로 아름다우냐?" 재미있으니까 계속 물어보죠. "거울아, 우리나라

이렇게 보면 《백설공주》 동화는 아득한 미래에 수많은 나라에서 요술 거울도 없이 가장 아름다운 여성을 뽑는 대회를 할 것을 알고 있었나 봅니다. 그래서 그 아름다움을 측정하는 척도의 예를 선구적으로 보여 준 거죠.

에서 누가 153번째로 아름다우냐?"

여러분은 섬뜩한 느낌이 들지 않습니까? 저는 떨려서 더 이상 물어볼 용기가 나질 않습니다. 아직 사태의 심각성을 모르는 분을 위해서 할 수 없이 설명을 드려야 하겠군요. 이후의 사태는 책임지고 싶지 않습니다.

"거울아, 우리나라에서 누가 2,157번째로 아름다우냐?" 이런 식으로 물으면 그때마다 척척 답이 나오겠죠. 그러면 어떻게 될까요? 이 것은 원리상 이 나라에 있는 모든 여성들에게 아름다움의 성적표를 만들어 주는 겁니다. 바꾸어 말하면 이 나라의 모든 여성을 미인대회에 참여시키는 거죠.

컴퓨터 심사위원 앞에 모든 여성을 줄 세운다면

이제, 이 요술 거울을 현대판으로 바꾸면 바로 미인대회에서 가장 객관적으로 미를 평가하는 프로그램을 갖춘 대형 컴퓨터라고 할 수 있지 않을까요? 요술 거울보다 컴퓨터를 더 신뢰하는 사람들이 많은 것 같으니까 첨단 프로그램을 갖춘 컴퓨터로 바꿔 봅시다. 그러니까 일정한 기준에 의해서 모든 여성의 미를 평가할 수 있는 특수 프로그램을 만들어 그것을 과감하게 실행해 봅시다. 컴퓨터는 자료 처리 속도가 빠르니까 아마 몇 분 만에 평가를 끝내겠지요. 하지만 그것을 공개할 것인지, 각 여성에게 은밀하게 통보할 것인지는 심각하고 신중하게 고려해야겠죠.

자, 컴퓨터 심사위원을 모시고 많은 여성 후보들을 남김없이 보기로 할까요? 이렇게 하는 것은 모든 여성을 미인대회에 참가시키는 것과 같습니다. 예선을 따로 거치지 않고 모두에게 고른 기회를 주는 거죠. 바빠서, 멀어서, 또는 옷을 준비하지 못해서 나오지 못한 분들에게 시간과 공간의 장해를 넘어 편리하게 대회에 참여하게 하는 방법이죠. 달리 말하면 모든 여성을 미의 척도 앞에 줄 세우는 거죠. 그래서 그들을 한 줄로, 차례대로 질서 있게 자리매김하려는 것입니다.

이 작업은 한 나라의 미에 관한 객관적 자료를 만들고, 인구조사처럼 모든 여성의 미에 객관적 평가치를 마련하려는 순수한 동기에서 시작하는 거죠. 만약 이런 자료가 마련되면 미를 통계적으로 처리할 수 있고, 한 나라의 여성의 미에 관한 모든 것을 알 수 있겠죠.

옛날 이야기를 좀 해 볼까요? 과거에 결혼을 앞두고 연애 상대를 찾던 남성들은 '여성은 뭐니 뭐니 해도 아름다워야' 하며 다른 요소보다 아름다움을 우선적인 가치로 보는 경우가 많았습니다. 한때 여사원을 뽑을 때에도 일정한 키나 몸매 등을 눈여겨보는 경우가 많았습니다. 좀 못생겨 보이는 여성보다는 회사의 분위기를 돋우기 위해 조금이라도 예쁜 여사원을 선호했던 야만적이고 너무나 미학적인(?) 시기도 있었습니다. 이 당시에 이들이 좋아하던 격언 하나가 "용기가 있는 자만이 미인을 얻을 수 있다"였죠. 예쁜 여성 주위에 얼마나 많은 사람들이 몰리면 이런 험악한 문구가 나왔을까요?

게다가 노소를 가리지 않고, 똑똑해서 이것저것 따지는 여성보다는 예쁜 여성을 선호하는 사람이 적지 않았죠. 그러니 미인대회에 나가기만 해도 대단한 미인 계열에 들고, "내가 지금은 많이 늙었지만, 몇 년도 미인대회에서 33등을 한 사람이오"라고 하면 주변 여성들은 기가 팍 죽는 경우가 많았죠.

이런 분위기도 조금 고려하고 여성들의 참여 기회도 대폭 늘리기 위해서 누구든지, 원하지 않더라도 모두 대회에 참여시키면 어떨까요? 이 기회에 자신의 아름다움을 객관적으로 평가받으면 좋지 않을까요? 참가 비용이 드는 것도 아니고, 모든 복잡한 일은 충직한 컴퓨터가 다 알아서 해 줄 겁니다. 여러분 생각은 어떻습니까? 아마 철없는 남성들은 적극 찬성할지도 모르죠. 어떤 여성들은 반대하려다가, 혹시 오해받을까봐 잠깐 망설이는 분도 있겠죠.

아름다움의 공화국을 향하여!

실제로 이 미인대회를 진행하기에는 어려운 점도 많을 테니까, 먼저 손쉬운 '사고실험'을 해 봅시다.

모든 여성이 미인대회에 참여했다고 합시다. 물론 굳이 참가하기 싫다는 사람을 억지로 평가할 필요는 없을 테니, 자진 사퇴자는 빼도 되겠죠. 민주주의 국가에서 모든 여성이 참여한다는 이유로 이 잡듯이 뒤져서 하나도 빠뜨리지 않고 여성을 무대에 세워야 할 필요도 없고 그렇게 해서도 안 되죠. 미인공화국 건설에 적극 동참할 사람들에게는 기회를 주고, 참여한 사람들에게는 멋진 기념품도 주고, 경품 잔치도 곁들이는 게 좋겠죠?

자, 출발합시다. 아름다움의 공화국을 향하여!

대략 1,500만 명 정도가 참여하는 대규모 대회에서 과연 어떤 일이 벌어질까요? 동화 속의 거울처럼 일일이 물어볼 것도 없이 모든 참가자의 미적 평가치가 일시에 나올 겁니다. 그리고 점수가 높은 사람부터 차례대로 한 줄이 세워지겠죠.

그중 35번째 여성을 만나볼까요? 그녀는 기분이 별로 안 좋은 것 같군요. 진, 선, 미 어디에도 들지 않아서 그런가 봅니다. 하지만 제가 보기에 35등이란 두 자리 숫자는 대단한 성적 아닙니까?

다른 여성은 두 자리도 아니고 101등으로 세 자리군요. "내 앞에 100명이나 있다는 점 때문에 속이 조금 상하지만, 그래도 나는 꽤 아름다운 편이지 않습니까?" "그럼요, 저도 그렇게 생각합니다. 혹시 시간 있으시면 차라도 한잔하실래요?"

우리는 좀 더 용기를 내서 네 자리, 다섯 자리, 여섯 자리의 등수를 받은 여성들이 조금씩 우울해 하는 얼굴들을 살피면서 그 뒤에도 많은 여성들이 있다는 당혹스러운 사실을 감당해야 하겠죠.

어쨌든 이런 대회를 개최하면 가장 아름다운 여성, 조금 덜 아름답지만 무척 아름다운 여성, 버금 아름다운 여성부터 아름다움이 조금씩 줄어드는 정도에 따라서 아름다운 여성들의 서열이 만들어질 겁니다. 가장 마지막 자리에 있는 여성은 추하다기보다는 아름다움이 가장 적은 여성이라고 하는 게 좋겠지요. 간단히 등수로 말하면, 1등부터 1500만 등까지의 줄이 만들어집니다. 어떤 느낌이 드나요? 만약 여러분도 그 가운데 한 자리를 차지하고 있다면 어떨까요? 예를 들어 28만 7563번째라면 어떻습니까? 여전히 꽤 높은 편이죠. 만약 750만 번째라면 중간이니까 평균적인 아름다움을 지닌 거죠.

미인 서열에서 앞쪽에 서 있는 소위 공인된 미인들의 경우는 인생이 참 아름다울 것 같아요. 그런데 아름다움을 중시하는 사회에서 객관적으로 750만 번째 다음의 사람들은 자신을 어떻게 느낄까요? 그녀들도 사는 재미를 느끼고, 아름다움의 영광을 함께 누리거나 다른 아름다운 여성들의 미적 기여를 기꺼워할까요? 아마 사는 재미가 별로 없는 것은 물론이고, 아름다움을 주제로 하는 이야기를 회피하거나, 화가 나면 '아름다워지는 전략'에 적극 참여해서 자기 순서를 좀 더 앞쪽으로 당기려고 노력할지도 모르죠.

이런 심각한 예들에서 보듯이, 미를 객관적으로 측정하는 곳에서는 결국 소수의 미녀를 만들기 위해서 다수의 아름답지 못한 여성들을 그 바깥으로 내몰고 그들의 삶의 가치를 평가절하할 수밖에 없지 않을까요?

이런 대회는 여성의 미를 객관적으로 공정하게 평가할 수 있지만, 많은 사람들을 비극의 주인공으로 만들 수 있습니다. 물론 이런 여성들을 위로할 수 있는 말도 많죠. "얼굴이 예쁘면 뭐해, 마음씨가 고와야지." 수많은 철학자들은 항상 겉모습은 아무것도 아니며, 얇은 피부의 사소한 차이에 지나지 않는다고 말하죠. 한 꺼풀만 벗기면 다 똑같다는 거죠. 하지만 이런 고운 마음을 알아주지 않으니 어떻게 합니까? 철학자들의 본질론은 별다른 위안이 되는 것 같지 않습니다.

아름다움의 공화국과 미의 척도

이런 '미의 공화국'은 분명히 모든 사람들을 아름다움의 척도에 따라서 평가하기 때문에 아름다운 공화국일 것 같죠. 그런데 실제로 그 내부는 그렇지 않은가 봅니다. 멋있는 구호 뒤에는 항상 인간들의 말 못할 고통이 있었던 수많은 사례들로 보아서, 여기에도 분명히 아름다움 때문에 생기는 보이지 않는 고통들이 있지 않을까요?

우리가 여성을 아름다움을 평가하는 눈으로만 볼 필요는 없습니다. 여성의 다른 미덕들도 상당히 많습니다. 실제로 아름다운 여자와 같이 산다고 반드시 인생이 행복한 것도 아니죠. 그런데도 아름다움의 공화국은 이런 사정을 모른 체하고, 마치 아름다움만이 여성의 유일한 미덕인 것처럼 강조하죠. 그래서 극단적인 경우에 다른 모든 것은 없더라도 아름다움만 있으면 그만이라는 식으로 '아름다움 지상주의'가 거리를 활보하죠.

잠깐! 넘어가기 전에 정리할 것이 있습니다. 앞에서 이야기했지만, 미인대회에 필요한 사고방식을 다시 한 번 봅시다. 요술 거울이나 미인대회는 모두가 여성들 가운데 '가장 아름다운' 여성을 찾을 수 있다고 봅니다. 이것들은 우리가 감탄할 만한 보물들이 있다고 주장하죠. 즉 아름다움이 있고, 그 아름다움을 잴 수 있는 객관적 척도가 있고, 사람들은 그 척도를 제대로 사용할 능력을 지니고 있다고 봅니다.

이제 어떻게 될까요? 아름다움에 대한 도전이 줄을 잇지 않을까요? 철학자들이 아무 가치도 없다고 하는 팽팽한 피부, 각선미, 적당히 볼륨 있는 몸매, 맵시 있는 입술, 알맞은 쌍꺼풀, 웃으면 하얗고 예쁘게 드러나는 이 등등을 자기 것으로 만들려는 시도가 '아름다움의 이름'으로 중요해질 겁니다.

아름다워지려는 숭고한 노력들과 그 이면

만약 여성의 미모가 고정된 것이어서 바꿀 수 없는 것이라면 여성들은 자신의 주어진 미를 운명으로 받아들이겠지만 역사가 생긴 이래, 아니 거울이 등장한 이후, 여성들은 자신의 얼굴을 가꾸는 의무를 지게 되었습니다. 이처럼 여성의 미는 가꿀 수 있는 것이기 때문에 여성들은 자신의 미 서열을 조금이라도 높이려고 노력해 왔죠.

아름다움을 강조하는 동네에서 조금이라도 미인이 되기 위해서 노력하는 것은 바람직한 일이자 미덕으로 여겨지죠. 더욱이 아름다움을 위해서 다른 가치를 희생할 수도 있습니다.

한마디로 아름다워지고 싶어 하는 여성의 숭고한 노력이 요구됩니다. 화장품 회사의 홍보 문구 같은 이 표현은 자기의 미를 가꾸는 노력을 칭송하고 그것을 강요하는 것이죠. 여성들이 이 작업에 얼마나 열성을 쏟고, 자기 삶의 구석구석에서 이런 가치관을 드러내는지를 보는 것은 어렵지 않습니다.

그래서 여성 역사의 한 부분을 보면, 우리의 상상을 뛰어넘을 정도로 아름다움을 누리기 위해, 혹은 아름답게 보이기 위해서 혼신의 힘을 쏟는 예가 많습니다.

여러분은 클레오파트라를 아시죠. 이 여성은 보통 사람들처럼 물로 목욕하지 않았다고 합니다. 정확하게는 잘 모르지만, 우유, 진흙 등 피부를 매끄럽고 눈부시게 하는 재료로 목욕을 했겠죠. 이처럼 아름다움을 가꾸려는 노력을 보면서 우리는 여성이 자연적인 존재에 만족하지 않고 문화적인 존재, 미학적인 존재를 추구하는 모습을 볼 수 있습니다. 이런 예는 비단 클레오파트라에 국한되지 않죠. 동서고금을 막론하고, 역사의 앞뒤를 막론하고 꽤 흔한 일일 겁니다.

영화 〈바람과 함께 사라지다〉를 보면, 비련의 여인이자 강한 이미지의 어여쁜 비비안 리가 나오죠. 그 여자가 댄스 파티에 갈 때 옷 입는 장면이 기억납니까? 그녀는 자기 허리에 엄격한 기준을 들이댑니다. 맵시 있게 보이기 위해 잘록한 허리를 요구하는 옷을 입는 재미있는 장면이 나오죠.

그런데 그녀의 가는 허리에도 그 옷이 잘 맞지 않습니다. 이 불행한 사태를 해결하기 위해서 몸집이 크고 우람한 흑인 하녀가 아가씨를 헌신적으로 돕죠. "아가씨 숨을 들이키세요. 허리를 좁히세요. 안 되겠군요." 아리따운 주인의 등에 큼직한 발을 대고 억지로 옷에 몸을 맞춥니다. 이런 장면을 보면 아름다운 몸매를 갖는 것이 보통 일이 아닌 것 같군요. 혹시 숨이 막혀서 기절하지나 않을지 걱정스럽습니다. 아마 파티에선 아무것도 못 먹겠죠.

요즘 젊은 여성들은 마음 놓고 먹지를 못하는 것 같더군요. 그들은 적당히 먹어도 살이 찌지 않는 음식을 찾죠. 더러는 조금만 먹기도 불안해서 아예 먹지 않기로 작정하는 경우도 있습니다. 그러다가 영양실조로 쓰러지면, 아마 아름다움의 공화국에서는 국시에 부응하려는 이런 노력에 상이라도 주지 않을까요?

머리끝에서 발끝까지

여성들은 머리끝에서 발끝까지, 아름다움을 조금이라도 해치는 것을 용납하지 않습니다. 그들은 모든 노력을 쏟아서 이런 미적 수련을 생활화합니다.

"미스 김, 예뻐졌는데. 아주 매력적이야." 이런 이상한 인사는 따지고 보면 기분 좋을 것도 없지만, 기분 좋으라고 하는 이야기죠. 그런데 매일매일 예뻐지면〔日美又日美〕 한 달쯤 뒤에는 '아름다움의 화신'이 되어서 눈부신 광채를 발휘할지도 모르겠군요.

여성들은 헤어스타일에 꽤 관심이 많죠. 헤어스타일로 다양한 인상을 만들 수 있습니다. 어떤 스타일을 원하시나요?

발끝으로 가 볼까요? 여성들의 구두를 보면 발에 편한 구두가 별로 없는 것 같습니다. 아마 구두에 자기 발을 맞추는 것은 아닌지 모르겠어요. 예쁜 구두를 신으면 발도 예쁜 모양으로 바뀔까요? 왜 발에게 아름다움을 명령해서 발이 이 의무를 지고 힘든 길을 피곤하게 가야 할까요?

저는 엉뚱한 생각을 해 본 적이 있습니다. 거칠고 제멋대로인 남자아이들에게 여자 옷을 입혀 보면 어떨까요? 약간 높은 구두에 짧은 미니스커트를 입히고, 머리에 핀을 꽂거나 파마를 하고, 어울리게 화장한 개구쟁이를 생각해 볼까요? "얘들아, 역할 바꾸기 놀이를 사흘만 하자." 어떻게 될까요?

이 녀석들이 버스나 전철에 앉을 때 예전처럼 과감하게 앉지 못하겠죠. 두 다리를 예쁘게 오므리거나 우아하게 꼬고 앉겠죠. 하이힐을 신고 다니는 것은 힘들겠지만 가만히 의자에 앉아 있기만 해도 그 어색한 자세 때문에 여간 불편한 게 아닐 겁니다. "야, 여자들은 어떻게 이렇게 하고도 잘 다니냐? 인간이 아닌가 봐."

이처럼 아름다움이 여성의 미덕이 될 때 여성들의 삶이 피곤할 것 같지 않나요? 평소에 너무 열심히 수련하고 생활화되었기 때문에 별로 그렇지도 않다고요?

못생긴 여자는 용서해도 가꾸지 않은 여자는 용서 못 해

언젠가 신문에서 한 성형외과 의사의 글을 본 적이 있습니다. "못생긴 여자는 용서할 수 있어도, 가꾸지 않은 여자는 용서할 수 없나."

신문에 실린 것으로 보아서 많은 여성들의 미적 삶, 나아가 사회생활에 도움이 될 만하다고 판단한 신문사 데스크와 사회적인 통념을 충실하게 보여 주는 의사의 멋진 합작인 거죠. 저 같으면, 예수님도 아니면서 누구를 용서하고 못 한다는 말을, 그것도 미모가 좀 모자란다는 이유로 이야기할 용기는 없을 것 같습니다.

이 자비로운 의사는 여성에게 점잖게 충고합니다. "미모는 자신의 자산이므로 늘 자신의 외모에 신경 쓰고 깨어 있어야 한다. 외모는 상대방의 눈에 던지는 침묵의 언어다." 이 말에 감탄하는 분들 가운데 자신의 외모에 소홀했던 분, 특히 객관적으로 못생겼음에도 외모를 가꾸는 것을 소홀했던 분들은 이 의사께 달려가서 타고난 얼굴과 무관하게 새로운 얼굴을 창조하는 아름다운 노력에 동참하시기 바랍니다.

어쨌든 이런 이야기가 통하는 동네는 아름다움이 중요한 가치로 인정받는 사회입니다. 그리고 이 의사의 충고는 모든 여성을 향한 것입니다. 또 아름다운 여자라도 방심하지 말고 더 가꾸어서 '미의 전선'에서 낙오되어서는 안 되죠. 아름답지 못한 여자는 아무리 많은 비용이 들더라도 더 나은 내일의 아름다움을 위해 바로 저기 있는 고지를 향해 나아가야 할 겁니다.

만약 아름다움 앞에서 금전을 아끼는 어리석음을 범하거나, 노력을 게을리하는 여성들은 사회적 지탄을 받습니다. "얼굴도 못생긴 게……." 이런 흉악한 말투들이 마치 사실을 서술하는 관찰문처럼 튀어나올 때가 있죠. 아름답지 못한 여성을 비난하거나 회피하려는 이런 인종차별적 태도는 방금 본 성형외과 의사뿐만 아니라 많은 남성들, 그에 동조하는 여성들에게 널리 퍼져 있다고 합니다.

그 기사는 아름다운 여자는 보기에 좋고 남성들에게 호감을 주니 능력도 ○○하다는 식으로 점잖게 쓰고 있지만, 사실은 "여성들이여, 아름다워지거라!"라는 남성공화국의 십계명 하나를 알려 주는 것입니다. 이 명령에 여성들이 어떻게 대처하는지를 좀 더 볼까요?

"아름다워져야 한다"라는 지상 명령은 여성으로서 이 세계에 살아남기 위해 쉽게 잊어서는 안 될 중요한 것입니다. 이 명령 앞에서 여성들은 거울을 들고 자기 얼굴이 예쁘게 보일 때까지 들여다보거나, 남들 눈에 예쁘게 보이도록 약간의 인공 첨가물을 사용합니다. 요즘은 자기가 원하는 화장품으로 예쁘게 꾸미고, 그날의 기분과 자신의 취향에 따라 아름다운 분위기와 색을 연출하는 수준에 그치지 않습니다.

성형이 특별한 일이 아닌 요즘, 결혼한 아내의 원래 얼굴을 언제쯤 알 수 있을까요? 애를 낳아야 안다는 겁니다. 미남이라고 하기에는 뭔가가 부족한 나를 안 닮은 건 좋은데, 엄마하고도 안 닮았잖아. 발가락이 닮았나? 그렇게 넘어가면서 $A+B=A'$ $(A+B=B')$가 아니라 완전히 독창적으로 $A+B=C$가 나온 자연의 신비 앞에서 그 비밀을 탐색할 기회를 미루어 두죠.

우연한 기회에 이 신비가 밝혀집니다. 어쩌다 처가에서 찾은 낡은 사진첩을 보게 되었는데, 아니 이게 웬일입니까? 약간 빛이 바랜 사진에는 지금 아기의 얼굴과 거의 같은 얼굴이 귀엽게 웃고 있는 게 아닙니까? 아기가 아내의 아기 때 얼굴과 똑같다는 이 엄연한 사실 앞에서 어떻게 하면 좋을까요? '아름다움에 현혹된 내가 어리석지. 아니 나를 포함해서 예쁜 여자만 좋아하는 녀석들 때문에 아내가 저렇게 몰라볼 정도로 자기 변신을 꾀했으니 얼마나 고생했을까? 아, 불쌍한 아내여, 성스러운 노력이여!'

이제 세상은 바뀌어, 여성들과 성형외과 의사들이 새로운 예술품 창조에 앞장섭니다. 자연적 얼굴의 시대는 가고 예술작품화된 얼굴의 시대가 온 거죠. 돌덩어리를 깎아서 아름다운 조각 작품을 만드는 과정에 비추어 볼 때, 바로 이런 조각품을 둘러싼 진지한 노력과 그에 따른 고통이 성형외과를 가로지르고 있다고 합니다. 바로 아름다움을 창조하는 현장이라고도 할 수 있을 겁니다. 병원 벽에는 아름다운 문구들이 붙어 있군요. "미녀는 10퍼센트의 자질에 90퍼센트의 노력과 투자, 솜씨 좋은 수술의 산물이다."

간단하게 쌍꺼풀 수술을 하는 정도는 문제 삼지 않기로 합시다. 속눈썹이 길어서 눈을 찌르는 경우는 어찌할 수 없다고 합시다. 코가 너무 낮아서 오뚝하게 높이는 경우는 클레오파트라의 경우와 달리 역사를 바꾸지 않습니다. 간단한 시술로 원하는 코 높이를 만들 수 있으니 코의 높낮이에 대한 고민은 비교적 간단하게 해결됩니다.

얼굴에 피어난 기미나 주근깨도 크게 걱정하실 것이 아니라 레이저로 잘 태운 다음에 얇게 한 꺼풀 벗겨 내시면 됩니다. 가슴이 작아서 고민인 분이나 얼굴 주름살 때문에 걱정인 분도 이제 실리콘과 주사의 도움을 받으면 됩니다.

현대의학은 모든 병을 고치지는 못하지만 아름다움에 관한 난제를 해결하는 데는 부족함이 없습니다. 미녀와 추녀 사이에는 수술이 있을 뿐입니다. 수술은 바로 미녀를 더 뛰어난 미녀로 바꾸는 마술의 지팡이인 셈입니다. 그러니 조금 못난 여성을 예쁘게 만드는 것도 어려운 일은 아닌 거죠.

다음에 이가 못생겼다면 어떻게 합니까? 치과에 가면 예쁘게 만들어 주죠. 치과의 보철물이 어떤 것인지 아시나요? 이 하나를 때울 때는 제 모양을 하고 있지만, 깎아 낼 때는 3분의 1 정도만 남기고 신경치료도 하고 거의 깎아 버리죠. 이제 이 치아는 아무 감각도 느끼지 못하는 죽은 상태입니다. 그 위에 아름다운 치아로 모양을 냅니다.

그래도 이 정도는 뼈를 깎는 고통이라고 할 수 없습니다. 턱이 너무 나와서 턱을 깎는다면 이건 정말 뼈를 깎는 고통이죠. 아름다움을 추구하는 뼈 아픈 이야기죠. 턱을 예쁘게 하는 수술은 간단한 것이 아닙니다. 어떤 수술을 받는지 생각해 보면 기분이 안 좋을지도 모르죠.

어떤 여성은 작은 키를 늘이려고 멀쩡한 다리뼈를 자르고 늘이는 수술을 감행하기도 합니다. 그런데 뼈를 깎는 고통뿐만이 아니라 목숨이 오가는 경우도 있다고 합니다. 결혼을 앞두고 두 사람이 상의해서 아름다움을 위한 수술을 하기로 합의했답니다. 그런데 마취된 상태에서 뭐가 잘못되었는지, 환자가 깨어나질 않았다는군요. "간단한 수술이라고 했는데……." 인생도 아름다움 앞에서는 한낱 풀잎에 지나지 않나 봅니다.

아름다움을 제조하는 경우를 일일이 다 열거할 수는 없지만, 그 노력 앞에서 어떤 '비장함'을 느낄 수 있지 않습니까? 그렇게 험악한 분위기를 만드는 사람들은 아마 자기 나름대로는 아름다운 사회 건설에 일조한다고 생각하겠죠. 아마 성형외과 의사들의 소명의식도 그 가운데 하나일 겁니다. "나는 이 동네에 아름답지 않은 여성을 방치하지 않으리라. 아름다움의 세례를 받지 않거나 아름다워지려는 노력을 게을리한다면 어찌 그녀들을 두고 볼 수 있단 말인가?"

이처럼 아름다움을 추구하는 공화국에서는 그 이름과 달리 뼈를 깎는 고통과 살을 덧붙이는 노력이 넘칩니다.

못난이 공주의 고뇌

이제 정리해 볼까요? 아름다움을 추구하고 아름다움의 객관적 척도가 있는 세계는 끔찍할 수 있습니다. 여기에는 아름다운 세계를 건설한다는 구호와 그것을 바람직한 생활양식이자 목표로 삼는 노력이 있죠. 하지만 달리 보면 여인들의 삶 자체를 아름다움으로 단순화하고, 아름다워지라는 요구로 그들의 삶을 짓누르는 온갖 강요가 있습니다.

"아름다운 여성을 보면 이 또한 즐겁지 아니한가?"라는 구절은 아름다움에 대한 찬양이라기보다는 아름다움으로 여성을 들볶으려는 생각을 점잖게 표현한 것이 아닐까요?

"이슬을 머금은 한 떨기 꽃처럼 아름다워야 한다"라는 요구는 동화 속의 못생긴 공주를 절망에 빠뜨립니다. 그녀가 생명을 구해 준 왕자도 못난이 공주의 얼굴을 보자마자 그녀를 내쫓아 버립니다. 못난이 공주는 죽을 고비를 몇 번 넘기는 모험을 한 끝에 결국 아름다운 공주로 변신하게 되죠. 이런 눈물겨운 이야기가 어디 그녀만의 고민이겠습니까?

이런 사고방식을 정리해 보죠. 아름다움이 목표로 제시되고, 이것을 재는 척도가 있다고 하죠. 이런 보편적인 척도가 있다면 모든 여성들을 그 하나의 기준에 따라 잴 수 있을 겁니다. 실제로 이런 척도가 없기에 망정이지, 그런 것을 누가 발견하거나 발명하는 날에는 여성들의 삶은 모진 수난을 겪을 수밖에 없을 것입니다.

이 이야기를 살짝 바꾸어 봅시다. 아름다움의 경우에만 사정이 이런 것은 아니죠. 아름다움을 재는 보편적인 척도 외에도 다른 것들을 재는 척도들이 있을 수 있죠. 그래서 그런 척도로 관련되는 모든 것을 평가할 수 있죠. 그리고 이런 척도의 척도가 있어서 모든 것을 다 잴 수 있다면 어떻게 될까요?

바로 이성적인 사고는 모든 것을 다 재는 보편적인 척도, 보편타당성을 찾습니다. 만약 이런 것이 있다면 그 척도에 의해서 어떤 것이든 평가할 수 있을 겁니다. 이런 것이 우리 삶을 어떻게 만들까요? 이 점은 차차 살피기로 하죠.

눈이 나빠야 행복하다?

저는 눈이 좀 안 좋은 편입니다. 이런 제가 보기에 세상에는 예쁜 여자들이 참 많아요. 나쁜 시력 때문에 얼굴이 또렷하게 보이는 것도, 피부 상태가 잘 보이는 것도 아닌 덕분이죠. 제 눈에는 얼굴의 점이나 주근깨가 잘 보이지 않기 때문에 여성들의 피부가 지극히 고와 보입니다.

한번은 제가 콘택트렌즈를 낀 적이 있습니다. 렌즈를 꼈더니 교정 시력이 좋아지는 바람에 여성들의 얼굴이 아주 또렷하게 보이더군요. 렌즈를 낀 저는 본의 아니게 상대의 얼굴에 있는 작은 점이나 모공까지도 볼 수 있게 되었습니다. 세상이 너무 밝아진 거죠. 그때부터 아름다운 여인의 수는 반, 아니 그 이하로 줄어들었습니다.

'아, 또렷한 세계에는 아름다운 여성들이 드물구나. 눈이 잘 보이지 않는 것이 반드시 나쁜 것만은 아니군. 그 세계에는 아름다운 여성들이 더 많지 아니한가!'

사실 눈이 렌즈에 적응하지 못해서 더 이상 낄 수 없었지만, 저는 다시 미가 넘치는 세계로 돌아간 셈이죠. 그때 제가 깨달은 것이 바로 미의 기준이 높으면 불행하고, 낮으면 행복할지도 모른다는 것입니다.

미인대회에 참여하여 심사하는 사람들은 까다롭습니다. 그들이 볼 때 세상에 아름다운 여성은 사실 세 사람(진, 선, 미)과 약간 명뿐이죠. 그런데 저같이 눈이 까다롭지 않은 사람에게는 미녀들이 너무 많아서 고민입니다. 누가 더 행복할까요? 누구의 세계가 더 아름답습니까?

지금 제가 미의 기준을 높인다, 낮춘다고 했는데, 말을 바꾸면 어떻게 됩니까? 이것은 미의 기준을 넓히거나 좁히는 것, 또는 엄격하게 하거나 느슨하게 하는 것이죠. 미녀의 기준을 극도로 좁히면 세 명에게만 아름다움의 영예를 줄 수밖에 없죠. 나머지 등외의 여성들은 꽤 아름답지만, 이렇게 엄선된 사람들 외의 사람들은 못생긴 범주에 들어가는 거죠.

만약 어떤 사람이 이런 까다로운 기준을 만들어 놓고 자기는 엄격한 미인이 아니면 사귈 생각도, 더구나 결혼할 생각도 없다고 합시다. 그런데 그 친구에게 그런 여성과 사귈 기회가 생기지 않는다면 얼마나 불행할까요? "세상에는 여자가 많은 것 같지만, 정작 내가 찾는 여자는 없군."

그러니 까다롭게 굴지 말고, 저처럼 너그러운 태도를 갖는 게 어떨까요? 아름다운 여성의 범위를 가능한 한 최대로 넓혀 봅시다. 그러면 많은 여성들이 이 집합에 포함될 것이고, 그것이 넓어질수록 세계는 더욱 아름다움으로 가득 차지 않을까요?

제가 말한 너그러운 척도는 사실 앞에서 이야기한 하나의 보편적인 척도에 따름으로써 생기는 위험을 약화시키기 위한 방안입니다.

우리가 다양한 대상들을 모두 측정할 수 있는 척도를 가진다면 어떻게 될까요? 그것들은 저마다 다르겠지만 이 공통의 척도를 앞세우면, 어떻게든 대상들에 대한 하나의 서열이 정해지고, 1등에서 꼴찌까지 나란히 자리매김이 되겠지요.

이때 분명한 것은 1등과 꼴찌가 공존한다는 점이죠. 꼴찌 없는 1등이 있을 수 없고, 1등이 있는 곳이면 반드시 꼴찌가 있죠. 어떻게 보면 줄 뒤쪽에 서 있는 사람들 때문에 잘난 1등, 2등이 있을 수 있죠. 화가 난 꼴찌들이 모두 가 버린다면, 2등은 꼴찌가 되겠죠.

물론 원리적으로 문제를 해결하려면 이런 하나의 기준 자체를 문제 삼을 수도 있습니다. 이 문제는 차차 검토하기로 하죠.

1등에서 꼴찌까지

학교 교실에 이것을 적용해 봅시다. 다양한 학생을 '일정한 기준들'에 따라서 볼 수 있습니다. 이때 기준이 하나만 있나고 볼 것인지, 좀 더 많다고 볼 것인지에 따라 사정이 크게 달라지겠죠.

지금까지는 주로 학업 성적을 기준으로 삼았고, 그에 따라 수많은 학생들을 석차대로 줄 세웁니다. 가장 뛰어난 성적부터 차례대로 표를 만들어 나가면 한 학생씩 칸을 채우죠. 이렇게 해서 누가 공부를 잘하나 알아보기 위해서 모두에게 똑같은 시험을 보게 하고, 그 성적에 따라 매끈하게 정돈된 서열이 만들어지죠.

이처럼 많은 학생들을 오로지 학업 성취도만으로 평가하는 것이 바람직할까요? 다른 측면들은 부차적이라고 보거나 아예 관심을 갖지 않는 것이 바람직할까요?

학생들은 저마다 다릅니다. 생긴 것도 다르고, 환경도 다르고, 욕망도 다르고, 소질 및 학습 능력에도 약간씩 차이가 있습니다. 이런 차이들을 모두 인정하면 질서가 간단히 만들어지지 않습니다. 그래서 이런 차이들을 무시하고 모두에게 똑같은 기준을 제시하죠. 앞에서 본 공부 능력을 그 기준으로 제시하든, 그 밖의 어떤 기준을 제시하든, 하나의 기준을 표준으로 삼으면, 상이한 학생들이 그 기준에 얼마나 부합하느냐에 따라서 우열이 매겨지죠.

아무리 달라 보이는 사람들도 달리기 시합을 시켜서 등수를 가르면 모두가 그 성적표 위에 배치될 수밖에 없듯이, 학생들의 '차이'를 성적이라는 하나의 기준에 따라서 평가하면 모두가 똑같은 표에 서게 되죠. 그들은 이 표에서 높은 자리, 낮은 자리를 각기 다르게 차지하게 됩니다. 이때 표 위의 값은 다르지만 (나는 3등, 너는 7등, 저 녀석은 15등) 모두가 표 위에 서 있죠.

학기 초에 별다른 차이 없이 동질적인 상태로 있던 학생들은 한 번이라도 시험을 치르면, 한 사람씩 성적표 위에 자기 자리를 갖게 되면서 그 성적을 가슴에 달고 다닙니다. 반에서 3등인 친구와 45등인 친구는 서로 친하다고 하더라도 저만치 떨어져 있는 셈이죠. 아마 45등 하는 친구는 수업시간이 별로 재미없을 겁니다. 그에게 공부 이외의 능력이나 주목을 끄는 사건들이 없다면 학교와 집을 오가는 것이 정말 괴로울 겁니다.

예를 들어 3등과 45등이 불량한 짓, 금지된 짓을 하다가 걸렸다고 합시다. 이들에 대한 반응은 어떨까요? "너, 공부하느라고 힘든가 보구나. 너희 때는 다 그런 거야. 위기를 잘 이겨 나가야지. 이번은 용서해 줄 테니까 다음부터는 조심해라!" "공부도 못하는 녀석이 이런 짓까지 하냐? 너, 정신 차리려면 멀었구나. 이번에 그냥 넘어가면 분명히 또 그럴 테니 단단히 혼이 나야겠구나."

이런 것을 보면, 학습 능력의 우열이 마치 학생 자신의 우열인 것처럼 여겨집니다. 이런 교실에서 인간 대접 받으려면 공부를 잘하는 수밖에 없고, 학교 다니는 재미가 있으려면 성적이 좋을 필요가 있겠죠. "음, 학교는 좋은 곳이야. 공부를 좀 잘한다고 훌륭한 사람으로 알아주니까 말이야."

꼴찌들의 고민

우리의 꼴찌들은 과연 무슨 재미로 학교에 다닐까요? 수업시간에는 잘 알아들을 수 없고, 모른다고 질문했다간 자칫 창피당하기 일쑤고, 그렇다고 모르는 걸 그냥 넘어가려니 갈수록 캄캄한 터널이 나오고…… '아, 왜 이렇게 수업시간이 길까? 수업이 끝나면 왜 이렇게 홀가분할까?' '엄마는 왜 나만 보면 우울한 표정일까? 왜 나보고는 공부하라는 말도 하지 않으실까? 내가 알아서 못한다고 생각하시나? 아니면 엄마마저 내 능력에 대한 믿음을 버리신 걸까? 나도 잘할 가능성이 없지 않을 텐데. 대학이 인생의 전부라면, 내 갈 길은 멀고도 험하도다!'

우리의 꼴찌는 오늘도 시험을 앞두고 이런 생각들을 정리하느라고 시험 공부할 시간도 모자랍니다. 해도 그만, 안 해도 그만일지는 모르겠지만요.

왜 우리는 꼴찌에게 인생을 아름답게 볼 기회를 주지 않을까요? 왜 그에게 나름의 능력을 발휘할 기회를 주지 않을까요? 과연 학습 능력만이 학생을 평가하는 가장 바람직한 기준일까요? 이것은 단지 꼴찌 한 사람에게만 해당되는 이야기는 아니죠. 1등만이 중요한 교실에서는 5등이라고 그리 마음이 편한 것도 아니죠. 그는 자기 뒤에 있는 학생들은 보이지 않고 자기를 가로막고 있는 4명만 눈에 들어올 겁니다. '나는 왜 이것밖에 안 되지. 능력이 모자라나? 노력이 부족한가? 공부의 길은 아득하기만 하구나.'

지금 한 이야기는 잘 노는 능력이 아니라 학습 능력을 학생 모두에 대한 보편적인 기준으로 삼았다고 시비 거는 것이 아닙니다. 우리가 주목하는 것은 그것이 어떤 것이든 '하나의 기준'을 정하고, 그것으로 모두를 평가하는 방식이 문제라는 거죠. 만약 기준을 바꿔서 축구 잘하는 능력으로 학생의 가치를 평가하거나, 봉사활동을 많이 한 것으로 평가하거나, 노래 잘 부르는 능력을 척도로 삼더라도 한 가지 척도로 모든 것을 잰다면 어쩔 수 없이 '1등에서 꼴찌까지'를 만들 수밖에 없죠.

물론 이런 기준이 다 똑같은 것은 아니고 그 가운데 바람직한 것도, 위험한 것도 있겠지만, 어쨌든 한 줄로 세우고, 그에 따라서 평가하는 방식은 똑같습니다. 단지 1등과 꼴찌의 얼굴이 그때마다 달라질지도 모르죠. 그렇지만 1등과 꼴찌의 자리는 여전히 있습니다. 어떤 시험을 보더라도 1등이 있다는 사실은 변함이 없습니다.

그러니까 공부 잘하는 학생을 우대하는 분위기에서 춤 잘 추는 학생을 선호하는 분위기로 바뀐다면, 이제는 모두가 책을 던지고 우르르 춤판으로 달려가겠죠. 그래서 거기에서도 1등, 2등, 3등 하는 식으로 서열을 매기겠죠. 여전히 1등은 한 명이고 아무도 좋아하지 않는 꼴찌 자리도 어김없이 있습니다. 이 경우에도 여전히 하나의 척도를 모시고, 그 척도 아래에서 모두가 점수를 받는다는 점은 변하지 않습니다.

기준이 여럿이라면?

어떻게 하면 좋을까요? 생각을 해 봅시다.

두 가지 길을 생각해 볼까요? 먼저 1등 자리를 여러 개 만들어 볼까요? 여러 가지 기준을 동시에 제시하는 거죠. 그러면 그 다수의 기준들에 따라서 다양한 가치를 추구하고 각자는 자신의 소질과 능력, 노력에 따라서 여러 방면의 점수를 받게 됩니다. '하나에서 여럿으로' 바뀐 거죠. 한 기준에서 성적이 나쁘더라도 다른 기준에서 얼마든지 좋은 평가를 받을 수 있을 겁니다. 바로 다원적 가치가 공존하는 경우입니다.

여성을 어떤 척도로 볼 것인가라는 문제와 이것을 연결시켜 볼까요? 여성에게는 많은 면이 있습니다. 아름다울 수도 있고, 살림을 잘할 수도 있고, 경제 능력이 뛰어날 수도 있고, 탁월한 어학 능력을 발휘할 수도 있고, 따사로운 분위기를 연출할 수도 있고, 아이들을 돌보는 능력이 남다를 수도 있고, 뛰어난 감성을 지닐 수도 있고, 무시무시한 완력이나 운동 능력 등을 보여 줄 수도 있을 겁니다.

그런데 이런 다양한 능력을 모조리 무시하고 그 가운데 하나, 예컨대 아름다움이나 청소 잘하는 능력만을 중시한다면 어떻게 될까요? "여자는 모름지기 아름다워야지" "모름지기 집안을 반짝반짝 윤이 나게 청소를 잘 해야지." 이런 '모름지기 ○○ 해야지' '○○ 하는 게 당연하지' 등은 그 자체로는 나쁘지 않지만, 그것이 다른 가치들을 몰아내고 유일한 가치로 군림할 때 아름다움의 이데올로기, 청결지상주의를 만들고 그것이 가치를 독점하는 험악한 사태가 생기겠죠.

다른 하나의 길은 아예 척도 자체를 없애는 방식입니다. 어떠한 척도도 제시하지 않고 1등의 자리도 만들지 않는 거죠. 당연히 꼴찌 자리도 없습니다. 각각의 다양한 개성에 따른 차이를 존중하고, 그 차이를 무시하거나 억지로 없애려고 하지 않는 거죠. 쉽게 이야기하면, 한 교실의 학생들에게 각자의 개성에 따라서 자기 능력을 계발하도록 하고, 그것들을 어떠한 공통의 자로 재거나 서열을 만들지 않는 겁니다.

여러분 가운데 이런 방식이 기이하고 이렇게 하면 엉망진창이 되지 않을까 염려하는 사람도 있을 겁니다. 과연 그럴까요? 차분하게 생각하고 다양한 실험을 해 볼 필요가 있겠죠. 우리는 1등을 하고 싶은 욕망도 있을 것이고, 아래 서열에서 살던 습관 때문에 여러 어려운 점이 있겠지만 이 방식도 불가능하거나, 파괴적인 무질서만을 만들지는 않을 겁니다.

일단 이 서열 없애기의 의미를 앞에서 본 경우에 적용해 봅시다. 아름다움의 공화국에서는 모두에게 하나의 척도를 제시합니다. 이런 척도는 모두에게 똑같이 적용되어야 하기 때문에 보편적 미를 상정합니다. 이 아름다움의 자리에 다른 것을 넣을 수도 있습니다. 이를테면 진리, 정의, 아니면 좀 더 속되게 재산을 대입할 수도 있죠. 그 내용은 다르지만 개별적인 것들에 매끈한 질서를 만드는 방식은 같습니다.

모든 것을 완벽하게 평가할 척도가 있다는 것이 과연 바람직할까요? 진, 선, 미에 대해 두루 적용할 수 있는 전능한 척도가 있다면 어떻게 될까요? 예컨대 하나의 큰 진리가 있는 사회가 바람직한지, 개인들의 차이와 자유가 보장되는 사회가 바람직한지를 생각해 볼 필요가 있습니다.

제가 앞에서 미의 기준을 넓혔더니 아름다운 여자들이 상당히 많아서 기분이 좋더라는 이야기를 했죠. 만약 이것을 최대한으로 넓히면 어떻게 될까요? 그것은 아름다움의 척도를 세우지 않는 것이 됩니다. 그래서 누구도 미의 척도로 평가하지 않는 거죠. 각자 생긴 대로 살면 되지, 굳이 이런 생김새가 바람직하다는 것을 내세워서 잘생기고 못생긴 구분을 만들지 않는 것이죠.

그러면 가장 아름다운 여성도, 가장 덜 아름다운 여성도 존재하지 않을 겁니다. 또 미인대회는 열리지 않을 것이고, 미는 더 이상 사람들 위에 군림하는 가치가 될 수 없을 겁니다. 각자는 줄을 서서 자기 성적표를 받을 필요가 없고, 더 아름답다는 이유로 특권을 누리지 못할 겁니다.

이런 경우에 모두가 아름답다고 할 수는 없겠지만, 아름다움 밑에 사람이 있는 것이 아니라 사람이 아름다움 위에 있는 사회가 만들어지지 않을까요? 물론 이런 태도를 싫어하는 사람들도 많을 겁니다. 성형외과는 장사가 별로 안 될 것이고, 화장품 회사는 창사 이래 최대의 불황을 맞을 겁니다.

물론 아름다움이 없으면 살 수 없다고 하는 사람을 막을 필요는 없습니다. 그 사람은 모든 여성을 아름다움으로만 평가하겠죠. 그는 자기가 좋아하는 여성이 아름답다면 모든 것을 받아들이겠지만, 그 아름다움이 시들면 또 다른 아름다움을 찾아서 방황하겠죠.

어쨌든 이런 불평불만에도 불구하고 여성들은 자기를 아름답게 꾸미기 위해서 필사적으로 노력하지는 않을 것이고, 자신이 물려받은 몸을 예술품으로 만들기 위해서 홑꺼풀을 쌍꺼풀로, 거친 피부를 몇 꺼풀 벗겨서 탄력 있는 피부로 만들려고 하지 않을 것이고, 불쌍한 치아들을 괴롭히지 않을 것이고, 낮은 코를 높게, 퍼진 몸을 이렇게, 처진 살을 저렇게 개조하지도 않을 겁니다. 또 자신을 예쁘게 낳아 주지 않은 부모를 원망하는 경우가 눈에 띄게 줄지 않을까요?

물론 이렇게 한다고 해서 아름다움이 사라지는 것은 아니죠. 그것은 다른 가치들 옆에서 얌전하게 미소 짓고 있을 뿐이죠. 따라서 사람들은 아름다움에 휘둘리지 않고, 더 자유로운 눈으로 세계에 넘치는 아름다움을 즐길 수 있을 겁니다.

황금사과와 가장 아름다운 여인 때문에 일어난 전쟁

우리가 아름다움으로 이야기를 시작했으니까 마지막도 아름다움에 관한 이야기로 끝냅시다. 그런데 이번의 아름다움은 약간 무서운 경우입니다.

여러분은 트로이전쟁이 왜 생겼는지 아시죠? 바로 아름다운 여인 때문이죠. 잘 아는 이야기일 테니까 간단하게 봅시다. 불화를 일으키는 여신 에리스는 바다 요정 테티스와 펠레우스의 결혼을 축하하는 잔치에 초대받지 못하자 앙심을 품죠. 에리스는 잔칫상 한가운데 황금사과를 하나 놓고는 떠나 버립니다. 그 사과에는 '가장 아름다운 여신에게'라고 쓰여져 있습니다. 에리스가 여신들을 상대로 미인 대회를 열게 한 셈이죠. 물론 여기에는 '진'만 있고, '선'이나 '미'는 없습니다.

여신들도 사람과 비슷한가 봅니다. 서로 자기가 가장 아름답다고 나서죠. 그 가운데 눈부신 아름다움을 자랑하는 세 후보가 황금사과를 차지할 수 있는 후보로 좁혀집니다. 제우스의 아내이자 신들의 왕후인 '헤라', 지혜와 아름다움의 주인공 '아테나', 아름다움의 여신으로 불리는 '아프로디테'가 바로 주인공들이죠. 여러분이 이 여신들을 보면 아마 그 아름다움에 눈이 멀지도 모르죠.

세 후보들이 저마다 사과가 자기 것이라고 우기는 바람에 올림포스 신들도 갑론을박하면서 황금사과의 주인을 찾는 오랜 논쟁에 휘말렸죠. 이 말싸움이 시작될 때 태어난 아기가 목동이나 전사가 될 때까지 싸움은 계속되었다고 합니다.

이 오랜 미의 논쟁에 마땅한 해결책이 없자 할 수 없이 제우스에게 판정을 부탁하게 됩니다. 자기 아내가 끼여 있는 일이라 제우스는 직접 판정하지 않고 "이다 산에 가면 잘생긴 양치기가 있으니 그에게 물어보라"라고 말을 돌리죠. 세 여신은 원래 프리아모스 왕의 아들이었지만 나라를 망하게 할 자식이라는 신탁 때문에 산에 버려진 파리스를 찾아갑니다. 물론 파리스는 자기가 누구인지 모르죠.

파리스 앞에 나타난 여신들은 그에게 황금사과를 주면서 우리 가운데 누가 가장 아름다운지를 판정하라고 요구합니다. 파리스의 눈에도 세 여신은 너무 아름답기 때문에 도저히 어떻게 할 수가 없었습니다. 이제 세 여신은 황금사과를 자기에게 달라고 하면서 한마디씩 합니다. 헤라는 자기에게 황금사과를 주면 권력과 부귀를 주겠다고 하죠. 아무것도 모르고 산에서 여유 있게 살던 이 친구에게는 별로 마음에 들지 않는 제안일 수 있죠.

전쟁의 여신이기도 한 아테나는 눈부신 갑옷을 차려입은 모습으로 자기에게 황금사과를 주면 전쟁에서 승리하는 지혜를 주겠다고 하죠. 파리스가 전쟁이 무엇인지 잘 모를 것 같지 않나요? '전쟁에서 승리할 수 있는 지혜? 글쎄요. 마음에 쏙 들지 않는군요.'

파리스는 계속 망설입니다. 아테나의 날카로운 눈빛을 간신히 견디고 있는데, 아프로디테가 매력적인 미소를 지으며 황금사과를 주면 가장 아름다운 여자, 아프로디테만큼 아름다운 여자와 결혼하게 해 주겠다고 하죠. 파리스는 눈이 번쩍 뜨이는지 권력과 지혜 대신에 아름다움을 선택하죠. 이때 파리스는 숲에서 오이노네와 같이 살고 있었는데 그녀를 까맣게 잊어버렸나 봅니다. 또 한 번의 결혼에 홀리다니.

아니, 우리가 그렇게 강의에서 아름다움에 최고의 가치를 부여하지 말라고 부탁했는데, 그는 황홀한 기분으로 아프로디테에게 황금사과를 주죠. 이제 오랜 미의 논쟁이 끝나고 아프로디테의 웃음과 헤라와 아테나의 무시무시한 증오를 마지막 장면으로 남겨 둡니다.

여기서 잠깐 정리해 보면, 신들의 세계에서 미에 대한 오랜 논쟁이 있었다는 이야기로 보아서 신들의 세계에서도 '아름다움의 척도'가 마련되지 않았음을 알 수 있죠. 그런 척도가 있으면 그렇게 다투고 서로 미워할 필요도 없었을 겁니다. 신들의 세계에도 미의 척도가 없는데 인간들의 경우에는 어떨까요?

그런데 신들의 세계에서와 달리 인간들은 가장 아름다운 여인을 고를 수 있는 눈을 가지고 있었나 봅니다. 인간세계에서는 헬레네가 아무 이의 없이 최고의 미녀로, 아름다움의 척도에 부합하는 여인으로 선발되었으니까요.

가장 아름다운 여인인 헬레네를 둘러싸고는 아무 문제가 없었을까요? 물론 수많은 구혼자들이 몰려서 문제가 생길 뻔했죠. 그런데 구혼자들은 서로 합의해서 그들 가운데 누가 헬레네와 결혼하게 되더라도 그 결혼을 방해하지 않고, 만약 헬레네에게 무슨 일이 생기면 모두 돕기로 했습니다. 헬레네의 아버지는 메넬라오스를 사윗감으로 정했습니다. 아마 메넬라오스는 많은 경쟁자들의 부러움을 샀을 겁니다.

나중에 파리스는 먼 나라를 여행하는 중에 헬레네에 관한 소문을 듣고 메넬라오스의 궁을 찾아갑니다. 메넬라오스는 파리스 일행을 성대하게 환영하죠. 드디어 파리스와 헬레네의 만남이 이루어집니다. '아, 저렇게 아름다운 여자가 있다니, 바로 여신이 약속한 여자가 분명하구나!' 아마 아프로디테가 헬레네의 가슴 속에 사랑의 불꽃을 불러일으켰겠죠. 그녀는 미남 왕자 파리스에게 마음이 이끌립니다. 파리스는 말할 것도 없죠. 파리스는 이제 숲속의 오이노네는 잊어버리고 오로지 헬레네 생각뿐입니다.

사랑의 폭풍이 휘몰아치기 직전입니다. 메넬라오스 왕은 이런 사정을 모른 채 사냥을 떠나죠. 마지막 장면도 볼 만합니다. 파리스는 헬레네에게 사랑의 도피를 하자고 조르고, 헬레네는 망설이고 또 망설입니다. 아프로디테가 헬레네의 마음을 한 번 더 움직였겠죠. 결국 파리스와 헬레네는 함께 도망칩니다. 이런 괘씸한 일이 있나! 파리스가 오이노네를 잊어버리고, 헬레네가 남편과 자식을 버리고 도망치는 두 사건의 한가운데에는 '아름다움의 힘'이 있나요? 어쨌든 아프로디테 여신은 약속을 지켰습니다.

그러나 헬레네가 파리스와 함께 떠났다는 사실을 알게 된 메넬라오스가 가만히 있을 리가 없죠. 슬픔과 분노에 휩싸인 그는 형인 아가멤논에게 도움을 청하죠. 아가멤논은 그리스 도시국가의 왕들을 소집하죠. 이전에 헬레네에게 무슨 일이 생기면 서로 돕기로 한 구혼자들이 모두 모인 거죠. 이제 트로이 전쟁이 시작됩니다. 10년간 계속된 전쟁의 시작에는 헬레네가, 마지막에는 트로이 목마가 있습니다.

물론 꾸민 이야기지만, 아름다운 한 여인을 둘러싸고 벌어지는 이런 사건은 별로 꾸민 듯한 느낌이 들지 않죠. 여기에서 우리는 가장 아름다운 여인을 차지하려는 남자들의 욕망과 여성을 아름다움의 가치에 고정시키는 점에 주목할 수 있습니다. 이 욕망의 대결 한가운데에서 헬레네의 아름다움은 전쟁의 폭풍을 불러오죠. 황금사과에서 시작된 '미의 여신 선발대회'는 결국 신과 인간의 세계를 전쟁의 불길로 휩싸고 맙니다.

이런 예는 여성의 아름다움을 여성의 본질로 보고 그것을 소유하려는 욕망을 정당화하죠. 아름다움이 특권이 되는 경우 그 주위에는 비극이 넘실댈 수밖에 없습니다.

우리가 확인한 바로는 아름다움을 유일한 가치로 추구하는 나라는 아름다움을 삶의 목표로 삼아서 끝없는 경쟁을 부채질하고, 아름다움을 모시고 살게 합니다. '아름다움'은 여성의 몸과 마음을 자세히 들여다보고 있는 셈입니다.

이런 미의 공화국, 뷰토피아(beautopia)의 모든 일들이 바로 아름다움의 척도에 바탕을 두고 있는 것이 아닐까요? 미의 척도가 없다면 어떻게 여성들에게 아름다워져야 한다고 요구할 수 있을까요? 헬레네는 자기의 미를 뽐내지 못해서 좀 서운하겠지만, 좀 더 많은 여성들의 삶이 더 아름답게 되지 않을까요?

우리는 아름다움을 추구하는 것이 보기와 달리 아름답지 않을 수 있다는 점을 살펴보았습니다. 이것은 우리가 아름다움을 몰아내자는 것이 아니고, 그런 가치가 사람들의 삶에 어떤 영향을 끼칠 수 있는지를 보려고 한 거죠. 이런 이야기는 아름다움 대신 다른 가치 척도를 내세울 때 의도하지 않은 억압, 고통을 낳을 수 있다는 점을 생각하도록 합니다. 이 논의는 포스트모던의 보편 진리와 정의에 대한 전면적 재검토에 연결된다고 봅니다. 이 점은 계속되는 강의에서 다루기로 합시다.

이 금도끼가 네 것이냐?

아름다움의 공화국에서는 "아름다움을 추구하자"라는 멋진 구호가 수많은 사람들에게 "아름다워야 한다"라는 명령을 내리고, 모두를 '아름다움의 전사'로 만들려고 했죠. 이런 뷰토피아는 실제로 아름답지도, 살 만하지도 않습니다. 이것은 '모던(modern)'과 다른 '포스트모던(post-modern)'을 살피기 위한 준비었습니다. 이제부터 '포스트모던'에 대해서 이야기해 봅시다.

늑대와 함께 춤을?

'늑대와 함께 춤을'이라는 친구를 아십니까? 영화 제목이기도 하고 인디언들이 붙여 준 이름이기도 하죠. 이름이 지닌 특이함과 재미있는 면보다도 우리는 이 영화가 인디언들을 최초로 사람 취급한 영화로 기억할 겁니다.

지금까지 백인들은 인디언들을 그들이 원래 살던 땅에서 모조리 쫓아내고 거의 인종 청소하듯이 학살했지만, 그들을 문화를 지니고 나름의 생활양식을 가진 사람이라고 생각한 적은 별로 없었습니다.

그들은 인디언들이 조상 대대로 살던 땅에 침입해서 그 땅이 자기네 것이라고 말뚝을 박더니, 더 넓은 지역을 차지하기 위해 총을 쏘아대며 땅 뺏기와 사람 사냥에 나섭니다. 인디언들은 물소 떼를 쫓고, 백인들은 인디언 무리를 쫓습니다.

이 과정에서 인디언들은 백인과 아무런 공통점도 갖지 않은 존재였습니다. 이 영화의 주인공은 길을 잃고 그들과 함께 생활하게 되죠. 여러 가지 우연이 겹쳐서 그는 짧은 기간이나마 인디언처럼 살 수 있었죠. 그가 그 기억을 어떻게 감당할지 알 수 없지만, 적어도 인디언들이 인간 이하의 존재가 아니며 그들도 그들 나름의 삶, 즉 백인들과 다른 삶의 양식을 지닌 존재임을 알게 됩니다.

옥수수 튀김을 먹고, 천막에서 공동체 생활을 하고, 얼굴에 재미있는 그림을 그리고, 자연을 벗 삼아 물소 떼를 따라 거처를 옮기는 그들의 삶은 대체 무엇이 잘못된 것일까요? 설령 그들에게 잘못이 있다 하더라도 그것을 이유로 그들을 자기 땅에서 쫓아내는 것이 정당화되지는 않습니다. 바로 이런 추방은 어떤 사고방식을 밑에 깔고 있을까요? 원시에 대한 문명의 승리와 우월감? 흰색과 황색의 대결? 하나님과 미신의 대결? 순수와 간교함의 우열? 아니면 단순한 자기도취?

여러분은 인디언 영화를 보면서 백인들이 총으로 인디언 사냥을 할 때마다 신나게 박수를 치지는 않습니까? 그 영화를 누가 만들고, 어떤 관점에서 만들었는지 한번쯤은 생각할 필요가 있을 겁니다.

지금 우리에게 주어진 문제는 '서로 다른 문화를 지닌 사람들이 공존할 수 있는가'입니다. 혹시 이런 차이를 우월함과 열등함으로 바꾸어서 열등한 자들을 역사의 무대에서 밀어내야 한다고 생각하지는 않습니까? 이것을 '자민족 중심주의'와 그에 따른 '타종족 말살주의'라고 부르기도 합니다.

모던과 포스트모던

모던과 포스트모던은 어떻게 다를까요? 모던이라는 낱말 앞에 포스트(post)를 더하면 어떤 뜻이 될까요? 포스트는 크게 두 가지 의미가 있죠. 먼저 '이후'라는 뜻으로 보면 포스트모던은 후기 모던이고 모던과 연속성을 갖죠. 그리고 '벗어남(脫)' '반대함(反)'이라는 뜻으로 보면 반모던으로서 모던과의 단절을 강조하죠. 여기에서는 반모던의 의미로 쓰고자 합니다.

'모던'은 근대적 사고 양식, 근대적 실천 체계를 포괄적으로 가리키는 말로 쓰고, '포스트모던'은 이것을 거부하는 태도로 보겠습니다.

> 모던을 모더니즘(modernism)으로 번역하면, 리얼리즘과 대비되는 문학사조와 혼동될 수 있어서 모더니티(modernity), 즉 근대성으로 보는 게 좋을 것 같습니다.
>
> 포스트모던 논쟁은 가장 먼저 건축 양식에서 시작됩니다. '국제주의 양식'이라고 불리는 모던 양식은 화려하고 거창한 장식을 앞세우는 양식을 비판하고 기능을 중시하고 구조적 힘을 기하학적으로 표현하는 것이라고 볼 수 있습니다. 이것은 "형태는 기능을 따른다"라는 주장과 "더 적은 것이 더 많은 것이다"라는 주장을 원리로 삼아서 새로운 건축 양식을 주도했습니다.
>
> 이 양식은 하나의 원리, 총체적인 통일성, 이것을 방해하는 요소들을 배제하는 가장 합리적인 것을 추구합니다. 이에 대해서 포스트모던 양식은 단일성을 복합성으로, 통일성을 모순과 갈등으로 대체하고자 합니다. 이것은 고전적 양식을 절충하면서 세계와 인간을 가장 합리적으로 재구성하려는 노력에 반대하는 양식이라고 할 수 있습니다.

먼저 모던이 무엇인지 알 필요가 있겠죠. '모던/근대'는 워낙 다양하게 쓰이고 그 뜻도 포괄적이어서 이질적인 다양한 흐름을 담고 있지만, 여기에서는 그 가운데 주도적이라고 할 수 있는 '이성중심주의' 또는 좁혀서 계몽주의적 태도를 가리킨다고 보겠습니다.

반면 포스트모던은 이런 이성중심주의를 전면적으로 거부하려는 틀이라고 할 수 있죠. 즉 이것은 이성 자체에 도전하는 점에서 이성을 비판해서 이성의 본래 모습을 되찾자는 입장과 다릅니다.

이성을 모든 것의 중심에 두다

그러면 두 틀의 차이를 일부러라도 도식화해 볼까요?

모던/근대는 이성중심주의 또는 계몽주의를 통해서 근대 이전의 전통을 부정하고 근본적인 새로움을 추구합니다. 따라서 이것은 더이상 전통에 기대어서 삶의 의미와 방향을 찾지 않습니다. 근대는 그 척도를 다른 시대로부터 얻을 수 없으므로, 자신의 척도를 스스로 만들어야 합니다.

이 틀은 인간을 세계의 중심에 두고자 합니다. 인간은 주체로서, 존재하는 모든 것의 근거입니다. 이때 인간이 지닌 능력 가운에 '이성'이 척도가 됩니다. 그래서 이 능력을 발휘하여 자신과 세계의 본질을 완전하게 알 수 있다고 믿는 거죠. 나아가 이러한 이성의 척도로 전통적인 사회의 모든 부조리와 억압을 물리치고 이성적인 사회를 건설하고자 합니다. 그래서 자연의 폭력과 사회적 억압으로부터 해방된 미래를 제시합니다. 이들이 '역사의 진보'를 믿는 것은 당연할 겁니다.

예를 들어 좀 더 설명할까요? 프랑스의 계몽주의 철학자 콩도르세 (J. Condorcet)를 봅시다. 그는 자연과학의 합리성을 모범으로 삼아 무지와 억압에서 벗어날 수 있는 길을 찾습니다. 계몽은 관찰, 실험, 검증이라는 과학적 도구를 사용하여 자연의 비밀을 풀고, 과학적 지식을 모형으로 삼아 이성을 발전시켜 세계를 남김없이 인식하려는 시도입니다. 그리고 이런 이성을 가로막는 선입견, 미신, 전통을 거부합니다. 나아가 이런 인식을 사회에 적용하죠. 그래서 비이성적인 사회제도를 합리적인 것으로 만들기 위해 기존의 억압적 제도에 저항합니다. 그 결과 시민적 자유를 보장하는 정치체제를 새롭게 만들고자 합니다. 이때 과학을 성장시키고 기술적 진보를 촉진시키는 것은 사회적 불평등을 제거하는 데 필수적이라고 봅니다. 그래서 모든 인간을 해방시키고 이성적인 문명을 건설할 수 있다고 봅니다.

이처럼 계몽주의(lumières)는 말 그대로 빛(lumières)을 비추는 것을 뜻합니다. 이 빛으로 비이성적인 암흑(무지)을 없애고, 그것과 결탁한 모든 종류의 특권과 미신을 폭로하고 거부합니다. 쉽게 이야기해서 이성이 잠자는 상태에서 깨어나는 것, 즉 '깨몽'인 거죠.

이성에 대한 찬성과 반대

이성이 잠들면 인간 내부와 외부에서 어두운 힘이 세력을 떨칩니다. 무지가 믿음으로, 불합리한 특권이 권위로, 소수의 이익이 전체의 복리로 둔갑합니다. 이성의 빛은 이런 암흑을 추방하고자 합니다. 이때 이성의 빛을 좀 더 구체적으로 보면, 바로 진, 선, 미의 각 영역에서 합리적인 과학, 보편적인 도덕, 자율적 예술을 말합니다. 이 빛은 암흑을 추방하고 인간의 성숙과 해방을 마련합니다.

약간 이론적으로 이야기해 볼까요? 칸트는 계몽을 개인이 자신의 지성(Verstand)을 사용하려는 용기를 갖는 것이라고 봅니다. 즉 자기가 지성 능력을 사용할 수 있는 주체가 되는 것입니다. 이런 주체는 자신의 자율성과 성숙을 추구하고 지성적, 도덕적 완성을 추구해야 합니다. 이런 성숙함은 지성의 비판적 능력을 통해서 미신, 관습, 독재 등을 비판합니다.

사회학자인 베버(M. Weber)는 사회적 세계에서 인간이 세계를 합리적으로 인식함으로써 마술적이고 신비적인 세계관에서 벗어나는 '합리화'로 봅니다. 즉 그는 합리화에 기초를 둔 분화에 주목하는데, 과학과 기술의 발전, 종교의 세속화, 도덕과 예술의 자율화, 민주주의 등의 원리를 들 수 있겠죠.

현대 서구의 사상사에서 이런 계몽주의를 옹호하는 입장과 비판적으로 지지하는 입장, 거부하는 입장으로 나눌 수 있습니다. 먼저 생시몽(L. Saint-Simon)은 역사를 '인간 정신의 진보'로 보는 관점을 따르는데, 그는 이러한 진보가 산업사회에서 실현된다고 봅니다. 그는 과학 지식이 억압적 권력과 계급 적대를 소멸시키는 기초라고 보죠. 이러한 관점은 산업사회와 후기산업사회 이론가들에게 이어집니다.

마르크스(K. Marx)의 경우는 서구 부르주아 사회가 그 자체로 이성적인 것이 아니고, 계급지배의 한 형태라고 봅니다. 하지만 이 사회에 은폐된 고유한 동력을 충분하게 발전시키면 보다 이성적인 사회를 건설할 수 있다고 보는 점에서 전자와 같은 기반을 공유합니다. 재미있는 점입니다. 마르크스는 소수의 계급적 특권을 옹호하는 근대 자본주의 사회보다 더 이성적으로 조직된 사회를 추구합니다. 어쨌든 이런 주장들은 서로 맞서지만 이성적인 사회를 추구하는 점에서는 같은 방향에 서 있습니다.

니체(F. Nietzsche)의 경우는 이들과 다릅니다. 그는 이성, 진리를 힘-의지(der Wille zur Macht)의 한 형식으로 봅니다. 순수한 진리라는 가면 뒤에는 힘-의지가 있다는 거죠. 그래서 이성을 안내자로 삼아서 이성적인 사회, 억압 없는 사회를 만드는 노력은 다른 방식으로 지배를 정당화할 수 있습니다. 이런 니체의 사고는 포스트모던의 중요한 자원입니다.

포스트모던 입장에 선 이들은 모던이 믿는 인간 주체, 이성, 역사의 진보 등이 모두 신화에 불과하며, 실제로는 이성이 인간을 해방시키는 것이 아니라 도리어 억압해 왔다고 주장합니다.

이성과 인간을 중심에 두는 관점은 '큰 진리'를 만들어서 모든 작은 것들을 예속시키는 (억압적인) 세계상을 만들어 냅니다. 우리는 앞에서 모두를 아름다움의 진리 밑에 두려는 시도가 얼마나 많은 여성들을 억압할 수 있는지 보았죠.

한 방향으로만 가야 한다

포스트모던 이론가로 분류되는 철학자들이 꽤 많지만, 여기에서 포스트모던을 가장 뚜렷하게 정식화하는 이론가를 불러올까 합니다. 그 이름을 부르기 쉽게 그냥 '포스트모던 아저씨'라고 할까요?

포스트모던 아저씨는 모던이 중시하는 이성의 극단적 형태를 근대적 비극인 '아우슈비츠'와 '스탈린 체제'에서 볼 수 있다고 생각합니다. 아우슈비츠나 스탈린 체제는 단순히 야만적인 사건이 아니라, 합리적으로 계산된 이성의 한 모습이라는 것이죠. 그는 이성과 진리를 추구하는 모델이 전체주의적 억압을 정당화하는 것은 아닌지를 질문합니다.

여러분은 이런 지적이 엉뚱하다고 생각할지도 모릅니다. 나치가 유태인을 아무 이유도 없이 마구 죽인 사건을 이성적 억압이라고 하다니? 물론 아우슈비츠, 스탈린을 보는 방식이 많습니다만, 여기에서는 이런 문제와 관련해서 전체주의적 사고 틀과 실천 들을 비판하는 관점이라고 이해하고, 그것들이 어떻게 연결되는지는 차차 살펴기로 합시다.

궁금한 분들을 위해서 한마디만 할까요? 모든 것을 설명하는 하나의 보편 진리가 있다고 해 볼까요? 보편적 진리는 모든 개별적 경우들에 빠짐없이 두루 적용됩니다. 그런데 이런 진리가 있다면 어느 누구도 그 진리를 거부하거나 그 진리에서 벗어날 수 없겠죠. 모든 사람은 자기 스스로 판단하기보다는 자기 위에 있는 진리를 잘 따르기만 하면 됩니다. 괜히 잘난 척하다가 헛짚어서 진리 아닌 것을 따르면 어두운 밤길을 등불도 없이 헤매는 것은 물론이고, 이 방황에서 어떠한 보상도 받을 길 없이 삶을 탕진할지도 모릅니다. 차라리 가만히 앉아서 진리를 잘 따르고 반복하는 것이 안전하죠. 하지만 진리를 묵묵

아도르노(T. Adorno)는 대량 학살이 모든 것의 차이를 말살하는 것이기 때문에 순수한 동일성으로 만드는 작업이고, 개인들을 아무렇게나 다루어도 좋은 것으로 여기고, 개인들을 언제나 대체할 수 있는 '아무것도 아닌 것'으로 여긴다고 지적합니다. 그는 아우슈비츠 사건처럼 모든 것을 동일화하려는 사고 자체에 반대해서 사고해야 한다고 요구합니다. 만약 사고가 동일성만을 추구한다면, 그것은 나치 친위대가 희생자의 비명소리를 압도하기 위해서 즐겨 사용한 음악에 지나지 않는다고 봅니다.

하게 따르는 것으로 충분할까요?

진리는 모든 사람에게 '한 방향'을 지시합니다. 그 방향이 옳기 때문에 다른 방향을 허용하지 않습니다. 스탈린 체제와 아우슈비츠 사건은 모든 사람을 한 방향으로 조직하려는 시도라고 볼 수 있습니다. 지금은 그런 무모한 시도가 이상하게 보이지만, 그것 나름대로는 자기가 주장하는 진리와 실천이 유일하게 정당하다고 봅니다.

이런 독단적 이성을 극복하기 위해서는 이성만능주의, 진리중심 체제를 재검토해야 합니다. 이성이 우리를 해방시킬 수 있다는 굳은 믿음에 맞서 이성이 우리를 억압할 수 있고, 이성이 전체주의를 정당화할 수 있음을 보여 줄 필요가 있습니다.

질문

1. 보편적인 진리는 개별적인 다양한 의견 차이를 허용할까요?
2. 전체주의는 모두를 한 방향으로만 가라고 명령합니다. 이들이 자신을 이성이나 진리라고 주장할 때 무엇을 어떻게 문제 삼아야 할까요?

서로 뒤섞인 시간, 시대착오

흔히 포스트모던을 모던 이후로 보기 때문에 오해가 생깁니다. 모던이 먼저 있고, 그다음에 나오는 것이 포스트모던이라고 보기 때문이죠. 그래서 우리 사회가 모던을 제대로 거치지 않고, 좀 더 바람직한 근대화를 이루지도 못한 상태에서 포스트모던으로 건너뛰는 것을 우려하는 지적이 많죠. 이런 지적은 사회의 발전이 차례대로 단계를

과거의 사실에 현재적 의미를 부여한다면 과
거가 단순히 현재 앞에 있는 것이라고만 볼
수는 없습니다. 또한 미래의 가능성을 염두에
두고 현재를 사는 경우에 미래는 단순히 아직
오지 않은 것은 아닙니다. 또한 현재가 과거
와 미래와 분리된 어떤 시기도 아니죠. 그것
은 다른 시점들과 뒤얽혀서 나름의 의미를 구
성합니다.

거쳐야 한다고 주장합니다. 우리 사회의 수많은 문제가 이성의 과잉 때문이 아니라 이성의 결핍에 따른 것이기 때문에 오히려 이 기회에 이성을 더 강화해야 한다는 것이죠.

현 상태의 야만적인, 비이성적인 사회적 분위기를 극복하기 위해서는 먼저 이성을 충분하게 발전시키고 나서 나중에 여유 있을 때, 혹시 이성이 억압적 도구로 변질될 조짐이 보이면, 그때 포스트모던을 정식 문제로 인정하자는 것이죠. 그때 본격적으로 그동안의 안내자이자 친구였던 이성을 비판하든, 부정하든 하면 되지 않느냐는 겁니다. "아직 모던도 제대로 안 거친 우리가 포스트모던 같은 배부른 소리를 할 자격이 있겠소? 포스트모던은 모던 이후에 이야기합시다." "일단 침묵! 아직 때가 아니오!"

그런데 포스트모던은 역사적인 한 시기를 나타내는 시대적 규정이 아닙니다. 그것은 하나의 사고와 실천양식입니다. 그래서 포스트모던은 모던 이전에도 존재할 수 있습니다. 포스트모던 아저씨는 '시대착오(anachronism)'를 이야기합니다. 그는 시간이 과거, 현재, 미래를 따라 직선적으로 진행하는 것이 아니라 서로 뒤섞이고 겹치고 어긋나는 것이라고 봅니다.

모던의 역사관은 과거와 현재를 뚜렷하게 단절시키고, 양자를 엄격하게 구분하죠. 이에 비해 포스트모던은 이질적인 시간성이 공존하기 때문에 시대착오로서의 역사를 문제 삼죠. 역사는 직선적으로 진행하는 것도, 상승하는 진보의 오르막길도 아니죠. 이런 이성에 대한 불신이나 이성과 다른 길을 모색하는 것은 근대 이전에도 있었고, 근대에도 있고, 근대 이후에도 있을 겁니다.

모던의 큰 이야기와 포스트모던의 작은 이야기들

포스트모던 아저씨는 아주 간략한 정식을 제시합니다. 아저씨에 따르면, 모던은 큰 이야기(grand récit), 또는 이야기 위에 군림하는 메타 이야기(meta-récit)이고, 포스트모던은 작은 이야기들(petit récits)입니다.

왜 갑자기 이야기 타령일까요? 서구에서 로고스(logos)와 뮈토스(mythos)를 나누는 것은 중요한 구별이죠. 호메로스(Homeros)의 서사시나 신화적 세계관이 뮈토스, 즉 이야기로 세계를 설명한다면, 철학과 과학을 추구하는 쪽에서는 그런 이야기 대신에 합리적 근거를 지니고 논리적 체계를 갖춘 로고스, 즉 이성, 법칙, 말을 중시합니다. 그리스에서 철학이 생길 때 이 둘이 크게 싸워서 로고스가 판정승하죠. 그 후에는 로고스가 신화, 이야기 들을 학문의 세계에서 완전히 추방해 버리고, 그런 것들을 참된 인식(episteme, 眞理)이 아니라 사람들의 머리를 어지럽히고 어린애 같은 생각에 머무른 단순한 억견(臆見, doxa)에 지나지 않는다고 봅니다.

신화나 전통에 얽매이지 않고 순전히 이성에 기초를 두고 아무런 편견 없이 세계와 인간을 보편적으로 인식하려는 시도 앞

보통 큰 이야기를 영어로 'grand narrative'로 옮기고, 이것을 다시 '거대 서사'로 옮깁니다. 그렇게 어려운 말보다는 원래대로 '큰 이야기'로 하는 게 좋지 않나요? 정확한 표현을 위해서가 아니라 굳이 어려운 용어를 좋아하고, 그런 용어로 목에 힘주는 것이 학문 발전에 도움이 될까요? 학문적 권위는 그런 방식으로 마련되는 것일까요? 포스트모던의 우상 깨뜨리기를 잠시 흉내 내 보았습니다. 어려운 용어에 기죽지도 맙시다.

플라톤이 《국가》에서 호메로스의 서사시를 이성적 기준에 따라 재검토하면서, 재미있지만 이치에 맞지 않고 비교육적인 부분을 모조리 삭제해야 한다고 주장하는 부분을 참조하세요.

에서 그리스 신화나 호메로스의 서사시는 세계와 인간의 모든 문제를 합리적으로 설명하는 원리를 줄 수 없는 그저 재미있는 이야기에 지나지 않습니다.

이렇게 이성적으로 세계를 설명하는 방식은 인간의 덕과 자유를 확보하는 것과도 밀접하게 연결됩니다. 즉 모든 것에 두루 맞는 진리와 도덕 원리를 이야기에서 찾지 않고 이성적 원리에서 찾으려는 거죠.

그런데 과연 신화와 이야기는 전혀 근거 없는 공상의 산물에 지나지 않을까요? 그것은 다른 방식으로 세계와 인간을 보는 것은 아닐까요?

포스트모던 아저씨는 일부러 이 이야기를 끌어들여서 이성이 세계를 모두 설명하거나 가장 잘 설명한다는 것도, 알고 보면 '하나의 이야기'에 지나지 않는다고 봅니다.

큰 이야기들이 달아 주는 희망의 날개

먼저 모던의 큰 이야기가 무엇을 말하는지 봅시다. 큰 이야기는 '정치적 해방 이야기'와 '철학적 사변 이야기'를 말합니다. 해방 이야기는 인간을 모든 종류의 억압으로부터 완전하게 해방시킬 수 있다고 주장합니다. (이때 인간은 보편적 해방의 주체가 됩니다.) 그리고 모든 지식을 '총체화'해서 절대적 인식을 마련하면 세계를 완벽하게 알 수 있다고 주장하는 이야기가 있습니다. (이때 인간은 보편적이고 절대적인 인식의 주체가 되죠.)

다시 정리하면, 모던은 '인간의 보편적 해방'이란 목적을 앞세워서 '진리'와 '정의'를 결합시키려고 합니다. 이렇게 훌륭한 과제를 내세우니 얼마나 기특합니까? 이처럼 모던은 지식을 총체화하고 그것으로 정의로운 사회를 만들려 한다는 옹골찬 목적을 내걸어서 자기를 정당화합니다.

이런 큰 이야기들은 모두 '총체성'을 주제로 삼습니다. 즉 자기가 모든 요소들을 완벽하게 체계화할 수 있다고 주장합니다. 이런 이야기가 바탕이 되어서 어떤 큰 주장들을 할 수 있는지 예를 볼까요?

근대 계몽주의는 지식을 모조리 백과사전에 담는다면, 인간이 세계를 완벽하게 알 수 있고, 이런 이성과 지식을 무기로 삼아 정치적 억압의 굴레에서 벗어날 수 있다고 봅니다. 요즘 사이버 도서관이나 한 장의 시디에 모든 정보를 담아서 이용할 수 있게 하려는 시도도 이런 '사전 만들기'의 연장선상에 있는 것이겠죠.

헤겔(G. Hegel)의 역사변증법은 역사를 '자유의식'이 진보하는 과정으로 봅니다. 역사는 최초에는 한 사람(전제 군주)이 중간에는 다수가 마지막에는 모든 사람이 자유를 의식하는 단계로 나아간다는 것이죠.

마르크스주의의 경우도 프롤레타리아를 해방의 주체로 삼아서 모든 적대 관계를 극복하고 계급 없는 사회, 가장 인간다운 사회, 생산을 공동체적으로 조절하고 생산을 통해서 자기를 실현하는 사회를 구상합니다.

또 '자본주의 이야기'는 어떻습니까? 인간은 최초에는 결핍 상태에 있지만, 자본을 합리적으로 생산에 투입하여 무한한 부를 축적하면 사는 문제가 모두 해결된다고 믿습니다. "등이 따뜻하고 배가 부르니 아무 생각이 없다"라고 믿는 거죠. 또 시장이 모든 교환을 적절하게 조절하여 모두에게 경제적 자유를 보장한다고 봅니다. 이처럼 합리적인 생산으로 필요한 모든 재화를 넉넉하게 마련하면, 경제적 이해로 다투지 않고 펑펑 쓰면서 행복하게 살 것이라는 청사진을 그립니다. 청사진을 그리는 데는 돈이 별로 들지 않습니다. "자네, 시작은 빈곤하지만 그 끝은 더없이 풍요로울 것일세!"

이런 이야기의 내용은 저마다 다르지만 그 기본 틀은 같지 않나요? 이 점은 다시 살피기로 하죠. 그런데 재미있는 점은 이런 큰 이야기들은 자신이 이야기일 리가 없다고 큰소리칩니다. (이야기를 우습게 아는가 보군요.) 그래서 자기가 다른 모든 것의 의미와 궁극적 진리를 드러낼 수 있다고 자처합니다. 이 '입 큰 개구리'는 다른 '꼬마 개구리들'에게 어떤 목적을 부여하고, 그것들을 질서 있게 배치하여 이상적인 세계로 가는 행진을 지휘합니다.

과학을 정당화하는 큰 이야기

포스트모던 아저씨가 이처럼 모던을 큰 이야기와 짝짓는 것은 모던의 과학들이 이야기와 어떤 관계가 있음을 보여 주려는 것입니다. 아저씨는 과학이 이야기를 무시하고 잘난 척하지만 사실은 이야기와 공모하는 점을 보여 주려고 합니다.

그러면 아저씨는 이야기와 과학의 관계를 어떻게 설명할까요? 아저씨는 화용론적 관점에서 과학의 특성을 몇 가지 지적하죠. 이 가운데 과학적 지식의 특성을 보면 그것이 지시하는 대상을 가장 정확하고 객관적으로 아는 방식이기 때문에 자기만 옳다고 주장합니다.

그것은 일정한 절차, 즉 검증(verification), 반증(falsification) 등의 논증과 증명에 의해 참으로 인정받습니다.

과학 지식의 특징에 대해 조금 더 자세히 정리해 볼까요?

1) 과학 지식은 지시적인 것만을 인정하고 다른 것은 배척합니다. 지식은 지시 대상에 관한 참된 언표를 산출하는 것이고, 과학자는 지시 대상을 검증하거나 반증하는 언표를 산출합니다.

2) 과학 지식은 직접적으로는 사회적 유대를 갖지 않습니다.

3) 연구에서 발신자의 지위만 중시하고 수신자나 지시 대상은 문제 삼지 않습니다.

4) 검증, 반증 등의 논증과 증명에 의해 타당성을 확보합니다. 지식은 결코 반증에서 안전한 것이 아니며 이전의 명제와 모순된 것도 새로운 논증과 증거 능력을 갖추면 인정받습니다.

5) 통시적으로 이전의 지식과 연결되어야 하기 때문에 발신자는 지시 대상에 관한 과거의 언표, 참고문헌 들에 익숙해야 합니다. 새로운 언표는 그것들과 다를 때에만 제출할 가치가 있습니다. 이 과정은 누적적이라고 할 수 있습니다.

그렇다면 과학적 연구가 어떤 화용론을 사용하는지 정리해 볼까요?

1) 발신자는 지시 대상에 관해서 진리를 말합니다. 이를 위해서 사실 증거를 제시하고 반대 견해를 반박해야 합니다.

2) 수신자는 언표에 대해서 찬성/반대할 수 있어야 합니다. 수신자는 잠재적으로 같은 자질을 갖추고 발신자와 같은 조건을 갖추어야 합니다.

3) 지시 대상이 언표에 의해서 사실과 부합하도록 표현되어야 합니다. 이때 사실은 사실 자체에 의해서가 아니라 언표의 수준에

서만 표현될 수 있습니다. 그래서 내가 하는 말은 내가 그렇다는 것을 증명하기 때문에 진리가 됩니다.

그런데 내가 증명한 것이 진리라는 증거를 어디에서 찾을 수 있을까요? 따라서 과학적 해결책은 두 가지 규칙을 지켜야 합니다.

하나는 (변증법적이거나 수사적인 것인데) 지시 대상이 증명할 수 있는 것이고, 토론에서 증거로 활용될 수 있는 것이어야 하겠죠. 이때 내가 증거를 만들면 그것이 지시하는 현실은 내가 말한 바와 같은 것이 되지만, 그 역은 성립하지 않습니다.

다른 하나는 형이상학적 규칙입니다. 똑같은 지시 대상이 모순된 증거에 적용될 수 없습니다. 달리 표현하면, 신은 속이지 않는다는 거죠. 이 규칙이 검증이나 반증을 지지합니다. 그리고 이 규칙이 합의의 지평을 발신자와 수신자 간의 논쟁으로 옮겨 놓습니다. 합의된 것이 반드시 진리인 것은 아니지만, 언표의 진리는 필연적으로 합의를 이끌어 내야 합니다.

이런 '과학적 지식'이 이야기보다 우월하다고 하는데 이것을 어떻게 정당화할 수 있을까요? 어떤 근거에서 그렇게 주장할까요? 과연 과학 스스로가 과학이 정당함을 보여 줄 수 있을까요?

과학이 가장 완벽하고 객관적이라고 주장하기 위해서 과학을 이용해서는 안 되죠. 과학을 정당화하려면 과학 안에서가 아니라 과학 바깥에서 과학이 정당함을 증명해야 합니다. 그러면 문제는 과학 안에서 과학적 절차와 개념을 좀 더 엄밀하게 정비하는 것이 아닙니다. 바로 과학 자체의 바탕에 대해 질문해야 합니다.

그런데 과연 과학적 논거를 대지 않고 어떻게 과학의 바탕을 확실하다고 증명할 수 있을까요? 이 바탕은 과학을 통해서는 정당화할 수 없습니다. 그렇다고 과학을 사용해서 과학적으로 정당화한다면 하나마나한 거죠. 정작 증명해야 할 것을 증명의 도구로 쓰기 때문에 모순되죠. 과학이 과학으로 스스로를 정당화한다면 자화자찬에 지나지 않습니다.

결과적으로 과학은 스스로를 정당화할 수 없습니다. 그래서 앞에서 본 큰 이야기들이 과학은 인간을 해방시킬 수 있다든지, 세계에 대한 절대적인 인식을 마련할 수 있다고 뒷받침해 주어야 합니다.

과학지상주의자가 이 정도에서 물러날 리 없으니 한 가지만 더 볼까요? 과학적인 명제들이 대상들을 객관적으로 지시하는 참임을 어떻게 알 수 있을까요? 《피노키오의 철학 1》에서 본 적이 있는 비엔나 학파의 논리실증주의를 봅시다.

이 입장은 과학의 입장을 옹호하고 형이상학을 제거하기 위해서 '검증 이론'을 진리 기준으로 제시하죠. 경험적으로 검증할 수 있는 명제만을 골라서 그 명제들을 경험적으로 검증해서 참/거짓을 가립니다.

그런데 대단히 미안하지만, 이 검증 원리 자체는 어떤 것일까요? 이 원리도 검증을 거쳐서 참된 것으로 밝혀진 것일까요? 그럴 수가 없죠. 검증 원리 자체를 경험적으로 검증할 수는 없습니다. 사정이 이러하니 검증 원리를 앞세워야 검증을 마음 놓고 할 텐데, 무슨 근거로 이 원리를 내세울 수 있을까요? 이처럼 모든 것을 검증하겠다는 검증 원리 자체가 검증 바깥에 있는 셈이죠. (검증 원리에 따를 때 이 원리 자체가 형이상학적 주장이 되고 맙니다.)

이처럼 과학이 스스로를 정당화할 수 없다면, 그것에 근거를 부여하는 다른 어떤 것, 과학 아닌 것에 의지해야겠죠. "과학 자네, 큰소리치더니 이상해졌군. 잘난 자네가 다른 친구의 도움을 받다니."

이런 까닭에 과학 바깥의 큰 이야기가 과학에 근거를 제공할 수밖에 없습니다. 이처럼 개별 과학은 큰 이야기가 마련한 정당성을 기반으로 삼아야 합니다. 과학 뒤에는 과학이 경멸하는 이야기가 숨어 있는 셈이죠. 어쨌든 큰 이야기는 과학이 총체적 인식과 해방을 가져오는 점에서 사회적으로 유용하다고 주장하겠죠.

질문

1. 과학적 지식, 절차의 특성은 어떤 것인가요?

2. 왜 과학은 스스로를 정당화할 수 없나요? 그러면 무엇이 과학을 정당화할 수 있을까요?

3. 이성과 비이성이 맞선다고 합시다. 이성은 자기가 우월하다고 하겠죠. 그러면 그 우월성을 어떻게 보여 줄 수 있을까요? 이성이 비이성보다 우월하다는 것을 증명하면서 이성을 사용하면 안 되죠. 하지만 이성은 자기가 비이성보다 우월함을 이성적인 방식과 절차로 정당화할 수밖에 없습니다. 이성이 이성으로 자기를 정당화한다면, 이성은 혼자 북 치고 장구 치는 셈이죠. 설명해야 할 것을 가지고 다시 자기를 설명하면 이상하죠. 이런 사정으로 이성은 자기가 정당함을 밝힐 수 없고, 이런 정당함은 비이성적 믿음일 뿐이죠. 그러면 왜 이성을 믿는 것은 좋고, 비이성을 믿는 것은 나쁠까요?

포스트모던 아저씨는 이처럼 과학이 큰 이야기에 의존하는 점을 밝힙니다. 앞에서 큰 이야기로 정치적, 철학적인 이야기가 있다고 했죠. 이런 큰 이야기는 스스로가 정당하다고 주장하고 다른 이야기의 원리라고 주장하죠. 즉 그 자신이 이야기가 아니라 보편적 진리라고 주장합니다.

큰 이야기는 다른 작은 이야기들 위에 군림하려 하고, 그것들을 지도하고, 그것들의 존재 이유를 설명하는 이야기 위의 이야기죠. 그래서 다른 이야기들은 '인간 해방'이나 '총체적 인식'이라는 큰 이야기에 통합될 때에만 의미를 갖습니다.

포스트모던 아저씨는 이런 키 크고 잘생긴 이야기들에 볼품없고 아기자기한 다른 이야기들을 마주 세웁니다. 그것은 원시 사회의 전통적 이야기와 포스트모던의 작은 이야기들입니다.

원시 사회에서 전해지는 이야기의 예로 아저씨는 남미의 카시나후아(cashinahua) 인디언의 이야기를 듭니다. 이런 이야기들은 객관적 진리를 지시하거나 검증 절차, 엄격한 실험을 요구하지 않죠. 그것은 이야기하는 자가 전해 들은 이야기를 암송하고, 그것을 다른 사람에게 일정한 방식으로 들려주는 것으로 충분합니다.

우리의 옛날 이야기로 바꿔서 볼까요? "옛날 옛적에 호랑이 담배 먹던 시절에……"로 시작하는 이야기를 봅시다. 이때 실제로 어떤 시기에 호랑이가 살았는가를 따질 필요는 없죠. '호랑이 담배 먹던 시절에……'라고 하면 언제쯤 나온 이야기일까요? 우리나라에 담배가 수입된 시기를 고려해 보면, 지금으로 부터 한 300~400년 전 정이와 달리 과학에서는 이야기하는 자(연구자)가 연구에서 특권을 갖고, 이야기되는 것(지시 대상)을 일정한 절차에 의해서 참된 것으로 만들고, 이야기를 듣는 자(학생)는 교육에서 배우고 질문하는 점에서 의미를 갖죠.

도일 겁니다. 하지만 이렇게 따지면서 이야기를 듣는 바보는 없겠죠. 호랑이가 담배를 먹든, 곶감을 보고 도망가든, 객관적 사실과 무관하게 이야기는 일정한 말하기, 듣기 양식을 갖습니다. 손자가 할머니 무릎에 누워서 어둑해질 무렵이면 이야기가 시작됩니다. 그 이야기는 할머니가 창작한 것도 아니고 그저 예전에 들은 이야기를 전하는 것일 뿐입니다. 이야기는 이렇게 일정한 방식으로 되풀이됨으로써 정당화됩니다.

포스트모던 아저씨는 이야기의 속성을 몇 가지 지적합니다.

1) 이야기는 늘 시작되어 왔으며, 앞선 이야기에 대한 이야기일 뿐입니다. 이야기가 지시하는 대상은 결코 사실이 아니라, 또 다른 이야기일 뿐이죠. 물론 그 이야기도 또 다른 이야기를 지시할 뿐입니다.

2) 이야기는 결코 끝나지 않습니다. 왜냐하면 그 원리상 이야기는 청자에게 말을 걸며, 청자는 이제 화자가 되어 그 자신이 들은 것을 새로운 이야기로 만들어 전달하기 때문입니다.

이처럼 이야기는 이야기하는 일정한 형식에 따름으로써 정당한 것이 됩니다. 그리고 이때 이야기하는 사람, 듣는 사람, 이야기된 것 가운데 어느 것도 특권적 자리를 차지하지 않고 서로 어울려서 이야기의 놀이판을 이룹니다.

이렇게 해서 이야기는 과학과 다른 방식으로 정당화되고 사용됩니다. 이런 이야기는 스스로 진리라고 주장하지도 않습니다.

포스트모던의 작은 이야기들

이제 포스트모던 아저씨는 모던의 큰 이야기를 더 이상 믿지 않는 포스트모던의 '작은 이야기들'을 불러들입니다. 이것들은 현대판 이야기로, 모던의 큰 이야기에 맞서 작은 이야기들이 큰 이야기에 응집되는 것을 방해하고자 합니다.

포스트모던은 모던의 큰 이야기가 사실은 이야기 가족의 한 구성원임을 상기시킵니다. 게다가 이런 큰 이야기가 자기를 과대평가하는 점을 경고합니다. 왜냐하면 큰 이야기가 스스로를 모든 것이 생겨나는 기원, 모든 것의 근거, 모든 것이 지향해야 할 최고 목표라고 주장하기 때문이죠.

이렇게 생각하는 큰 이야기들은 자신들이 작은 이야기들을 살찌우고, 그들을 정당화한다고 여기고, 작은 이야기들을 동원해서 그것들에게 의미를 부여한다고 생각합니다.

큰 이야기는 모든 개별적인 것들을 흐트러진 채로 두지 않고, 그 것들을 전체의 한 부분에 포섭합니다. 그래서 개체들의 다양성은 무시되고 그것이 자유를 위해서, 인류 발전을 위해서, 생산력 발전을 위해서, 좀 더 아름다운 세계를 위해서, 천국 되찾기에 얼마나 기여하는가에 따라서 의미를 부여하고 평가합니다.

하지만 포스트모던은 더 이상 큰 이야기의 멋있는 주장에 귀기울이지 않습니다. 그것도 알고 보면 이야기에 대한 이야기(메

이런 큰 이야기의 주장들은 겉보기에는 다르지만 현상세계 전체를 설명할 수 있다고 생각하고, 그 모든 것을 지휘하는 보편적 이야기라고 보는 점에서는 같다고 할 수 있습니다. 신이건, 이데아건, 코기토건, 물질의 변증법이건, 역사 발전이건 어떤 것이든 지금까지의 모든 철학들은 이런 작업을 해 왔다는 겁니다. 이름은 계속 바뀌었지만 방식은 별로 다르지 않습니다.

타 이야기)이기 때문이죠.

'모든 사람을 다 해방시키겠다'라는 것도 하나의 이야기입니다. '우리는 모든 것을 인식할 수 있다'라는 것도 하나의 이야기입니다. 우리의 가슴을 뛰게 하고 인생에 무지갯빛 희망을 주고, 저 아득한 곳이 손에 잡힐 듯 느끼게 하는 (이야기 같지 않은) 이야기죠.

물론 큰 이야기, 메타 이야기는 자신이 이야기라는 점을 모르고 있거나 알더라도 무시합니다. 그래서 할머니가 들려주는 이야기나 작은 이야기들은 자기가 이야기임을 알고 있어서 '주제 파악을 하는' 이야기라면, 큰 이야기는 '이야기가 되고 싶지 않은 이야기' '이야기이기를 거부하는 이야기'라고 할 수 있습니다. 주제 파악은 아무나 하는 것이 아니죠. 그리고 저 먼 곳과 저 높은 곳을 바라보느라 자기 발을 딛고 서 있는 자리가 어디 보이기나 하겠습니까?

큰 그릇과 작은 그릇들

포스트모던은 작은 이야기들의 공동체를 선호합니다. 이때 왜 '이야기(단수)'가 아니라 '이야기들(복수)'인지는 아시겠죠. 존재하는 모든 것을 다 담을 수 있는 그릇이 있다면 그 그릇은 엄청나게 크고, 하나일 수밖에 없죠.

그런데 이렇게 모든 것을 몽땅 담는 그릇이 아니라면 그릇이 여러 개 필요할 겁니다. 이 그릇, 저 그릇 들은 서로 크기가 다르지만 어쨌든 전체를 다 포괄할 수 없고, 모든 것을 그것으로 설명할 수 없다는 점에서 조금 더 크거나 조금 더 작습니다. 이처럼 조금 더 훌륭하거나 조금 더 보잘것없다는 차이를 갖지만, 알고 보면 모조리 부분적이고 불완전하죠. 그래서 이런 그릇들로는 존재하는 세계를 완전하게 담을 수 없습니다. 그러니 하나의 잘난 그릇이 아니라 여러 개의 못난 그릇들이 있는 것이죠.

이처럼 메타 이야기가 쫓겨난 동네에서는 작은 이야기들끼리 저마다 다른 이야기들의 잡동사니를 이룹니다. 예를 들어 포스트모던 문화가 있다면, 하나로 동질화된 마당〔場〕이 아니라, 작은 이야기들이 이질적인 채로 공존하는 어지러운 마당이 될 겁니다.

이 마당에서는 서로 '차이'와 '이질성'을 지닌 것들이 공존합니다. 이 마당에서 각각의 이야기는 서로 다르고, 그래서 어떤 큰 이야기가 이 모든 이야기를 하나로 묶는 경우는 없습니다. 이것을 좀 더 살펴보기로 하죠.

> 포스트모던은 이런저런 이야기들이 공존하는 이야기 마당입니다. 그리고 이 동네에서는 모든 이야기를 뛰어넘는 이야기가 있다는 허풍이나 모든 이야기의 원형이나, 이야기 가운데 가장 좋은 이야기 같은 것을 별로 좋아하지 않습니다. 한때 '황제병' '왕비병'을 주제로 한 이야기가 나돌았습니다. 그런 진리−이야기는 이야기들을 꼼짝 못하게 하거나 이야기들의 존재 근거를 없애 버리기 때문이죠. "작은 이야기들아, 이리 오너라! 내가 너희들에게 진리를 전하리라!" "이야기 어린이 여러분, 여기 한 줄로 서세요. 저기 정의의 동산으로 올라갑시다. 올라가서는 내려오지 맙시다."

당신의 경제 성적표는?

앞에서 이야기했듯이 모던의 틀은 다양한 부분들에게 전체의 질서를 부여하여 하나의 연속성을 만들거나 위계를 만듭니다. 부분이 아무리 많다고 하더라도 전체의 질서는 막강해서 어떠한 부분이라도 그 바깥으로 벗어날 수 없죠. 모든 부분들은 하나의 보편 질서에 따라 일정한 값을 부여받습니다. 학생들이 하나의 성적표 위에서 자기 자리를 갖는 것처럼 말이죠.

이런 점은 미인대회를 생각하면 이해하기 쉽죠. 모든 개별적인 여성들이 보편적인 미를 얼마나 많이 갖추고 있는가에 따라서 가슴에 자기 번호를 달고 다니는 것과 마찬가지죠. 모든 남성들이 자기가 얼마나 남성적인가, 얼마나 멋있는가, 얼마나 돈을 잘 벌 수 있는가에 따른 성적을 달고 다니면 어떻게 될까요?

이런 이야기가 믿어지지 않는 분은 자본주의 사회에서 경제적 신용도를 생각해 보시면 될 겁니다. 교환가치가 지배하는 세상에서 얼마나 많은 양의 화폐를 지니는지만 알면 그 사람의 등급을 쉽게 알수 있죠. 이 사회에서는 "당신은 어떤 사람입니까?"라고 묻지 않고 "얼마나 많은 화폐를 가지고 있습니까?"라고 묻습니다. 이 한마디로 우리는 그 사람을 확인할 수 있고, 그 사람의 값을 알 수 있습니다.

그래서 은행에서는 이런 서열을 정확하게 만들기 위해서 꼼꼼하게 신용 등급을 매기죠. 이 경제 성적표에 모든 사람이 배치되어서 화폐 크기로 자기를 표시합니다. 여러분은 어느 자리에 있나요?

자신이 소유한 화폐(토지, 건물, 정보, 아이디어 등)가 자신의 능력을 가장 잘 보여 주는 것이죠. "네 통장을 보여다오. 그러면 너의 진실을 볼 것이로다."

제가 지금도 대학강사 꼬리표를 달고 다니는데, 참 서러울 때가 많습니다. 강사는 '일용잡직'이어서 대학에 소속된 수위 아저씨나 용역회사 소속인 청소부 아주머니가 부러울 때가 있습니다. 그들은 무소속이 아니니까요.

모든 사람이 아무리 서로 다르다고 한들 이 경제 성적표 위에서는 모두가 동질화될 수밖에 없죠. 그들은 이제 경제인으로서 모든 행위와 가치를 교환 능력에 비례하여 판단할 겁니다. 모든 사람은 경제 앞에 (형식적으로) 평등합니다.

다양한 말놀이들, 서로 다른 규칙 사용하기

포스트모던에는 이렇게 모든 것을 동질성에 묶어 둘 그런 뛰어난 능력을 지닌 전체가 없습니다. 그저 다양한 부분들만이 그때그때의 임시적 질서를 이룰 뿐이죠. 그래서 다양한 이야기들이 있을 때, 각각의 것들을 하나의 보편성 아래 모아서 정렬시키지 않습니다. 이야기 A와 이야기 B를 하나의 척도로 평가하거나 등급을 매겨서 어느 것이 더 우월하다고 하지 않습니다. 각자는 그 나름의 고유한 가치를 갖습니다.

이것을 설명하기 위해서 포스트모던 아저씨는 비트겐슈타인의 말놀이 틀을 이용합니다.

놀이란 어떤 것일까요? 또 말로 하는 놀이는 어떤 것일까요? 놀이의 특성은 많기 때문에 우리가 그 특성을 완전하게 나열해서 놀이에 대한 개념을 매끈하게 정의할 길은 없습니다. 그래서 당장 문제가 되는 것만 봅시다.

아저씨는 '다양한 말놀이들'이 있다고 봅니다. 그래서 포스트모던은 '작은 말놀이들의 공동체'를 상정합니다. 여기에서 문제는 이런 말놀이들이 서로 어떤 관계를 맺는지, 또 말놀이들을 하나로 묶는 최고의 말놀이가 있는지 등입니다.

말놀이도 놀이의 일종이니까, 보통 놀이로 설명합시다. 이쪽에는 축구, 야구, 농구, 골프, 테니스, 볼링 등이 있습니다. 저쪽에는 장기, 바둑, 체스 등이 있습니다. 이런 놀이들은 나름의 규칙을 갖고 그에 따라 이런저런 수를 사용합니다.

그런데 여기에서 어떤 놀이의 규칙이 다른 놀이의 규칙보다 더 훌륭할 수 있을까요? 야구의 규칙이 축구의 규칙보다 더 낫습니까? 혹시 그렇다면 축구가 야구의 규칙을 받아들여서 공을 손으로 다루거나 홈런 제도를 도입해서 더 멀리서, 더 멋있게 골인을 시킨 경우에 몇 점을 더 주면 어떨까요? 아니면 선수를 9명으로 줄여 볼까요? 아마 그렇게 되면 야구도, 축구도 아닌 해괴망측한 판이 만들어질 겁니다.

아니면 야구를 기본으로 축구의 맛을 곁들인 퓨전 놀이, '야축구'가 만들어지겠죠. 어쨌든 야구가 축구보다 더 위대한 것도 아니고, 축구가 야구보다 못한 것도 아니죠. 각자가 자기 규칙만으로도 나름의 완결된 놀이 세계를 만드는 데 부족함이 없습니다.

이렇게 보면, 모던적 틀은 모든 말놀이를 지배하는 보편적인 규칙을 찾는 것입니다. 이런 보편 규칙이 있다면, 그것으로 수많은 놀이들을 잘난 놀이와 못난 놀이로 구별하고, 등급에 따라서 줄을 맞출 수 있겠죠. 이것은 놀이마다 규칙들이 달라서 어지러우니까 규칙 정리를 하자는 겁니다.

그래서 모든 놀이들을 놀이답게 만드는 본질을 찾습니다. "모든 놀이에 공통되는 규칙을 찾아라." 만약 축구에도, 야구에도, 농구에도, 골프에도 공통된 어떤 본질이 있다면 그것은 뭘까요? 아마 아무것도 아니거나 놀이를 방해하는 어떤 규칙이겠죠. 아니면 가장 표준적인 규칙이 있어서 그 척도로 모든 놀이들을 위에서 아래로 줄을 세울 수 있어야 할 겁니다. 또 잘난 놀이와 못난 놀이 들이 있어서 모두 그 '이데아'를 향하여 발전하려고 몸부림을 치다가 아마 하나의 놀이만 남고 모두 없어질 겁니다.

이런 시도는 놀이판을 깨뜨릴 수밖에 없습니다. 그래서 각각의 놀이를 보편성의 틀로 묶으려 하지 말고, 각자 노는 대로 두는 것이 좋습니다.

놀이의 세계에서 각각의 고유성을 인정하면, 각자가 지닌 차이와 이질성이 도리어 풍부한 다양성을 보여 줍니다. 차이를 못마땅하게 여길 필요는 없습니다. 놀이 A와 놀이 B는 다르다, 그러면 그뿐입니다. 그래서 각각의 이질적인 놀이들은 서로 다른 규칙을 사용하는 겁니다.

만약 야구와 농구가 같은 규칙을 쓰면 같은 놀이가 되어 버리죠. 서로 다른 규칙에 따라야 그 나름의 재미가 있고 나름의 놀이판을 만들 수 있죠. 놀이 C는 그것에만 있는 규칙에 따르고, 놀이 D는 다른 어떤 놀이도 흉내 낼 수 없는 규칙을 사용합니다. 이처럼 서로 이질적인 채로 어떠한 보편성도 없이, 그것들 자체가 나름의 놀이 세계를 이루도록 그냥 두는 것이 좋지 않을까요?

질문

1. 다양한 놀이를 하나의 규칙으로 통일할 수 있을까요? 그렇게 하면 어떤 결과가 될까요?
2. 모든 사투리를 없애고 표준말로 통일하는 것은 어떨까요? 하나의 표준 말놀이만 남기면 말이 더 완전해지지 않을까요?

말놀이들의 이질적 공동체

다양한 이질적인 것들에서 그것들의 차이를 없애려고 그것들을 어떤 하나로 환원(축소)하거나, 그것들을 더하고 빼서 어떤 표준을 만들 필요는 없습니다.

각각의 놀이는 서로 다른 규칙을 사용하면서 저마다 놀이세계의 한 성원이 되는 거죠. 서로 다르면서 공존하고, 서로 공약할 수 없는데도 나름의 판을 짤 수 있습니다.

포스트모던은 바로 이런 차이, 이질성, 공약 불가능성이 있음에도 불구하고, 아니 바로 그렇기 때문에 공존하는 기이한 혼합체를 권장합니다. 재미있지 않습니까? 이질적인 것들이 한 공간에 있고, 서로 다름에도 불구하고 공존합니다. 서로 공약 불가능한 까닭에 어떤 공통된 질서도 없지만 불편하게 생각하지 않는 거죠.

포스트모던 문화가 있다면 그것들은 하나의 가치 아래 포괄되지 않습니다. 다양한 가치들이 저마다 자기 몫을 합니다. 어떻게 보면 잡동사니지만, 이질적인 문화들이 다른 우월한 것에 의해서 거부되거나 멸시당하지 않습니다.

여기에서 중요한 것은 동일성이 아니라 '차이'이고, 동질성이 아니라 '이질성'입니다. 어떤 하나의 이름, 예컨대 평화의 이름, 정의의 이름, 돈의 이름으로 모든 것이 지닌 차이를 무시하지 않습니다. 각자가 따로 노는 것이죠.

농구도 하고 축구도 한다고 어지러울 것이 뭐가 있나요? 바둑 두다가 장기 둔다고 헷갈리나요? 오늘은 된장찌개, 내일은 오므라이스 먹는다고 입이 놀라지는 않을 겁니다.

$\frac{5}{35}$ 는 5의 배수로 되어 있기 때문에 공약수로 나누면 $\frac{1}{7}$ 이 되죠. 마찬가지로 모든 여성을 아름다움의 척도로 잰다면 이 척도가 아름다움을 공약수로 삼아서 공약할 수 없는 개인들을 같은 표에 기입하게 됩니다.

합의는 가능한가? 또는 바람직한가?

포스트모던의 이질적 공동체에는 다른 목소리들이 많을 겁니다. 그래서 서로 대화를 하겠죠. 그런데 문제는 이런 대화가 '무엇을 목표로 삼는가'입니다. 보통은 대화를 통해서 합의에 이르려고 하죠. 그런데 재미있게도 포스트모던은 합의에 이르기 어렵다고 볼 뿐만 아니라, 과연 그것이 바람직하냐고 질문합니다.

먼저 간단한 예를 봅시다. 세 사람이 공청회에서 각자의 주장을 펼친다고 합시다. 그런데 이야기를 듣고 보니까 사소한 차이가 있을 뿐 별다른 의견 차이가 없어서 쉽게 하나의 결론에 이르는 경우가 있습니다. 세 사람은 논쟁으로 시작하는 듯했지만 사이좋게 어울려서 비판과 논쟁을 넘어서 합의라는 보물을 찾아낸 거죠.

마찬가지로 서로 토론을 시작하더니 주제에 대한 이견은 없고 같은 관점에서 비슷한 점들을 문제 삼으면서, 한 사람의 이야기를 다른 사람이 이어받고, 서로 보충하면서 사이좋게 진행하는 경우가 있죠. 이 경우도 합의 모델에 따르는 거죠. 그런데 과연 토론과 대화가 합의를 목표로 삼는 것이 바람직할까요?

우리 주변에는 대화(dialogue)를 가장한 독백(monologue)이 많습니다. 대화는 원래 서로 다른 주장이 있어야 가능하지, 원래부터 같은 주장만 있다면 대화할 필요가 있을까요? 서로 다른 논자가 같은 주장을 펴는 것은 두 사람이 한 사람의 주장을 반복하는 셈이므로 독백에 가깝습니다.

이렇게 의견 일치가 잘되는 마을에는 토론, 논쟁, 공청회 등이 형식적으로 열리다가 너무 싱거워서 '공청회 불필요론'이 지지를 얻죠. 심지어 정치적 이해관계도 대립되지 않는지, 국회에서 여당과 야당이 다투지도 않는답니다. 남들 보기에 미안하니까 그저 대결하는 척하다가 정해진 시간이 되면 숨겨둔 합의안을 꺼내 확인하면서 서로 행복해 하죠.

이런 동네는 바로 진리가 확립된 곳이라고 할 수 있습니다. 우리는 오랫동안 스탈린 체제의 예를 많이 들었죠. 그 동네에서는 모든 논의와 글이 스탈린 동지를 인용하는 것으로 시작한다고 하더군요. 어떤 학술적 글이라도 마찬가지입니다. 곁에 있는 진리를 두고 멀리서 헤맬 필요는 없을 테니까요. 천문학이건, 농업이건, 경제학이건, 정치학이건 시작과 끝은 이미 있는 진리를 확인하는 점에서 거의 같습니다.

회의에 참석한 사람들도 모두 똑같은 결론에 이르고 만장일치로 대합의에 이릅니다. 토론이나 논쟁 자체가 꼭꼭 숨어서 현상수배를 해야 할 판입니다. 이미 주어진 하나의 진리가 있기 때문에 사람들이 할 일은 이 진리를 아는지 모르는지를 확인하는 것이면 충분합니다.

그래서 모든 논의는 '맞는' 의견과 이 진리를 잘 모르는 무지한 자들이 주장하는 '틀린' 의견이 맞서다가 진리가 오류에 위대한 승리를 거둠으로써 모두가 진리의 대행진에 참여하는 것으로 끝납니다.

표현을 바꾸어 볼까요? 이런 동네에는 차이나 이질성은 찾아보기 어렵고, 공약 가능한 동질성만 존재하기 때문에 항상 합의가 마련되고, 그것에서 벗어나는 것은 사소한 오류 때문입니다. 이런 사회에서 대화란 두 사람이 입을 맞추어서 독백을 반복하거나 역할을 분담하는 것에 지나지 않습니다.

우리는 주변에서 이런 경우들을 많이 봅니다. 획일적인 문화가 지배하는 곳에서는 모두가 하나의 생각, 하나의 행동, 하나의 가치를 갖는 것이 안전하죠. 그렇지 않은 경우에는 지배적 세력에 의해 불건전하고 타락한 것이라고 공격을 받게 되죠.

짜장면으로 통일이요!

회사의 한 부서가 단체로 회식하러 중국집에 갔다고 합시다. 먼저 높은 분이 "나는 오늘 짜장면이 먹고 싶구먼. 술도 별로 생각이 없고. 자네들은 자유롭게 먹고 술도 마음껏 들지, 그래."

이렇게 분위기를 잡으면 대부분의 경우는 "나도 짜장면" "너도 짜장면" "술은 다음에" 하는 분위기로 통일되고 말죠. 분단국가에 오래 살다 보면 통일이 싫다는 약간의 뉘앙스만 엿보여도 반역의 혐의를 받을 수 있습니다. 어떤 용감한 직원이 "부장님, 저는 탕수육을 먹고 싶습니다"라고 잔잔한 호수에 돌을 던져 볼까요?

"그래, 그러면 자네만 탕수육 먹게." ('아니 이 녀석이 삐딱하게 노는

군. 하기야 저 녀석은 일할 때에도 튀는 편이지. 그래, 잘난 척하는 네 놈이 얼마나 버티나 두고 보자.') 이렇게 겉과 속이 다른 판단이 오가는 경우에 이 '겁 없는' 친구는 엉뚱한 자리에서 나쁜 점수를 받고 맙니다. '남들 하는 대로 따라하지, 뭘 별나게 굴어. 네 입만 고급이다, 이거지.' 우리는 중국집에서도 상황에 따라서 가장 올바른 음식을 눈치껏 선택해야 합니다. 가능하면 짜장면이든 팔보채든 유산슬이든 소주든 맥주든 일차든 삼차든 통일을 지향하는 것이 안전하게 사는 길입니다. 함께 외칠까요? "짜장면으로 통일이요!"

그런데 다른 경우에 "오늘은 내가 한턱 쓰지. 비싼 걸로 시키라고, 술도 코가 비뚤어지게 마시자고"하며 완전히 딴판으로 나올 때가 있죠. 이 경우에도 자기의 기분과 기호를 앞세우면 안 됩니다. 부장님 주머니 사정 생각해 준다고 짜장면을 고집하거나 남들 다 삼차까지 간다는데 혼자 이차에서 빠지거나 할 필요는 없습니다. 함께 가는 거죠. 사준다는 대로 먹고요. 만약 진짜 통일이 되고 나면 그때쯤에는 각자 입맛대로 먹고 내키는 대로 술을 마시고, 이차든 삼차든 내키는 대로 하지만, 아직까지는 진리에 따라서 살아야 합니다.

포스트모던이 무엇인지 감을 좀 잡았나요? 바로 식당에서 자기 입맛대로, 자기 사정대로 먹는 것을 말합니다. 각자의 입맛이 지닌 차이를 누구의 명령에 의해서든, 더 좋은 것을 주겠다는 이유로 무시할 필요는 없습니다. 입맛대로 먹읍시다. 이런 차이를 인정하는 태도는 아무 곳에나 아무것에나 합의를 내세우는 정의파들과는 다릅니다.

포스트모던 아저씨는 합의보다 이의를 중시합니다. 그래서 토론과 대화는 하나의 모범 답안을 만들기보다는 창조적인 차이를 만들기 위해 아름다운 선의의 싸움판을 벌이는 것이라고 봅니다.

정리해 볼까요? 포스트모던은 '이의의 지평'에서 작용하기 때문에 결코 합의에 도달할 수 있다고 믿지 않습니다. 포스트모던 아저씨는 합의를 목표로 삼지 않은 채 계속 엇갈리는 주장들이 낳는 차이들을 인정해야 한다고 봅니다. 그래서 각각의 작은 이야기들은 어떤 합의, 큰 진리도 세우지 않습니다. 만약 이런 진리가 마련되면 작은 이야기들은 존재할 필요가 없겠죠. 진리의 설립은 이야기들 모두에게 사망선고를 하는 겁니다.

진리가 없기 때문에 이야기들은 어떠한 통일, 합의를 이루지 못한 채 끝없이 이어집니다. 여기에서는 어떤 메타 이야기도 추구하지 않습니다. 이야기 위에 군림하려는 메타 이야기도 역시 하나의 이야기이니까요. 이런 판에서는 토론할 때, 하나의 보편적 결론을 내리려고 하기보다는 다양한 다른 견해들을 제시하는 것이 오히려 생산적이라고 봅니다.

장단이 맞는 피고와 원고의 속사정

포스트모던의 '이의의 지평'이 어떤 것인지를 좀 더 살펴봅시다. 포스트모던 아저씨는 '디페랑(différend)'이란 용어를 사용합니다. 원래는 분쟁, 소송이란 뜻으로 쓰이는데, 이 경우에는 합의에 이를 수 없는 차이 때문에 다툼이 생기는 경우를 말하죠.

이를테면 서로 다른 세계관과 문화를 지닌 원시인과 문명인의 대화를 합의에 이르게 할 수는 없겠죠. 대개 그 경우에 통일을 추구하는 시도는 문명사회가 원시사회를 파괴하는 것으로 귀결되는 역사적 사례가 많았습니다. 체제 수호자와 체제 거부자 간의 대화도 어떤 공통성을 찾을 수 없기 때문에 합의에 이를 가능성이 별로 없죠. 이런 차이와 다툼의 상황이 바로 디페랑입니다.

서로 다른 의견 때문에 다투는 많은 경우에 보기와 달리 더 근본적이거나 더 높은 원리를 구하기 때문에 차이가 해소되는 경우가 있습니다. 애정을 확인하기 위해 서로 다투는 부부, 결혼할 상대방을 놓고 부모와 다투는 자식, 어떤 문제를 놓고 서로 자기가 맞다고 다투는 학자나 학생, 국회에서 서로 잘났다고 겨루는 국회의원 등의 경우들이죠.

법적 소송에서는 어떻습니까? 보통 법정에서 원고와 피고가 서로 다툽니다. 과연 그들의 싸움을 말리거나 화해시킬 가능성이 없을까요? 그들의 싸움에는 재미있는 면이 있습니다.

서로 다투지만 그들은 공통의 원리나 기반을 공유하고 있습니다. 원고와 피고는 모두 그들이 호소하는 법 원리를 가운데 두고 한쪽은 이 방향으로, 다른 쪽은 반대 방향으로 엇갈린 주장을 합니다. 그들의 다툼 위에는 그런 차이들을 조정할 보편적 법이 있습니다. 그들의 싸움은 이런 원리와 해결책을 앞에 놓고 맞서는 것이죠. 그래서 원고가 법에 더 가깝다고 하면, 피고는 원고가 아니라 바로 자신이 법에 더 가깝다고 주장하죠. 그들의 대립 밑에는 공통의 기반, 또는 상위의 법이 있습니다.

어쨌든 이 경우에 법은 어느 한쪽의 손을 들어 주겠지만, 다른 쪽은 아픈 가슴과 잃어버린 재산을 아쉬워하면서, 혹은 법을 원망하면서도 그 판결을 받아들입니다. 법의 보편성은 양자의 차이를 사소한 것으로 만들죠. 판결에 불복하는 경우에는 더 높은 심급에서 더 공정한 판결, 더 완전한 법 적용을 요구하는 것이고, 자신의 경우가 바로 그 원리에 비추어 더 정당하다고 주장하고 싶은 것이죠.

그런데 이와 달리 디페랑은 다툼을 초래하지만 양자 사이에 어떠한 공통의 기준도 마련하지 못합니다. 원시인과 문명인의 대화, 이성과 비이성(광기)의 대화 같은 경우에는 원리적으로 소통이 불가능합니다.

이런 경우들 가운데 한두 가지를 살펴보기로 합시다.

체제 수호자와 반대자의 엇갈리는 대화

한 체제에 반대하는 사람이 있을 수 있습니다. 바로 사상범이라고 불리는 이들이죠. 체제 쪽에서 볼 때는 눈엣가시 같은 존재요, 성질대로 하면 확 어떻게 하고 싶을 겁니다.

"우리 체제가 뭐가 어때서 시비를 걸고, 이 체제를 부정하겠다는 거야? 다른 착한 사람들은 다 잘 사는데 적응을 못하는 몇몇 녀석이 철없이 까분단 말이야."

이런 사상범을 두둔하자는 것은 아니지만, 이런 비난 밑에는 한 체제 안에서 사는 모든 사람은 그 체제에 무조건적으로 동의해야 한다는, 모두 체제가 요구하는 대로 생각하고 행동해야 한다는, 그러면 행복하게 살 수 있을 것이라는, 어려운 문제는 체제를 운영하는 사람들에게 맡기고 그저 주어진 일이나 열심히 하라는 생각이 깔려 있는 것 같죠?

물론 완벽한 체제란 없으니 그 체제를 부정하고픈 사람도 있을 겁니다. 너무 과민반응을 보일 필요는 없습니다. 어느 쪽이 옳은지를 판가름하는 것은 쉬운 일이 아닙니다. 굳이 그 체제가 싫다면 다른 체제에서 살라고 내보내 버리면 되겠죠. 그런데 못 내보내겠다, 못 떠나겠다 하며 또 싸움이 붙습니다. "아이고, 골치야!"

보통 체제 수호자들은 그런 골치 아픈 녀석들, 죽어 마땅한 녀석들을 가두어 둡니다. 풀어 놓으면 자꾸 체제를 비난하고, 사사건건 체제에 시비를 건다는 이유에서 말입니다.

사상의 자유는? 이렇게 물어보니, 그런 자유는 체제의 정당성 자체를 문제 삼으면 안 된다는 조건 하에서 보장되는 것임을 알 수 있군요. 어쨌든 입을 막거나 몸을 묶어서 가두어 버립니다. 그런데 체제를 거부하는 사람에게 체제의 이름으로 가두는 것이 얼마나 설득력이 있을까요? 즉 사상범은 체제를 거부하기 때문에 그 체제가 만든 법도 거부하죠. 그런데 바로 그것을 이유로 그 사람에게 그 법을 적용하고 그 체제의 정당성을 내세웁니다.

이들 사이에 어떤 토론이 가능할까요? 아마 토론의 기본 조건을 마련하기가 불가능할 겁니다. 사상범은 체제 바깥에 있고, 체제 수호자는 체제 안에 있습니다. 앞쪽은 체제 전체를 거부하고, 뒤쪽은 체제가 정당하다고 봅니다. 둘 사이에는 공약 가능성이 없습니다. 서로가 상대 주장을 이해하지 못한 채, 상대 주장을 하나도 남기지 않고 거부합니다. 이 경우에는 토론 자체가 가능하지 않습니다.

다투는 오나라와 월나라는 한배를 타고 있다

이런 토론을 진리의 토론과 비교해 봅시다. A가 어떤 진리를 주장합니다. 그랬더니 B는 이 진리가 잘못된 것이라고 비판하면서 자기의 주장이 바로 진리라고 내세웁니다. 상황이 심각하죠. 두 사람은 다 생존하기 위해 격렬한 논쟁을 벌일 겁니다. 두 사람은 격렬하게 싸우겠죠. 그런데 손바닥도 부딪쳐야 소리가 난다고 이런 싸움, 논쟁, 진리의 투쟁도 서로 맞부딪치고 장단이 맞아야 합니다.

"아니 장단이 맞다니? 당신 지금 누구를 놀리는 거요?"

"무슨 말씀을? 제 이야기를 들어 보세요. 당신들은 진리에 대해서 의견이 다르고 서로가 옳다고 하면서 맞서고 있습니다. 하지만 당신들 모두는 진리를 다르게 보는 점에서 의견 차이가 있을 뿐, 진리가 존재한다고 믿는 점에서는 같습니다. 그러니까 한 사람은 다른 사람의 주장이 진리에 부합하지 않고 내 주장이 진리에 더 들어맞는다고 하는 것이지, 진리 자체가 없다고 생각하지는 않는 거죠. 당신들은 오월동주(吳越同舟)처럼 다투지만 한배를 타고 있는 겁니다. 만약 이 배에 물이 샌다면 그때도 계속 자기가 옳다고 싸울 건가요? 각자가 주장한 진리들 가운데 어느 것이 옳은지는 모르겠지만 다투다가 오류의 강에 빠져서는 안 되죠."

어떻습니까? 진리의 다툼은 사실은 더 훌륭한 진리를 찾는 싸움이지, 진리 자체를 파괴하려는 싸움은 아니죠. 이런 점에서 주장이 다른 두 사람은 사실 서로 돕고 있거나 동지라고 봐야 하죠. 서로 원수로 생각하면 안 됩니다. 괜히 그런 척하는 거죠.

사상범에게 사형을 선고할 것인가?

다시 사상범의 예로 돌아갑시다. 여러분이 재판을 맡았다면 사상범에게 사형을 선고할 건가요? 물론 개인적으로 체제를 열렬히 사랑하는지 아닌지를 물어보는 것은 아닙니다. 이 사람에게 사형을 선고한 다고 체제에 대한 사랑이 돋보인다고 생각할 필요는 없죠. 문제는 맞선 견해가 아무런 공통성을 찾을 수 없고, 토론이나 합의가 원리적으로 불가능한 경우에 어떻게 할 것이냐를 묻는 겁니다.

체제를 굳게 신봉하는 판사가 이 사상범과 같은 하늘을 이고 있을 수 없다고 생각해서 이 사람을 황천으로 보냈다고 합시다. 이 판사의 애국심은 높은 점수를 받았고, 이제 겁이 나서 아무도 사상범이 될 용기를 내지 않는다고 합시다. 세월은 흐르고 흘러서 까마득히 그 사건을 잊을 정도로 오랜 후를 생각해 봅시다. 어느 날 체제가 바뀌는 불행한 일이 생긴다면 이 사건은 어떻게 될까요?

만약 그 사상범이 살아 있다면, 그는 더 이상 감옥에 있을 필요가 없겠죠. 그리고 그런 사람에게 사형을 선고할 수도 없겠죠. 세상이 바뀌었으니까요. 이제 '소수의 불순한 자들'의 자리가 바뀝니다. 물론 그 판사를 잡아들여서 과거의 잘못을 묻는다든지 '체제의 복수'를 하자는 것이 아닙니다. 그런 판결이 잘되고, 잘못되고를 따지자는 것도 아닙니다. 다만 그 판결의 바탕인 헌법, 나아가 체제 자체가 영원하고 완전한 것이라고 믿으며, 그 체제 하에서 체제와 다른 생각을 갖는 사람은 죽어야 한다고 생각하는 것이 무시무시함을 알 수 있습니다. 중세의 마녀재판 같은 분위기 아닙니까?

우리나라도 한창 살벌하던 시절에 사상범들을 신속하게 재판해서 (체제가 바뀌기 전에 결판내야 하니까요.) 언론에 보도되기 전에 쓱싹 없애 버린 사건이 있었죠. 그런 용감한 태도와 과단성에는 경의를 표해야 할 정도입니다만, 조금만 다르게 생각했더라면 그렇게 체제가 진리의 이름으로 사람을 죽이는 일은…… 어쨌든 이런 재판과 처

벌이 체제를 수호하는 전략의 차원에서 이루어진다면 그것이 올바른지는 모르겠지만, 살벌한 분위기 때문에 반대파라든가 이의를 제기하는 사람들은 등골이 오싹할 겁니다.

"자, 겁 없는 놈 여기 나와 이 총에 맞아라! 목이 두 개 달린 놈도 여기 나와서 쌍권총을 받아라!"

자, 총싸움은 그만하고 머리를 맞대고 이야기 좀 합시다.

금도끼가 네 것이냐, 쇠도끼가 네 것이냐?

이제 원시인과 문명인 간의 대화를 상상해 봅시다. 재미있을 것 같습니까? 사실은 재미있을 것도 없죠. 서로 말이 안 통하니까요.

물론 제 이야기는 정말 서로 말을 못 알아듣는다는 뜻이 아닙니다. 서로의 사고방식에 어떠한 공통점도 찾기 힘들기 때문에 상대방의 얼굴을 보면서 혼자 떠들 수는 있지만 상대방을 납득시키거나 합의에 이를 가능성은 거의 없습니다.

예를 들어서 '금도끼 쇠도끼' 이야기를 해 봅시다. 이 이야기는 잘 아시죠?

자, 산신령이 물에 빠진 도끼를 들고 나와서 물어보는 장면인데 원시인과 문명인이 각각 대답을 할 겁니다. 그리고 쇠도끼보다 금도끼가 성능이 몇 배 좋다고 합시다. 문명인은 어떻게 답을 할까요?

문명인   예, 바로 그 금도끼가 제 것입니다.

신령   그러한가? 뭔가 이상하구나. 그럼 가져가서 높은 성능을 잘 활용하도록 하여라. 너희들이 워낙 생산성을 높이려고 기를 쓰고 상품을 많이 만들려고 노심초사하니 힘도 덜 들고 더 많은 일을 할 수 있는 요술 금도끼를 주겠다. 아마 이 도끼가 있으면 생산성이 10배는 높아질 것이다. 하지만 생산성이 높다고 반드시 좋은 것만은 아님을 명심하라.

문명인 별 걱정을 다하십니다. 저 같은 녀석에게 이런 은혜를 베풀어주시니, 흑흑…….

신령 우는 척하지 않아도 되느니라. 앞으로는 그렇게 무턱대고 욕심내지는 말거라. 네가 욕심에 눈이 어두워 잠시 정신을 잃은 듯하나 더 열심히 일하면서 정신 차리라고 이 아까운 도끼를 주는 것이니라. 그리고 네가 혹시 은혜를 원수로 갚지 않을까 걱정되는데, 나중에 이 숲을 완전히 민둥산으로 만들 생각만은 말거라. 그건 너와 내가 함께 죽는 길이로다.

　그렇다면 원시인은 어떻게 답할까요?

원시인 그 쇠도끼가 제 것이고, 금도끼는 본 적도 없는 것입니다.

신령 (저런, 순진하기는. 저래서 어떻게 이 험한 세상을 살아갈꼬.) 너는 참으로 선량하구나! 내, 너의 보기 드문 선함과 정직함을 높이 사서 금도끼도 덤으로 줄 테니 함께 가져가거라. 아마 이 도끼가 있으면 생산성이 10배는 높아질 것이다.

원시인 신령님, 뜻은 고맙사오나, 저는 쇠도끼면 충분합니다. 제 것이 아닌 것은 갖지 않겠습니다. 그리고 말씀하신 대로 이 금도끼가 10배나 위력적이라면 저는 더욱 그것을 갖고 싶지 않습니다.

신령 그래? 왜인고?

원시인 다름이 아니오라, 저희 마을에서는 먹고살기에 충분한 정도만 생산하는 것을 미덕으로 압니다. 저희에게 필요하지도 않은데 무작정 생산해서 그것을 쌓아 두는 것을 좋아하지 않습니다. 저희는 필요한 정도 이상으로 생산하지 않을 것입니다.

만약 신령님 말씀대로 금도끼가 10배의 생산성이 있다면 저희는 지금보다 10배를 생산하게 될 텐데, 그러면 필요 이상의 잉여를 어떻게 해야 할지 알 수 없습니다. 그렇게 필요 이상으로 생산하는 것은 이 숲을 황폐하게 만들 것이 뻔하고, 저희 사이에서도 많이 가진 자와 적게 가진 자로 계급을 가를 수도 있고, 우리 마을 전체가 '생산을 위한 생산'에 휩쓸려 엉망으로 될지도 모릅니다. 설령 10배의 성능을 지닌 금도끼를 가져가더라도 일하는 시간을 10분의 1로 줄여서 필요한 만큼만 생산할 것이므로 금도끼는 있으나 마나입니다. 그러니 쇠도끼만으로도 충분합니다. 하마터면 잃어버릴 뻔한 도끼를 찾아 주셔서 감사합니다. 쇠도끼를 주시면 숲을 아끼면서 필요한 나무만 잘라서 쓰겠습니다.

신령 　오, 그러한가. 내가 금도끼를 주면 이 숲이 황폐해진다는 생각을 하긴 했지만 너까지 그런 걱정을 할 줄 몰랐구나. 그래, 금도끼를 휘두르면서 나무를 마구 잘라 내고 10배나 생산해서 그것을 쌓아 두고 그 후의 험악한 꼴을 보는 건 바람직하지 않겠구나. 너에게 한 수 배웠다. 자, 여기 네 쇠도끼가 있으니 가져가거라. 너희야말로 살기 위해서 생산하고, 저 문명인들처럼 생산하기 위해서 사는 것은 아니로구나. 기특한지고. 허허허.

금도끼족은 어떤 방식으로 쇠도끼족을 망칠까?

자. 이야기에서 보듯이 원시인은 금도끼를 주어도 받지 않을 뿐만 아니라, 그것을 가져가도 일하는 시간을 줄여 생산을 늘리지도 않을 거

라고 합니다. 하지만 여러분은 이런 원시인을 보면서 혀를 차겠죠.

"저런 바보 같은 녀석. 일단 받아 놓고 볼 것이지. 그리고 왜 더 많은 생산이 나쁘다는 거지? 밥도 제때 못 먹는 녀석들이 따지는 것도 많네. 그래 싫으면 그만둬라."

이렇게 괜히 원시인을 꾸짖는 문명인들은 어떻게 합니까? 우리들은 10배의 생산성이라고 하면 눈이 확 뜨이죠. 그래서 금도끼를 받아다가 일하는 시간을 줄이기는커녕 밤낮으로 일해 20배 정도로 생산량을 늘리고, 이것을 쌓아 둔 채 또 생산하고 "생산은 좋은 것이야" 하면서 계속 생산에 박차를 가할 겁니다. 이것이 바로 생산을 위한 생산이고, 생산에 광적으로 집착하는 태도입니다.

문명인들은 기계를 이용해서 생산성을 높일 수 있다면 그것으로 노동 시간을 줄이지 않고 예전보다 더 많은 시간을 노동함으로써 엄청난 양의 생산물을 만들어 내죠. 그러니 신기한 금도끼가 있다면 놀릴 수는 없는 문제죠. 그래서 인간들 사이에 잉여 생산물이 쌓이고, 그것은 계급을 나누고, 자연은 필요 이상으로 훼손되죠. 문명인은 필요한 만큼 생산하는 것에 만족하지 않고 더 많은 생산에 목숨을 겁니다. 그러다가 한때는 공황이 발생한 적이 있죠. 수요를 초과하는 생산으로 상품이 남아도는 바람에 공장이 문을 닫고 모두들 너무 힘들었죠. 그런데도 더 많은 생산에 집착하는 것을 멈추지 않습니다.

그래서 이제는 물건을 더 많이 만드는 것뿐만 아니라 더 큰 욕망을 만들어 내고, 그 부풀려진 욕망을 채우려고 더 많이 생산합니다. 실제로 우리가 생산하는 것은 필요한 것 이상이죠. 자, 이런 태도가 과연 살기 위해서 생산하는 것인지, 아니면 생산하기 위해서 사는 것인지를 살펴볼 필요가 있지 않을까요?

우리가 원시인들보다 더 많이 생산한다고 그들보다 더 충만한 삶을 살고 있을까요? 그들이 적당히 일하고 놀면서도 나름대로 살아가는 것보다 죽어라 일하면서 일에 매여서 살아가는 것이 더 낫다고 할 수 있을까요? 그리고 이런 생산을 위한 생산이 과연 바람직한지, 또한 이것이 자연을 황폐하게 할 때 과연 인간들이 이처럼 자연을 망칠 자격이 있을까요?

우리는 원시인들을 어린애 취급합니다. 우리가 그들의 미래상이고, 그들은 우리의 과거 모습이니, 우리가 그들보다 진보했다고 생각합니다. 그러니 그런 삶을 살고 있는 그들이 뭔가 잘못된 것이라고 생각합니다. 그래서 그들의 삶을 고쳐 주려고 하죠. 문명의 혜택을 누리게 하려 하고 '원시의 잠에서 깨어나야 한다'고 주장합니다. 그들이 나름의 삶을 살도록 그냥 내버려 두지 않습니다.

우리가 옳기 때문에, 더 효과적으로 살기 때문에, 아니면 우리가 생산한 물건을 팔아 줄 시장이 필요하기 때문에 원시인들이 그렇게 벌거벗고 살아서는 안 되는 거죠. 그들은 제조 공장과 옷가게 사람들에게 하나의 시장일 뿐입니다. "아무리 더워도 멋있는 옷을 입어야지. 그렇게 뻔뻔스럽게 노출하고 다니면 되겠는가?" "이렇게 더운데 냉장고나 에어컨도 없이 여름을 난단 말입니까? 이 제품을 한번 써 보세요."

이런 쓸데없는 염려와 장삿속을 곧이곧대로 받아들이면 원시인들은 좀 더 편하고 배불리 사는 게 아니라 그들의 생활양식을 송두리째 파괴당하는 것입니다. 서구인들이 종교를 앞세워 그들에게 하나님을 소개할 때부터 원시인들은 그들의 믿음 체계를 부정당하죠. 그들의 가짜 믿음을 서구인들의 '참된 신앙'으로 바꿔야 합니다. 또한 문명이 공들여 만든 상품을 잘 사지 않는 것도 죄가 됩니다. 점점 편리한 물건으로 불편한 생활을 혁신해야 하죠. 그래야 문명의 발전도 촉진되고, 그들의 비합리적이고 비생산적인 틀도 부숴 버릴 수가 있죠. 그렇게 그들은 자본주의 시장에 편입됩니다. 이것을 '식민지 건설'이라고 부르기도 하더군요. 이런 이야기를 일일이 다 하려면 너무 많은 시간이 걸리겠죠?

한마디만 더할까요? 콜럼버스가 아메리카 대륙을 '발견했다'는 이야기가 있죠. 아마 그곳에 오래전부터 살고 있던 인디언들을 사람으로 여겼다면 그런 표현을 쓸 수는 없었겠죠. 그들을 마치 물소 떼처럼 생각했기 때문에 그곳을 처음으로 발견했으며, 프런티어 정신을 내세워서 그들을 조상 때부터 살던 곳에서 쫓아냅니다. 대륙의 발견자와 인디언들 사이에 대화가 가능할까요? 사실 인디언(Indian)이라는 말 자체가 인도에 사는 사람들이라는 뜻이죠. 인디언들이 언제 인도에 살았나요?

금도끼를 사용하는 이들과 쇠도끼에 만족하는 이들 사이에는 어떠한 공통성, 공약 가능성도 없습니다. 이런 차이를 인정하지 않는 경우에 어느 한쪽이 다른 쪽을 진리와 문명의 이름으로 '저 세상으로' 보내 버리지 않을까요? 원시와 문명의 대화는 항상 이런 차이 때문에 문명이 원시를 소탕해서 차이를 없애는 것으로 끝나고 맙니다. 무슨 권리로, 무슨 명분으로 그런 차이들을 없애야 한다고 생각했을까요?

포스트모던이 다양성을 존중하는 면을 보고 '다원주의(多元主義)'라고 할지도 모릅니다. 하지만 엄격히 이야기하면 다원주의라고 할 수 없습니다. 다원주의 진리관은 진리가 하나가 아니라 여럿 있다고 보죠. 하나의 보편적 진리 대신에 각각의 특수한 진리들이 공존한다고 보는 관점이죠. 그런데 이 경우에 같은 사태에 대해서 다양한 관점이 서로 맞선다면 어떻게 될까요?

또한 "세계는 넓고 진리는 많다"라는 말처럼 곳곳에서 저마다의 진리를 주장하는 진리의 춘추전국시대가 펼쳐지는 경우도 있겠죠. 이런 경우에는 '진리 통합 타이틀전'을 열어서 각 지역마다 선수를 출전시켜 진리를 뽑는 경기를 한다면 챔피언이 등장할 수 있고, 그 챔피언이 장소의 차이를 극복하고 '진짜 진리'가 되지 않을까요?

물론 이런 타이틀전이 불가능한 경우도 있습니다. 예를 들어 역사주의적 관점은 진리가 역사적 시기마다 달라진다고 봅니다. 여기에는 하나의 진리가 아니라 여러 진리들이 다른 시대에 나타나서 각 시대의 챔피언으로 천하를 주무릅니다. 하지만 어느 누구도 진리 타이틀전의 승자가 될 수 없죠. 각 진리들이 다른 시대에 사는 까닭에 타이틀전을 펼칠 수 없기 때문입니다. 어쨌든 이 경우에 '이 시대'의 진리는 '저 시대'의 진리일 수 없어서 서로 다르죠. 만약 이 가운데 하나만 진리라면 과연 어느 시대 사람들이 진리와 함께 사는 행운을 누릴까요? 가장 마지막 시대일까요, 아니면 황금 시대일까요? 어려운 문제입니다.

진리 앞에서 자유로운가, 진리에서 자유로운가?

그런데 포스트모던은 '진리 자체가 없다'고 봅니다. 니체의 진리관을 생각해 보면 됩니다.

간략하게 니체의 진리관을 소개할까요? 니체는 진리나 이성을 권력, 지배의 한 형식으로 봅니다. 그는 모든 생명체가 자기 삶을 유지, 강화하기 위해서 힘을 추구한다고 봅니다. 이런 힘-의지가 인간(특히 서구인)의 경우에는 진리-의지와 연결된다고 봅니다.

즉 변화하는 세계에서 안정되고 확실한 삶을 확보하기 위해서 불변적인 진리를 만듭니다. 진리는 안정되고 확실한 삶을 얻으려는 '전략'인 셈이죠. 이를테면 자연세계를 우리가 만든 개념과 체계로 인식함으로써 변화하는 세계에서 변하지 않는 참된 것, 법칙을 찾고 이것에 바탕을 두고 더 큰 힘과 확실성을 마련하려는 생존전략을 사용합니다.

그래서 힘-의지의 한 형태인 진리를 찾기 위해서 세계를 현상과 본질로 나누고, 현상세계를 뛰어넘는 초감각적인 세계(플라톤의 이데아)를 찾습니다. 니체는 이에 대해서 "신은 죽었다"라고 함으로써 이런 초감각적 세계, 형이상학적 세계가 허구라고 보고 현실세계가 지닌 구체성을 회복하고자 합니다.

니체가 볼 때, 진리는 세계의 모습을 그대로 반영하는 것이 아니고, 인간의 필요 때문에 세계에 던져 놓은 인위적인 틀에 지나지 않습니다. 끊임없이 변하는 세계, 생성의 세계는 이런 인간의 (고정된) 개념의 체계와 아무런 관계가 없습니다. 이렇게 본다면 진리는 오류이거나 기만입니다. 하지만 이런 진리는 인간의 삶에 필요한 것이죠. 인간이 변화하는 세계에서 살기 위해서는 그런 진리-도구가 필요합니다. 마치 세계가 예측 가능한 것처럼, 법칙이 있는 것처럼, 진리에 따라 움직이는 것처럼 생각할 필요가 있습니다. 이런 면에서 이성, 진리, 개념, 언어 등은 인간중심주의와 관련이 있습니다.

따라서 보편타당한 진리는 힘-의지의 한 형태입니다. 더 쉽게 이야기하자면, 어떤 사람이 진리의 이름으로 말할 때 그 사람 뒤에는 힘-의지가 숨어 있습니다. 권력과 부를 행사하는 사람보다 진리를 휘두르는 사람이 더 무섭지 않을까요? 이렇게 볼 때, 보편적 진리야말로 어떤 공간이나 시간에 제한되지 않고 가장 큰 힘을 행사하는 방식이라고 할 수 있습니다.

전통적인 태도는 진리 앞에서 경건하고 엄숙한 자세를 취합니다. 나아가 "진리가 우리를 자유롭게 하리라"고 믿습니다. 물론 모두가 진리를 경배하는 의식에서는 정해진 절차와 의미를 기꺼이 받아들여야 합니다. 바깥에서 누군가가 "모두가 똑같이 생각하고 똑같이 행동하고 느낀다"라고 비난하더라도 그런 소리는 진리 안에서 무한하게 자유로움을 누리지 못하는 자들이 하는 허튼소리로 여기되, 그들을 비웃기보다는 불쌍히 여겨야겠죠. "진리 없이 제멋대로 사는 가련한 녀석들. 언제 철이 들어서 진리의 마을로 다시 돌아오려나?"

그래서 포스트모던은 '이단(異端)'이라고 할 수 있습니다. 진리의 의식에 참여하지 않고 진리 앞에서 머리를 조아리지도 않습니다. 그들은 진리에 따르는 것이 과연 자유로운 것이냐고 묻기도 합니다. "우리 주, 진리께 고개 숙이나이다"라고 하는 어린양들이 아닌가 봅니다. 진리 앞에서 얌전하게 굴지 않고, 심지어 진리 옆에서 웃기도 해서 엄숙한 판을 가볍게 만들기도 하죠. 그들에게는 진

진리를 비판하는 것과 진리를 부정하는 것은 어떻게 다를까요?

리가 참을 수 없을 만큼 무거운가 봅니다.

　진리가 모든 것을 '하나의 동일성'으로 줄 세운다면, 이에 대해서 다양한 차이들로 맞서는 것이 포스트모던의 태도입니다. 동일성이 모든 구체적인 것들을 한꺼번에 장악하려는 것에 저항하죠. 그런 동일성은 너무 추상적으로만 말하기 때문에 차이들은 불만이 많습니다. 이러저러한 것들의 다름보다는 그 모든 것의 같음만 말하기 때문이죠.

　　사람이 어떤 삶을 살든, 어떤 고민을 하든, 어떤 내용으로 자기 삶을 채우든, 그는 사람이지 다른 어떤 것이 될 수 없습니다. 역사상 존재하는 사람들의 삶의 내용과 형식이 아무리 바뀌어도, 그들 모두가 사람이란 점에서는 똑같을 수밖에 없습니다.

　　만약 '사람은 X다'라고 한다면 이 규정은 시대와 장소를 뛰어넘어서 항상 타당한 것이어야 합니다. 사람 자리에는 어떤 사람이든 다 들어갈 수 있지만 누가 들어가도 그 내용은 바뀌지 않습니다. 그래서 모든 사람은 같은 본질을 가질 수밖에 없습니다. 그는 어떤 경우에도 사람일 뿐, 다른 가능성을 가질 수 없습니다.

　동일성은 딱딱해서 변화에 둔감하고, 너무 커서 하나하나에 꼭 맞지 않을 뿐만 아니라 항상 똑같은 틀만 반복하라고 합니다. 그 무엇보다도 이런 하나의 같은 목소리가 다양한 목소리를 무시하는 점이 불평을 살 만하죠.

　물론 포스트모던은 진리를 거부하지만, 그렇다고 더 높은 진리에 관심을 갖지도 않습니다. 이들은 진리에 목숨을 걸지도, 기존 진리를 더 큰 진리, 완전한 진리로 바꾸려는 것도 아닙니다. 이들은 '진리 자체'가 위험하지 않은지를 문제 삼습니다. 어쨌든 진리를 무서워하지 않는 사람들이라고나 할까요? 이들은 진리와 오류를 대립시키고 오류를 버리는 태도가 아니라 오류와 현상의 세계에서 다양한 놀이를 즐깁니다.

포스트모던의 새로운 놀이 규칙

포스트모던 아저씨는 작은 이야기들이 복잡하게 뒤섞인 판에는 '하나의 중심'이 없기 때문에 이야기들이 관계 맺는 새로운 규칙, 규칙 아닌 규칙이 필요하다고 봅니다.

그래서 이제 동일성 대신 차이를 내세우고, 총체성에 대해서는 조각난 계열을, 진리와 논리에 대해서 위반과 배리(背理, paralogie)를 마주 세웁니다. 또한 합의와 타협 대신에 분쟁과 이의(異意, dissension)를 내세웁니다.

이처럼 진리에 관한 확신을 거부하는 노력은 예술 등에서 쉽게 찾을 수 있을 겁니다. 니체는 진리를 만드는 태도를 예술적 태도와 비슷하다고 했습니다. 그리고 예술이 가상과 오류를 통해서 생명력을 고취시킨다고 보았습니다.

전통적인 믿음처럼 예술세계에서 진리를 중시하는 태도가 바람직할까요? 즉 예술이 참된 것을 목표로 삼아야 할까요? 포스트모던의 틀은 예술세계가 진리에 예속되어야 한다고 보지 않습니다. 그래서 예술세계에서 진리에 얽매이지 않고 생산적이고 창조적인 틀을 찾습니다.

이런 예술은 세계와 인간의 진리, 진리의 문법에서 벗어나고자 합니다. 즉 진리의 지배로부터 벗어나 세계를 충실하게 재현하려고 하지 않습니다. 예를 들어서 주어진 것을 찾는 것보다는 발명(invention)을, 기존의 것을 따라가기보다는 실험(experimentation)을 강조하죠. 이때 발명(고안)은 새롭고 더욱 참된 진리가 아니라, 오히려 진리의 규칙을 뒤바꾸고자 하는 것이죠. 이런 예술은 개념적 인식이 정착을 추구하는 것과 달리 '표류(漂流, dérive)'를 선호합니다.

포스트모던은 '모더니즘'과 어떻게 다른지 볼까요? 문학이나 미술에서 '모더니즘 미학'은 시공간적으로 통일된 세계, 하나의 원리나 규칙에 얽매인 세계, 합리성이 지배하는 세계를 거부합니다.

그래서 '모던 예술'은 혁신(innovation)을 통해서 예술이란 말놀이 규칙에서 새로운 예술적 진리를 추구하고 새로운 수(手)를 찾습니다. 즉 '초기 모던'의 미학적 혁신은 새로운 진리나 새롭게 진리를 이야기하는 방식을 추구하죠. 반면 '후기 모던' 미학은 이야기하는 경험에 관한 새로운 진리를 추구합니다. 모던 미학은 예술을 혁신하려고 하죠.

하지만 포스트모던 예술은 더 이상 진리를 추구하지 않습니다. 포스트모던은 '발명의 배리'를 통해서 놀이 규칙을 뒤바꾸려고 합니다. 포스트모던 아저씨는 이것을 (칸트의 숭고미를 해석하는 과정에서) '재현할 수 없는 것을 재현하려는 시도'에 따른 긴장으로 설명하고자 합니다. 포스트모던은 어떠한 진리로도 규정될 수 없고, 개념적 재현의 대상이 될 수 없는 단일성, 차이, 이질성, 공약 불가능성에 주목합니다.

포스트모던 아저씨는 사회과학의 영역에 대해서 모던의 사고방식을 더욱 세련된 방식으로 고수하는 '합의 이론'과 '체계 이론'을 문제 삼습니다.

이 가운데 체계 이론만 간단하게 봅시다. 한 사회 체계가 잘 작동해야 한다는 것에 중점을 둘 때 어떤 조건이 필요할까요?

1) 체계는 복잡성을 줄여야만 작동합니다.

2) 개인들의 욕망을 체계의 목적에 맞도록 유인해야 합니다.

1)의 경우에 복잡성을 줄이는 것은 체계의 권력 행사를 유지하기 위해서 필요하죠. 만약 모든 메시지가 개인들 사이에서 자유롭게 유통된다면 엄청난 양의 정보 때문에 의사 결정이 지연되겠죠. 그러면 수행성과 효율이 최소화됩니다. 따라서 '최적화(optimization)'를 위해서는 체계가 요구하는 방식에 따라서, 가장 효율적인 절차로 의사소통이 조절되어야 합니다. 이것은 미니맥스(mini-max) 전략으로 가장 적게 투입해서 가장 크고 효율적인 결과를 얻고자 합니다.

2)의 체계는 그것이 작동하는 데 방해가 되는 모든 일탈을 제거해야 하죠. 이를 위해서 개인들의 욕망까지도 체계가 요구하는 대로 조절해야 합니다. 행정 절차를 원활하게 수행하기 위해서는 체계에 필요한 것을 개인들이 원하도록 해야 합니다. "체계가 원하는 것이 바로 내가 바라는 것이다." 거꾸로 개인들의 욕망이 체계를 인도해서는 안 됩니다. "당신은 국가가 당신에 대해서 무엇을 해야 할 것을 요구하기보다는 당신이 국가를 위해서 무엇을 할 것인지 먼저 생각하고 나서 알아서 기어야 한다"라는 멋있는 주장을 하면 국민들이

감동 받지 않을까요? 오웰(G. Orwell)의 《1984년》에서 보듯이 개인의 열망을 체계가 요구하는 것에 맞추어야 합니다. 개인들은 체계가 원하도록 정해진 것을 원하면 행복하게 살 수 있습니다.

포스트모던 아저씨는 이런 무시무시하고 논리적인 주장이 한마디로 모든 것에 수행성과 효율을 극대화하라고 요구하는 점에 주목합니다. 이런 시도는 체계가 순조롭게 작동하는 데 방해가 되는 사람들을 제거하거나, 좀 더 부드럽게 정상적 틀 안에 묶어 두어서 최대의 효율성을 삶의 목표로 삼게 하죠. 이런 '체계의 논리'는 사회 안의 모든 활동을 '수행성'에 따라 평가합니다. 그리고 체계의 권력 효과를 높이기 위해서 생활 규범을 재조정하죠.

포스트모던 아저씨는 이것에 대항하는 전략을 모색합니다. 체계이론은 말놀이에 허용되는 수들을 체계가 바라는 대로 조절하려고 하죠. 이에 맞서려면 말놀이의 이질성에 주목해서 '체제의 테러'를 막아야 합니다.

놀이를 정하는 규칙과 가능한 수들에 대한 합의는 전체적일 수 없고 국지적이기 때문에 다양한 말놀이들이 하나로 통일되는 것을 막아야 합니다. 놀이 위에 군림하는 어떠한 명분도 다양한 놀이들을 통제하려는 것에 지나지 않습니다. 이를테면 놀이들이 '인류 해방'에 기여해야만 정당하다고 보거나, 모든 것의 체계를 효율적으로 수행하는 정도에 따라서 평가하려는 시도는 위험하죠.

우리는 모던의 큰 이야기와 포스트모던의 작은 이야기들이 어떻게 다른지 살펴보았습니다. 달리 이야기하면 이 둘은 동일성과 차이를 어떻게 보느냐에 따라서 달라진다고 할 수 있습니다. 모던은 보편적 진리를 바탕에 두고 이성이 세계에 넘치게 하려 하고, 포스트모던은 진리 없이 사고하고 이성의 지배를 달갑게 여기지 않습니다. 여러분은 어떻게 생각하나요? 다양한 차이들이 공존할 수 있다고 보나요, 아니면 차이의 어지러움보다는 통일된 하나의 질서가 바람직하다고 보나요?

그러면 계속해서 포스트모던이 보편적인 정의에 대해서 어떻게 생각하는지 살펴보기로 하죠.

모르는 것에 관심을 갖는 과학

포스트모던이 예술과 친근하지만, 그렇다고 과학의 영역에 대해서 무관심한 것은 아닙니다. 과학의 영역에서도 예전처럼 보편타당한 진리가 쉽게 마련되지 않습니다.

가장 두드러진 예로 수학에서 괴델(K. Gödel)을 들 수 있죠. 괴델은 불완전성 정리를 통해서 가장 간단한 수학 체계, 예컨대 자연수 체계에서도 완전성을 보장할 수 없음을 증명합니다. (이때 완전성이란 모든 정리가 주어진 공리계 안에서 증명되어야 함을 말하죠.) 즉 한 체계에는 그 계 안에 결정할 수 없는 명제, 참임을 증명할 수 없는 명제가 반드시 존재한다는 것을 밝히죠. 한마디로 완벽한 수학적 체계가 성립할 수 없다는 것이죠. 만약 수학마저 이런 한계에 부딪친다면 다른 체계는 어떨까요?

자연과학의 경우에도 많은 논란이 있지만, 자연의 본질을 완전하게 밝히려는 시도가 벽에 부딪치면서 과학이 기존 패러다임을 수정하는 예가 많습니다.

물리학의 예를 들어 볼까요? 물질의 결정(結晶)에 전자파를 비추는 '간섭' 실험에서 하나의 전자는 간섭 현상을 일으키죠. 이것은 하나의 전자가 동일한 시간에 서로 다른 두 지점을 통과한다는 것을 의미합니다. 동시에 여기에도 저기에도 있다는 것이 말이 되나요? (내가 집에 들어가야 하는데 동시에 앞문과 뒷문으로 들어간다면, 나는 어디로 들어간 것일까요?) 전자구름 속에 있는 전자는 하나의 입자이면서 동시에 어느 곳에나 부분적으로 존재합니다. 또 동시에 어떤 확률 분포에 따라서 존재합니다. 이런 소립자의 세계를 모순이나 역설 없이 어떻게 설명할 수 있을까요?

고전역학은 모든 물리계가 규칙적이고 예측 가능하다고 보았습니다. 그런데 양자역학과 미시물리학이 보여 주듯이 연속적이고 예측 가능한 궤도란 없습니다. 정확성을 추구하는 것은 물질의 특성 자체 때문에 벽에 부딪치죠. 그래서 더 높은 정확성을 얻으려고 하는 만큼 불확실성도 함께 커집니다. (물론 이런 현상에 대해서 과학 나름대로 적절한 설명과 해석을 마련하는 노력이 있고, 그것을 더 큰 이론적 틀로 보완, 완성하려는 노력이 이어지고 있습니다.)

그래서 자연과 과학적 명제 사이에는 '완전한 정보가 없는 놀이'를 하는 것처럼 자연이 예측 불가능함을 보여 줍니다. 꽃가루들이 물 위에 떠다니는 운동에서 보듯이 그 분자들은 어떠한 예측도 할 수 없는 무질서한 운동(브라운 운동)을 합니다.

또한 프랙탈(fractal, 쪽거리) 기하학에서 문제 삼듯이 규칙성을 포착할 수 없는 경우가 많습니다. 해안선, 달 표면, 별을 구성하는 물질의 분포, 전화 통화 중의 혼선 발생 빈도, 대기의 난류, 구름 모양 등의 경우에 어느 정도는 규칙적이지만 이것과 관련된 문제를 모조리 해결하기는 어렵습니다.

복잡한 위상수학인 카타스트로프(catastrophe, 急變) 이론도 재미있는 예입니다. 이것은 예측하기 힘든 급격한 변화를 설명하는 모델인데, 예를 들어 개의 경우에 화가 나면 공격을 하고, 겁을 먹으면 도망을 갑니다. 그런데 '화'와 '두려움'이라는 두 조절변수를 동시에 증가시키면 개가 어떤 행동을 할 것인가를 예상해 보십시오. 이 경우는 보통의 안정적이고 예측 가능한 경우와 다릅니다. 조절변수는 연속적으로 변화하지만 상태변수는 불연속적으로 변하기 때문에 예측할 수 없는 행동을 합니다.

이 이론은 이것을 모델화하고 그 예측 가능성을 높여 구조적 안정성을 추구하지만 자연의 변화를 완전히 설명하지는 못할 것입니다. 이 모델은 모든 인과 과정을 갈등으로 환원하는데, 조절변수들이 양립할 수 없는 가능성을 인정해야 하고, 존재하는 모든 것은 '결정론의 섬'이라는 점에서 모든 것을 결정된 것으로, 예측 가능한 질서를 지닌 것으로 보는 방식을 더 이상 주장할 수는 없게 된 것입니다. 질서는 무질서와 공존하고 질서만으로 세계를 설명할 수 없습니다. 질서 옆에는 바로 무질서가 공존합니다.

이런 예들에 대해서 이것을 복잡한 세계에서 질서를 찾는 시도로 보는 경우가 많지만, 포스트모던 아저씨는 다르게 생각하죠. 과학의 논리를 반리(反理)로 대체하려고 합니다. 그래서 포스트모던 과학은 과학의 발전이 불연속적이고, 파국적이며, 교정할 수 없고, 역설적인 것이라고 봅니다. 이 과학은 '아는 것(le connu)'이 아니라, '모르는 것(l'inconnu)'을 산출하는 것이라고 봅니다.

아저씨는 자연과학의 경우에도 보편타당한 진리나 그런 진리에 대한 과학자들 간의 완전한 합의가 가능하다고 보지 않습니다. 그가

보기에 과학자도 특이한 방식의 이야기꾼이고, 과학적 놀이에서 새
로운 수를 창안하는 것이 중요하다고 봅니다.

정의의 왕국을 건설할 수 있을까?

이제 포스트모던이 '정의의 문제'를 어떻게 보는지 살펴봅시다. 혹시 진리를 거부하면서 (보편적) 정의를 인정하는 것은 아닌지, 아니면 내친김에 정의까지도 의심하는지를 봅시다. 물론 정의 같은 것에 관심이 없는 분은 이 부분을 보지 않아도 좋습니다. "먹고살기도 바쁜데 무슨 정의?" 하지만 정의는 원래 먹고사는 데 꼭 따라다니는 문제입니다. 악착같이 정의를 따지는 태도, 사소한 정의를 무시하지 않는 태도가 중요하죠. 그런데 정의가 실현될 수 있을까요? 또 정의를 실현하려는 노력들에 어떤 위험은 없을까요?

크고 완전한 정의를 믿을 수 있을까?

정의로운 사회는 많은 사람들의 희망이죠. 한 예로 플라톤이 《국가》에서 '정의로운 국가'를 주장한 이래로 정의를 실현하려는 노력은 끊이지 않았습니다. 과연 우리는 정의를 실현할 수 있을까요?

정의로운 공동체를 세우려는 우리의 꿈은 실현될 수 있을까요? 이 시간에는 이 꿈을 현실로 만들 수 있는지를 살펴보기로 하죠. 이런 꿈이 꿈으로 남아서 우리를 이끄는 것이 좋을까요, 아니면 꿈이 아니라 현실로 나타나는 것이 바람직할까요?

이 문제는 보편적인 정의, 곧 '크고 완전한' 정의에 관한 문제죠. 우리 주변에서 보는 작고 불완전한 선, 부분적인 정의를 뛰어넘는 정의를 실현할 수 있을까요? 이런 보편적인 정의가 바람직할까요,

아니면 불행을 자초하는 것일까요? 포스트모던 아저씨는 이런 '정의의 위험도'를 검사합니다.

포스트모던 아저씨는 선을 실현하려는 정치적 태도와 이것을 이끄는 보편적인 정의에 의문을 제기합니다. 그리고 이런 큰 정의에 대해서 작은 정의들의 이질적인 공동체를 검토합니다.

포스트모던 아저씨는 논의 틀을 칸트로부터 끌어옵니다. '반성적인 판단력'을 참조합니다. 칸트는 《판단력 비판》에서 판단력(Urteilskraft)을 개별적인 것을 보편적인 것으로 묶는 능력으로 봅니다. 즉 개별적인 것들을 적절하게 보편성 밑에 포섭해서 종합하는 능력이죠.

그는 이것을 '규정하는 판단력'과 '반성적 판단력'으로 나눕니다. 규정하는 판단력은 보편적인 것이 미리 주어진 상태에서 그것을 개별적인 것들에 적용하는 능력입니다. (우리는 앞에서 도덕을 다루면서 개별적인 의지가 보편적인 도덕법칙 밑에 놓이는 것을 보았죠.)

이와 달리 반성적 판단력은 보편적인 것 없이 개별적인 것을 종합하는 능력입니다. 그래서 (보편을 적용하는 것이 아니라) 개별적인 것들에서 보편적인 것을 찾아내고 고안해야 합니다. 이 판단력은 확정되지 않은 판단이죠.

포스트모던 아저씨는 이러한 반성적 판단력을 정치 영역과 관련 짓습니다. 단순하게 이야기하면, 정치 영역이 불확정적인 영역이라고 보는 거죠. 정치 영역에서는 이미 주어져 있는 보편적인 답을 적용하는 것이 아니라 상황과 사건 들에 따라서 보편적인 답을 찾아내고 고안해야 합니다.

나를 따르라, 저 이상의 세계로 가자!

정치가들은 자기를 따르면 보다 좋은 세계를 만들 수 있다고 주장합니다. 그래서 정치적 행위들은 있는 그대로의 현실에 만족하지 않습니다. 현상을 뛰어넘어서 바람직한 상태를 만들려고 합니다. 새로운 조국을 건설하거나, 새로운 민족 공동체를 추구하거나, 모든 억압을 폐지한 평등한 사회를 모색하거나, 여성의 권리가 신장된 사회를 앞당기거나, 정의가 강물처럼 넘쳐흐르고 평화가 장미꽃처럼 만발한 세계를 구현하는 등등. 어쨌든 현실을 이상적인 상태로 끌어올리려 합니다.

그런데 이상적인 상태를 추구하려면 바람직한 상태가 어떤 것인지를 보여 주어야 할 겁니다. 즉 비전(vision)을 가능한 사실처럼 제시해야겠죠. 또 이것은 바람직한 상태를 아는 데 그치지 않고, 그것을 '실현시켜야 한다'고 명령하겠죠. "자, 저 높은 곳을 향하여 앞으로 가시오!"

이에 대해서 포스트모던 아저씨는 현실을 객관적으로 아는 것과 바람직한 상태를 추구하는 명령은 별개의 것이라고 봅니다. 둘 사이에는 넘을 수 없는 간극이 있다는 거죠.

다르게 이야기하면, 정치는 실천적 영역을 문제 삼죠. 이 세계는 존재하는 것을 넘어서 바람직한 상태를 요구하므로 '가치'와 '당위'를 문제 삼습니다. 그런데 이때 이론적으로 참인 세계와 실천적으로 가치 있는 세계가 같은 종류의 것일까요?

지금이 마냥 좋아서 더 이상의 발전은 필요 없다고 주장하는 '이대로주의' '보수주의'라고 하더라도 마냥 현실에 안주하겠다고 할 수는 없죠. 다만 변화의 속도를 완만하게 하고 기존 세력 균형을 뒤흔드는 일 없이 조금씩, 천천히 더 나은 세계로 가자고 하죠.

사실과 당위를 한데 묶을 수 있을까?

포스트모던 아저씨는 '사실'과 '가치'는 종류가 다르고, 이질적이라고 봅니다. 이론적인 인식은 진리를 추구하고, 실천적 세계는 정당한 행위를 추구합니다. 진리가 사실을 있는 그대로 기술하는 것이라면, 정의는 가치와 당위의 입장에서 명령하는 것입니다. 이때 사실과 가치를 하나로 묶을 수 있을까요?

예를 들어 '꽃이 아름답다'는 사실을 기술하는 명제와 '꽃은 아름다워야 한다'는 당위명제는 다릅니다. 두 명제는 이질적입니다. 사실을 기술하는 명제는 어떠한 명령도 포함하지 않죠. 하지만 당위명제는 바람직한 상태를 요구하고 명령하죠. '책은 재미있다'는 명제와 달리 '책은 재미있어야 한다'는 당위명제는 책에 대한 일정한 명령을 하죠. 그래서 재미없는 책을 바람직하지 않다고 하고, 그것을 나쁜 것이라고 비난하고 내던집니다.

정치적 실천은 사실을 기술하는 데 만족하지 않고, 현실을 당위에 맞추어 바꾸려고 합니다. 즉 진리와 정의를 결합하려고 합니다.

하지만 포스트모던 아저씨는 이처럼 이질적인 두 가지(참의 기준과 가치-당위의 기준)를 억지로 통합하려는 것이 위험하다고 봅니다. 이런 시도는 결국 전체주의를 불러들일 위험이 있다는 거죠.

아저씨는 사실을 인식하는 명제와 가치를 실현하는 명제가 이질적이라고 봅니다. 양자 사이에 다리를 놓고 싶어도 그런 다리는 없죠. 그런데 '정치적인 것'은 이런

칸트는 아는 능력(인식 능력)과 도덕적으로 행위 하는 능력(윤리적 능력) 사이에 메울 수 없는 간극이 있다고 보죠. 윤리 능력은 경험적인 것도 아니고, 필연적인 법칙에 따르지도 않죠. 따라서 도덕법칙은 경험과 독립된 것으로서 그것 자체로 정립됩니다. 이런 지적이 포스트모던 아저씨의 주장과 어떤 관계가 있을까요?

다리를 억지로 놓습니다. 허공에 떠 있는 환상적인 다리죠. 그래서 아저씨는 이에 맞서 인식 능력과 윤리 능력을 엄격하게 구별합니다. 이것은 양자의 차이를 무시하고 그것을 하나로 묶으려는 억지스러운 시도(정치적 전체주의)에 맞서는 것이죠.

전체주의는 바람직한 이념을 인식(재현)할 수 있고, 나아가 그 이념을 실현할 수 있다고 봅니다. 포스트모던 아저씨는 이런 주장에서 바람직한 상태를 알 수 있다는 것과 그것을 실현할 수 있다는 두 가지 점을 모두 의심하죠.

아저씨는 이처럼 바람직한 상태를 알 수 있다는 주장에 반대합니다. 그리고 이런 틀이 이상적인 상태를 하늘이나 미래가 아니라 '지금, 여기에' 실제로 건설할 수 있다고 주장하는 점이 위험하다고 봅니다. 지상에 이상 사회를 만들려고 하는 사고와 실천은 역사적으로 수많은 유토피아를 건설하려는 시도에 항상 따라다녔습니다.

정작 문제는 이런 유토피아를 추구하는 것이 전체주의와 무관하지 않다는 점이죠. 전체주의는 "우리는 정의가 무엇인지 알기 때문에 정당하다"라고 소리 높이 외치죠. 여기에서 진리와 정의는 한배를 탑니다. 과연 언제부터 이들이 사이좋게 지냈을까요? 이들의 불행한 동업이 어떤 결과를 낳을까요? 뜻은 숭고하지만 그 실제 모습도 그럴까요?

이곳에서 질문은 허용되지 않는다

이처럼 전체주의가 주장하는 대로 바람직한 상태를 인식, 재현할 수 있다면 정치 공동체가 가야 할 길은 정해진 셈이겠죠. 따라서 전체주의는 논쟁 가능성을 인정하지 않습니다. 제시된 정치적 이념이 참된 것인데 왜 다른 주장으로 시비를 걸며, 갈 길이 바쁜데 책상에 둘러앉았거나 광장에 모여서 토론과 논쟁으로 시간을 낭비할 수는 없다는 것이죠. 중요한 것은 이론적 검토가 아니라 실천적 성취라는 것입니다. 만약 세계를 해석할 시간이 있다면, 그 시간을 아껴서 세계를 변혁하는 데 투자하는 게 낫다는 거죠.

이런 분위기에서 제시된 이념이 참된 것인데도 이와 다른 견해를 갖거나 이것을 거부하려는 자들은 진리에 맞서는 오류의 옹호자이자 정의에 반대하는 불의의 세력일 수밖에 없겠죠.

이런 반대파에 대해서 전체주의자는 이들이 자기들과 다른 생각을 가진 것으로 보는 게 아니라 잘못된 생각에 빠진 자, 정의를 파괴하려는 불순한 자들로 봅니다. 자신이 신봉하는 이념이 참되기 때문에, 다른 가능성은 있을 수 없죠. 만약 있다고 하더라도 인정할 수 없습니다. 차이를 인정하면 완전한 진리와 정의가 손상당하기 때문에 한 걸음도 양보할 수 없다고 생각하죠.

따라서 이 동네에서 논쟁 같은 것은 불필요합니다. 다르거나 잘못된 의견을 가진 사람은 있을 수도 없고, 만약 그런 자들이 있다면 그들을 정치적으로 박해하거나 제거하는 것은 어쩔 수 없습니다. 그들이 미워서가 아니라 '정의 + 진리'의 이름을 훼손할 수 없기 때문입니다. 그들을 사상범으로 감옥에 가두거나, 새로운 사회 건설에 이바지하도록 강제수용소로 내몰 수밖에 없습니다.

전체주의는 이처럼 진리 + 정의의 이름으로 테러를 정당화하고 애용합니다. 우리에게는 잔인하게 보일지 모르지만, 그들이 볼 때는 그것이 정의를 실현하는 진지한 노력이고, 세상을 제대로 만드는 데 필요한 정당한 강제력이죠. 어쨌든 저항과 위반은 제거되고, 그 희생자들에게는 말할 기회가 주어지지 않습니다.

"이미 확정된 정의에 대한 어떠한 비판적 논의도 비생산적인 것이다. 앞으로 정의에 대해서 왈가왈부하지 말 것. 정의의 목록과 실천 방침을 잘 외울 것."

아우슈비츠 수용소 소장이었던 아이히만은 "이곳에서 질문은 허용되지 않는다"라고 했는데 어떤 까닭에 이런 험악한 구호를 내세웠을까요? 어떻게 생각했기 때문일까요?

이런 맥락에서 테러는 우연적인 것이 아니죠. 완전한 정의의 공동체, 보편적인 정의의 체제는 테러를 밑에 깔고 있고 테러에 의해서만 지탱됩니다. 체제에 대한 저항을 반사회적인 것으로 낙인찍고, 그것을 신성한 영역에서 추방합니다. 이것은 차이를 소멸시켜서 총체성을 강요하는 것입니다.

이것을 말놀이 틀로 보면, 다양한 말놀이에서 자기가 선택한 하나만이 정의라고 생각합니다. 그래서 다른 모든 것들에 대해서 침묵하고 이 말놀이의 규칙과 놀이방식에 따라야 한다고 명령하죠.

포스트모던 아저씨는 이처럼 하나의 정의를 내거는 억압적 체제를 거부하고, 정치적 영역이 보편적 기준 없는 반성적 판단의 영역임을 상기시키고, 어떠한 방식으로도 '정의를 확정해서는 안 된다'고 봅니다.

전체주의에 반대하는 길

이런 '숭고한' 이념이 수많은 희생을 낳고 정치적 차이를 남김없이 없애는 데 대해서 어떻게 저항할 수 있을까요?

이렇게 무시무시한 체제에 도전하겠다니 용
기가 가상하지 않습니까? 그런데 이런 체제
를 먼 나라의 일로 여기는 한가한 분들에게는
재미있는 불구경이겠죠. 이런 문제가 전혀 없
는 우리나라는 참 살기 좋은 곳이겠죠?

무엇보다도 전체주의의 기본 틀을 문제
삼아야 도전장을 낼 수 있겠죠. 곧 전체주
의가 정의를 인식, 재현할 수 있고, 그것을
실천하려는 것이라고 했죠. 그러면 이것에
도전하는 길은 두 가지가 있는데, 하나는
좀 더 민주적인 정의의 원칙을 내세우는
것이고, 다른 하나는 정의의 원칙 자체를 거부하는 것입니다.

먼저 정면 승부 대신에 정의의 원칙에는 찬성하지만 그 실천 방식
에 이견이 있다고 보아서 더 좋고 민주적인 방식을 추천할 수 있습
니다. 그래서 억압적 체제가 좀 더 부드럽게 목표를 이루도록 개입
하는 방식이 있을 겁니다.

"개인의 자유를 법이 정한 대로 보장하라. 관료제도를 좀 더 민주
적으로 손질하라. 의사결정 과정을 더 투명하게 하라. 시행상 예측
하지 못한 결과가 발생한 경우에는 계획을 재검토하라. 예산을 효율
적으로 사용하라. 관리들은 잘난 체하지 마라." 이런 건전한 비판을
할 수 있을 겁니다. 아마 이 체제는 이런 제안들을 정의사회 건설에
적극 반영하고, 그런 참여에 감격의 눈물을 흘리지 않을까요?

다른 하나는 정면 승부를 하는 것이죠. 이쪽이 더 위험 부담이 크
니까 재미있을 것 같군요. 그런데 도전장을 내기 전에 한두 가지 준
비할 것이 있습니다.

포스트모던 아저씨는 정의의 이념을 인식하고 그것을 실현하는
것, 곧 이념을 직접적으로 제시하는 것이 원리적으로 불가능함을 지
적할 겁니다. 그런데 혹시 아직도 이념(理念, Idée)이 무엇인지 모르
는 분은 없겠죠?

칸트 할아버지께서 이성의 재판정에서 감각 너머에 있는 초감각적 대상, 순수한 이성이 만든 대상이라고 한 말이 기억나십니까? 잘 기억나지 않더라도 이런 이념(세계, 자유, 신 등)은 감각적으로 경험할 수 있는 것이 아닙니다. 한마디로 객관적으로 인식할 수 없는 어떤 것이죠.

지금 문제 삼고 있는 정의의 이념도 이 족보에 속하는 것이죠. 그러면 이런 정의의 이념을 실현하겠다고 주장하는 이들은 도대체 이념이 뭔지도 모르고 있는 게 아닐까요? 알 수도 없는 것을 실제로 만들어서 보여 주겠다니 말입니다.

제시할 수 없는 것을 제시하려는 노력

포스트모던 아저씨는 칸트의 '숭고미'에 관한 논의를 재해석하고, 프랑스혁명을 보는 칸트의 관점과 관련하여 이 문제에 접근합니다. 벌써 머리가 아파 오나요? 어쨌든 까다로운 면이 있지만 먼저 결론부터 봅시다.

'정의의 이념'은 직접적으로 제시할 수 없습니다. 그래서 이 이념을 정치 공동체로 확정하려는 어떠한 시도도 실패할 수밖에 없습니다. 그렇다고 손 놓고 있을 수만은 없죠. 이런 불가능함을 인정하면서도 계속 그것을 제시하기 위해서 노력해야 합니다. 그래서 잠정적으로 제시된 것을 다시 넘어서야 합니다. 우리는 이 이념을 제시(재현)할 수 없음을 제시(재현)할 수 있을 뿐입니다.

그러니까 제시할 수 없음과 제시하려는 노력 사이의 긴장을 유지해야 합니다. 물론 이 긴장은 해소할 수 없는 것이죠. (앞에서 이처럼 이런 사정으로 우리는 이질적 차이가 뒤섞인 채로 공존하는 상황을 마주하게 되죠. 이념을 어떠한 형태로도 고정시킬 수 없기 때문에 우리는 무력감과 고통을 느낍니다. 하지만 이런 불가능성은 도리어 우리가 이념을 추구하는 노력을 자극합니다. 이런 노력에서 우리는 무한한 이념을 추구하는 고양된 느낌을 갖습니다. 그래서 고통과 불쾌감을 더 강하게 느낄수록 동시에 더 강한 쾌감을 느낄 수 있습니다. '고통스러운 쾌감' '즐거운 불쾌'라고 할까요? 이 두 상반된 감정은 하나로 묶이거나 종합되지 않고 차이를 지닌 채 긴장을 유지하며 다툽니다. 이것이 바로 디페랑이죠.

어떤 공통성도 없는 차이의 공존에 따른 다툼을 '디페랑'이라고 했죠.)

그런데 이런 긴장을 견디지 못하는 경우가 두 가지 있죠. 하나는 이념을 제시하거나, 자기가 제시한 이념을 완전한 이념 자체라고 주장하는 '유토피아적 낙관주의'입니다. 다른 하나는 반대로 이념을 제시하려는 노력을 포기하고 이념을 쓰레기통에 던져 버리는 것으로 '정치적 비관주의'입니다. "모든 정치는 무의미한 것이다. 정치에 관심을 가져 봐야 헛수고다."

하지만 포스트모던 아저씨는 긴장을 유지하는 '차이의 정치학'을 통해서 전체주의와 겨루고자 합니다. 그러면 이 점에 대해서 원래의 논의를 따라가기보다는 우리 나름대로 이해해 봅시다.

자유, 정의, 진보 등의 이념이 있을 때, 과연 이런 이념을 실현할 수 있을까요? 자유나 정의를 '지금, 여기'(특정한 시기와 장소)에 온전하게 세울 수 있을까요?

우리는 이념을 어떠한 형태로도 제시할 수 없습니다. 초감각적 대상인 이념을 제시하려는 노력은 그것이 '불가능함'을 확인할 뿐입니다. 감각적 대상도 아닌 것을 어떻게 감각경험 안에 표현할 수 있겠습니까? 다만 우리는 제시할 수 없는 이념을 제시하려고 노력할 뿐이죠. 우리는 이념에 가까이 갈 수 있을 뿐, 결코 그것을 실현할 수 없습니다.

그래서 이처럼 제시(재현)할 수 없는 이념을 특정한 정치 공동체에 온전하게 실현하려는 시도는 위험하죠. 이런 주장에 따라서 현존하는 사회가 바로 정의가 실현된 '이상 사회'라고 주장하는 순간, 그 세계는 험악한 곳으로 바뀝니다.

이념은 확정될 수 없는 것으로 남아야 합니다. 그것은 이미 실현된 것도, 지금 실현되고 있는 것도 아니고 실현되어야 할 것으로 남아야 합니다. 따라서 지금, 여기에 정의를 실현하겠다고 주장하는 시도들은 이념을 자기 식으로 재단해서 특정하게 마름질하려는 어이없는 시도일 뿐입니다. 그것은 무한한 이념을 유한한 시공간 안에 구겨 넣으려는 억지에 지나지 않습니다.

포스트모던 아저씨는 이처럼 이념에 코와 입을 그려 넣어서 확정적인 모습을 만들어서는 안 된다고 봅니다. 정의를 볼 수 있고, 만질 수 있는 동상으로 만들어서 사람들 앞에 제시하는 순간, 그 동상은 '정의의 폭력'을 대변할 수 있습니다. 그래서 정의는 불확정적인 것으로 있어야 합니다.

질문
1. 이념을 확정하거나 실현시킬 수 없는 까닭은 무엇일까요?
2. 정의 이념을 확정할 수도, 실현할 수 없지만 계속 노력해야 하는 까닭은 무엇일까요?
3. 어떤 혁명이 정의 이념을 실현시키겠다고 주장하는 경우에 그것이 어떤 모습을 보일까요?

'고치자'와 '못 고치겠다'

포스트모던 아저씨는 정의에 대한 어떠한 판단도 최종적일 수 없다고 봅니다. 즉 어떠한 판단도 불완전하다고 보고, 다시 판단되어야 한다고 봅니다.

하지만 전체주의 전략은 이념을 손쉽게 확정합니다. 그것은 자기 뒤에 더 이상의 판단을 허용하지 않고, 자신을 최후의 완결판으로 봅니다.

"하늘 아래 완전한 정의가 있노라, 바로 여기에! 모든 것을 이루었으니, 이제 그만 멈추어라. 더 이상의 발전이나 진보를 꿈꾸지 말라. 이제 이상이 실현되었으니 다른 이상은 필요가 없다. 이렇게 완성된 세계를 뒤흔드는 자는 이 세계에서 추방될 것이다."

이런 허풍과 기만을 따르지 않는다면, 정의에 관한 모든 판단과 합의는 제한된 것이죠. 그래서 그것을 다시 확정되어야 할 잠정적인 것으로 보아야 하겠죠. '고치고 또 고치자'와 '더 이상 못 고치겠다. 고치려면 네 태도나 고쳐라.' 이 두 주장 가운데 여러분은 어떤 것을 안내자로 삼을 겁니까? 뒤쪽이라고요? 대단하십니다. 간혹 이런 주장을 하는 사람들이 '고치자 파'를 눈에 보이지 않는 곳으로 귀양 보낸 예가 꽤 많습니다. 그들은 하늘나라가 지상에 세워지거나 지상이 하늘에 떠 있다고 믿습니다.

'절대 정의파'는 정의 이념을 제시할 수 없음에도 불구하고, 이 이념에 살과 피를 주어서 이 세상에 내놓는 신통력을 지닌 까닭에 이 땅에 정의를 구현했다고, 정의

만약 모든 것을 바쳐서 추구한 정의가 실현되었다면 그때는 어떤 과제가 더 남아 있을까요? 정의 이후는 삶에 어떤 과제를 줄까요?

의 역사가 완성되었다고 주장합니다. 그들의 주장은 화려하고 아름다워서 우리의 가난한 현실을 살찌우는 듯하지만 그 주장으로 정신을 채웠을 때, 우리의 배는 고통을 견디지 못하고 낙원의 불길로 뛰어듭니다.

정의로운 거인의 행진

모두를 이상적인 정의의 세계로 이끄는 권능을 지닌 사람의 모습을 볼까요? 그는 아무도 알 수 없는 정의 자체를 아는 능력을 지니고, 그것을 머리에만 담아 두는 것이 아니라 이 세계에 실천적으로 적용하는 거인입니다. 이 거인의 눈빛은 우주를 꿰뚫고 그의 노동은 이 자그마한 지구를 이상향으로 만듭니다. 이 거인의 당당한 행진에 수많은 이들이 동참하죠. 이들은 거인을 앞세워 끝없는 행진에 나섭니다. 그 길이 끝나는 곳에 낙원이 있다는 이야기에 이끌려 대부분은 그 길 위에 자신들의 무덤을 만듭니다. 아직도 갈 길은 멀고 거인의 발걸음은 힘찬데, 이제는 그를 따르는 사람들이 별로 남아 있지 않습니다.

이 거인은 자신이 앞장선 정의의 행진이 결코 끝나지 않으리라는 점을 모릅니다. 직접 가서 그 끝을 보지 않고는 멈추지 않을 기세고, 자신의 정의관에 어떠한 결함이 있으리라는 생각은 꿈에도 하지 않습니다. 그의 확신은 어떠한 오류 가능성도 허용하지 않고, 그의 실천은 땅을 뒤엎고 바다를 메웁니다. 그의 노력이 실패한다면 거인은 자신의 결함이 아니라 참여한 사람들의 확신이 부족하거나 세계가 뭔가 잘못되어 있기 때문이라고 생각합니다. 그는 자기 태도를 바꾸기보다는 세계를 바꾸려고 합니다.

여러분은 이 머나먼, 끝나지 않을 행진에 참여하시렵니까? 거인은 자신이 내세운 정의가 정의 자체여야 한다고 봅니다. 정의에 접근하는 것을 정의의 완전한 구현이라고, 정의가 바로 눈앞에 있다고 여깁니다. 그는 미래에 살기 위해서 오늘을 희생할 준비가 되어 있습니다.

그는 자기에게 반대하는 이단자들에게 정의의 칼을 휘두릅니다. 이들의 희생이 정의를 실현시키는 밑거름이 된다면 어찌 그들의 넋을 위로하는 말이 모자라겠습니까마는, 정의의 실현이라는 구호를 땅에 묻지 않고는 자그마한 정의의 싹마저도 틔울 수 없다는 것을 언제쯤 알게 될까요?

크나큰 희생이 반드시 조금이라도 나은 길을 가르쳐 주지는 않습니다. 오히려 조금 더 나은 길을 택할 때 큰 희생을 줄일 수 있겠죠. 우리는 완전한 어떤 것을 얻기 위해서 우리의 모든 것을 바치려고 하기보다는 거꾸로 (많은 것을 희생시키려는) 완전한 것을 희생시킬 필요가 있는 것은 아닐까요? 자, 이제 넋두리는 그만하고 계속 길을 찾아야겠죠?

비판만 말고 대안을

포스트모던 아저씨의 이야기를 한참 듣고 있다가 "재미있게 들었는데, 아저씨는 너무 무책임한 것 아니냐?"라고 반문하는 사람이 있을지도 모르죠.

"만약 진리가 없다면 아저씨의 이야기는 진리가 아니고 무엇이며,

정의가 없다면 어떻게 공동체의 질서를 유지할 수 있단 말입니까?"

"비판만 즐기지 말고 책임 있는 대안을 제시하시죠."

이런 당당한 (하지만 약간 미련한) 질문과 요구에 대해서 아저씨는 어떻게 답할까요? 미소를 띠면서 이렇게 답하지 않을까요?

"비판에 만족하지 않고 대안을 추구하는 노력은 중요합니다. 하지만 이처럼 비판을 뛰어넘을 대안을 요구하는 사고방식 자체는 여전히 전통적인 틀을 못 벗어나고 있는 것이 아닐까요?"

포스트모던 아저씨는 대안을 제시하지 않습니다. 책임을 지지 않으려는 것이라기보다는 '대안을 제시하라'는 것 자체가 지금까지의 진리나 정의보다 더 나은, 더 완전한 진리와 정의를 보여 달라고 요구하기 때문이죠.

즉 더 이상 비판받지 않을 완전한 진리를 이야기하고, 지금의 정의를 가장하는 공동체보다 더 나은, 더 정의로운 공동체를 만드는 비법을 밝히라는 것이죠. 결국 '더 나은'이라는 단서가 붙은 진리와 정의를 찾아오라고 요구하는 것이죠. 어디에서, 어떻게 찾을까요? "찾으면 얻을 것이다"라는 말을 믿고 이곳저곳의 문을 두드려 볼까요?

이 요구에 대해서 간접적인 방식으로 답해 볼까요?

포스트모던 아저씨는 정의 자체가 어떠한 경우에도 실현될 수 없다고 보죠. 이런 까닭에 기존의 '작은' 정의를 '더 큰' 정의로 바꾸면 그 정의의 내용은 바뀌죠. 하지만 작은 정의건, 큰 정의건 간에 정의 자체가 실현 가능하다고 믿는 점에서는 다르지 않습니다. 새로 세운 정의의 체제야말로 완벽하다는 주장을 한두 번 들어 본 것이 아니죠. 양치기 소년의 거짓말은 세 번에 그치지만, 정의 이념을 외치는 목자의 화려한 구호는 외칠 때마다 사람들이 몰리니 신기하지 않습니까?

아저씨는 '새롭고 완전한' 정의를 더 추가하는 것에는 관심이 없습니다. 그것 역시 기존 방식으로 정의를 내세우는 것일 뿐이기 때문입니다. 하지만 아저씨는 잠정적인 정의를 제시하거나 완전을 가장하는 정의의 숨겨진 얼굴을 폭로하는 데에는 관심이 있습니다.

'혁명의 정치학'은 항상 정의의 이름으로 혁명의 재판정을 세우려고 합니다. 그것은 기존의 법정이 불완전하고, 불공정하다고 비난합니다. 그래서 새로운 세상을 만들기 위해서 완전하게 정의로운 재판정을 열고자 합니다. 새로운 정의는 항상 기존의 정의보다 '더 공정하다' '절대적으로 공정하다' 하고 주장하죠. 그래서 부당한 것을 모조리 제거하려고 하므로 엄청난 희생을 요구할 수 있습니다.

이처럼 새로운 정의는 항상 더 완전한 정의를 자처합니다. 이 정의는 희생을 두려워하지 않죠. 그런데 이런 정의의 심판이 마지막 법정이고, 이때의 희생이 마지막 희생이라면 얼마나 좋겠습니까? 이 정의가 마지막 정의가 아닌 한, 이 정의는 더 나은, 다른 정의에 의해서 극복될 수밖에 없죠. 그래서 현존하는 정의 체제는 더욱더 그것이 가장 나은 체제고, "더 이상의 훌륭한 체제는 있을 수 없다"라고 주장하기 마련이죠.

정의들의 놀이마당

포스트모던 아저씨는 정의 이념을 제시할 수 없음을 인정하고, 하나의 정의가 다른 정의로 교체되는 것이 당연하다고 인정할 때, 완전한 정의가 부르는 비극과 과대망상을 없앨 수 있다고 봅니다.

쉽게 생각해 봅시다. 여(與)와 야(野)의 정권 교체가 없는 나라는 항상 한쪽의 정의로만 정치 현실을 재단합니다. 가장 위험한 선택은 한 정치 세력이 유일한 대안이라고 믿고, 그들에게 영구 집권을 맡기는 것입니다. 가장 완전한 정치 세력이 독점하기보다는 교체되는 방식이 더 안전하겠죠.

포스트모던 아저씨는 하나의 정의 체제가 확정되더라도 끊임없이 다시 확정되어야 함을 잊어서는 안 된다고 합니다. 정의의 이상에 가까워지는 것에 만족하지 않고 완전함을 확신하는 것은 정의의 역사와 운명을 무시하는 것일 뿐입니다. 이처럼 완전한 정의나 완전한 대안을 고정시키려는 시도는 흐르는 물 위에 단단한 집을 지으려는 것과 같겠죠.

하지만 정의 이념을 제시할 수 없다고 해서 정의 자체를 부정하고, 모든 정치적 시도를 무의미하다고 할 필요는 없습니다. 이런 태도는 '전부 아니면 무'를 찾는 점에서 완전한 정의를 고집하는 쪽과 정반대 방향에 서 있는 점만 다를 뿐 마찬가지 태도입니다.

우리는 제시할 수 없는 정의 이념을 제시하려고 계속 노력해야 합니다. 그러면 어떻게 해야 하나요? 이것을 앞에서 '포스트모던 공동체'가 여러 가지 작은 이야기들이 공존하는 체제로 본 것처럼 역사적으로 작은 정의들이 공존하는 것으로 보면 어떨까요?

물론 이 가운데 어떠한 정의도 정의의 아버지가 될 수는 없고, 모두가 고만고만한 정의의 가족을 이룹니다. 이 가족 구성원이 자기를 '신'이라고 주장하지 않는 한, 이 가족은 평화롭게 역사를 이끌어 나갈 수 있을 겁니다.

이런 역사적 정의 공동체뿐만 아니라 같은 시대 안에서도 다양한 공간에서 작은 정의들이 공존한다는 것은 앞에서 본 작은 이야기 동네를 생각하시면 됩니다. 이질적인 작은 정의들이 혼재하는 '정의의 놀이마당'이라고 할까요?

어쨌든 작은 정의들의 마을에서 자신의 불완전함을 망각하는 태도는 광기와 파괴를 불러들입니다. 주제 파악을 못하고, 간혹 엉뚱한 욕심이나 부리고, 자기의 정의 규칙이 다른 규칙보다 우월하다고 우기는 녀석이 있겠지만 자기의 정의 규칙, 정의 명령이 절대적으로 완전하다는 자가 나타나면 작은 정의들은 그를 '유토피아 전시관'에 데려갈 겁니다. "사실 너 같은 주장을 하는 친구들이 한둘이 아니었어. 완전한 정의를 주장하는 자들은 완전한 불의에 빠지더군. 너, 정의 이념이 하늘에 있다고 하던데, 지금 당장 하늘로 올라갈래?"

여러분은 오만한 정의와 완전한 선이나, 겸손한 정의와 완전을 지향하는 노력 가운데 어느 친구와 어울리고 싶은가요?

이런 맥락에서 모든 정의를 완결 짓는 최후의 정의, 모든 의미를 완전하게 만드는 최후의 의미, 모든 문장을 완벽하게 결정하는 최후의 문장 같은 것은 없습니다. 그래서 포스트모던 아저씨는 기존의 모든 해방론, 목적론을 거부합니다.

기독교적인 구원, 모든 계급지배로부터 해방, 자본주의적인 축적 등은 인간의 보편사를 내세워서 정의의 신이 되려고 하면서 개인들의 고유한 이름을 다 흡수해 버립니다. 이제 그들은 정의의 전사가 되고, 인류 해방의 전위로서 새로운 역사를 창조하라는 명령을 받고, 불패의 신성한 군대로서 모든 이단의 무리를 무찌르는 가슴 벅찬 신탁(神託)을 받게 됩니다.

역사적으로 개인의 이름은 인류 전체, 자유를 지향하는 인류, 진보하는 인류, 부를 잔뜩 쌓아 둔 인류, 구원 받는 인류 등의 이름 앞에 희생 제물로 시커멓게 불태워졌습니다.

지금까지 포스트모던 아저씨의 재미있는 주장을 들었죠. 그러면 이런 식으로 농사를 지으면 어떤 수확물을 거둘 수 있을까요? 이런 농사는 앞에서 지적했듯이 모두가 하나의 규칙이나 대의에 따르는 것이 아니기 때문에 자기 나름대로 농법을 개발하고, 예측하기 힘든 결과의 위험을 짊어져야 합니다.

시어머니와 며느리의 공존 전략은 없는가?

"포스트모던 아저씨, 강의 잘 들었는데요. 꽤 재미있었어요. 하지만 저는 어쩌면 좋을까요? 저에게 길을 제시해 주세요. 시키는 대로 따라 할게요."

이런 친구를 어떻게 생각하세요? 무리는 아닙니다. 자기 스스로 문제를 제기하고 답을 찾는 훈련이 모자란 까닭에 포스트모던까지 '따라 하기' 전법으로 때우려는 것도 이해할 수는 있습니다. 혹시 포스트모던도 과외 선생님께 맡기려는 것은 아닌가요?

서로 생각과 양식이 다른 두 사람이 마주 보면서 자기와 남의 '차이'를 잘잘못으로 보는 경우가 있죠. 그래서 자기를 1번에, 남을 2번에 두고, 1등인 자기가 꼴찌인 남에게 자기의 옳음을 주장하는 경우가 있습니다. 바로 차이로 상하의 위계를 만들어서 우월한 자기가 열등한 남을 가르치고 바르게 고치려고 하는 거죠.

커피는 오른손으로 마셔야 하고, 커피는 두 스푼만 타야 제맛이 나고, 아름답지 않은 여성은 덜된 여성이고, 공부 못하는 녀석은 모자라는 놈이고, 이 노래를 좋아하지 않으면 우리 편이 아니고, 이 정당을 지지하지 않는 사람은 위험하거나 잘못된 세계관을 지닌 사람이고, 우리 민족이 가장 우수한 민족이고, 세계는 이 방향으로 가야 하고, 자본주의 사회에서 돈을 잘 벌지 못하는 사람은 무능한 사람이라는 식으로 주장하면서 잘난 체하는 경우를 많이 봅니다. 이처럼 차이를 무시하고, 차이가 지닌 울퉁불퉁하지만 오히려 재미있고 생산적인 측면을 못마땅해 하는 사람들에게 포스트모던의 놀이마당은 너무 어지러울까요?

약간 다르게 이야기할 수도 있습니다. 상이한 요소들로 이루어진 공동체에서 그 공동체에 어떤 보편적 기준을 적용할지, 아니면 그런 기준을 거부하고 이질적인 공존을 인정할 것인지를 구별할 수 있겠죠. 우리는 앞에서 '아름다움의 척도'로 모든 여성을 재고, 한 교실에서 학생들을 '공부'라는 하나의 척도로 서열을 매기는 경우를 보았죠. 이와 달리 이들에게 어떤 보편적 기준도 제시하지 않고 개인적인 차이들을 인정할 수도 있죠.

우리는 '통일 지향적' 문화 때문에 서로 의견이 다르면, 이 차이를 차이로 보지 않고 결함이 있는 것으로 보죠. "저 의견은 나와 다르구나"가 아니라 "저것은 잘못이야, 바람직하지 않아, 아직 멀었어, 정신 차려!" 이게 바로 자기의 기준이 완전하다고 보기 때문에 생기는 현상이죠. 내가 맞고, 다른 의견은 틀리다고 보는 거죠.

시어머니와 며느리 사이의 갈등도 마찬가지죠. 왜 둘은 다툴까요? 서로 문화가 다르고 생활양식이 다르고 가치관이 다르기 때문입니다. 시어머니는 자기 방식대로 집안을 정돈해야 하고, 그릇을 씻어야 하고, 밥을 해야 하죠. 신식 교육을 받은 며느리도 마찬가지죠. 초현대식으로 쌀을 씻고, 설거지를 하고, 빨래를 하고 싶어 합니다. 이 경우에 서로 자기 주장을 상대방에게 강요할 수밖에 없습니다. 그러면 이 집안은 분쟁이 끊이질 않죠.

이제는 다르게 봅시다. 둘은 서로 다릅니다. 이 차이를 인정해 봅시다. "어머님은 나와 다를 수밖에 없어." "며늘아기는 나와 다르지." 이제 상대방이 왜 그럴 수밖에 없는지를 알 수 있다면, 그것을 자기와 다른 방식으로 인정할 수 있죠. 내가 올바르고 상대방이 틀린 게 아니라, '나와 다를 수 있다'는 것을 인정하면 싸울 일이 훨씬 줄겠죠. 그러면 차이를 지닌 채 서로 공존할 수 있지 않을까요?

이처럼 차이를 인정하면 서로를 인정하고 이해할 수 있고, 상대방을 지배하려 하지 않고, 진리와 정의의 이름으로 상대를 짓누르려고 하지 않겠죠. 자기가 옳고 상대가 그르다고 생각하면 상대를 인정할 수도, 이해할 수도 없습니다. 오류 앞에서 침묵하는 것은 잘못된 일이니까요.

피노키오의 철학

3. 언어와 차이로 만든 세계

지은이 | 양운덕

초판　1쇄 발행일 2001년 12월 5일
개정판 1쇄 발행일 2013년 3월 11일

발행인 | 김학원
경영인 | 이상용
편집주간 | 위원석
편집장 | 정미영 최세정 황서현
기획 | 문성환 나희영 임은선 박민영 박상경 최윤영 조은화 전두현 최인영 윤홍 정다이 이보람
디자인 | 김태형 임동렬 유주현 최영철 구현석
마케팅 | 이한주 하석진 김창규 이선희
저자 · 독자 서비스 | 조다영 함주미(humanist@humanistbooks.com)
스캔 · 표지 출력 | 이희수 com.
용지 | 화인페이퍼
인쇄 | 청아문화사
제본 | 정민문화사

발행처 | (주)휴머니스트 출판그룹
출판등록 제313-2007-000007호(2007년 1월 5일)
주소 | (121-869) 서울시 마포구 연남동 564-40
전화 | 02-335-4422 팩스 | 02-334-3427
홈페이지 | www.humanistbooks.com

ⓒ 양운덕, 2013

ISBN 978-89-5862-553-7　04100

● 이 도서의 국립중앙도서관 출판시도서목록(CIP)은 e-CIP홈페이지(http://www.nl.go.kr/ecip)와 국가자료공동목록시스템(http://www.nl.go.kr/kolisnet)에서 이용하실 수 있습니다.(CIP제어번호: CIP2013000930)

만든 사람들

편집장 | 황서현
기획 | 박상경(psk2001@humanistbooks.com) 최윤영 이보람
편집 | 김은미
표지 및 본문삽화 | 박요셉　디자인 | 민진기디자인